MULHERES EM COMPRAS®

Uma Jornada Inspiradora no Setor de Compras

EDIÇÃO PODER DE UMA HISTÓRIA

VOLUME I

MULHERES EM COMPRAS®

Uma Jornada Inspiradora no Setor de Compras

EDIÇÃO PODER DE UMA HISTÓRIA

VOLUME I

Copyright© 2024 by Editora Leader
Todos os direitos da primeira edição são reservados à Editora Leader.

CEO e Editora-chefe: Andréia Roma
Revisão: Editora Leader
Capa: Editora Leader
Projeto gráfico e editoração: Editora Leader
Suporte editorial: Lais Assis
Livrarias e distribuidores: Liliana Araújo
Artes e mídias: Equipe Leader
Diretor financeiro: Alessandro Roma

Dados Internacionais de Catalogação na Publicação (CIP)

M922   Mulheres em compras: edição poder de uma história: volume 1/coordenadora
1. ed.   convidada Cilene Bim; idealizadora do livro e coordenadora Andréia Roma. –
1.ed. – São Paulo: Editora Leader, 2024.
416 p.; 15,5 x 23 cm. – (Série mulheres/coordenadora Tania Moura)

Várias autoras
ISBN: 978-85-5474-219-5

1. Carreira profissional – Administração. 2. Carreira profissional – Desenvolvimento. 3. Mulheres em compras. 4. Mulheres – Histórias de vidas. 5. Mulheres – Identidade. 6. Mulheres – Superação. I. Bim, Cilene. II. Roma, Andréia. III. Moura, Tania. IV. Série.

06-2024/126   CDD 920.72

Índices para catálogo sistemático:
1. Mulheres: Histórias de vidas: Biografia   920.72

Bibliotecária responsável: Aline Graziele Benitez CRB-1/3129

2024
Editora Leader Ltda.
Rua João Aires, 149
Jardim Bandeirantes – São Paulo – SP
Contatos:
Tel.: (11) 95967-9456
contato@editoraleader.com.br | www.editoraleader.com.br

A Editora Leader, pioneira na busca pela igualdade de gênero, vem traçando suas diretrizes em atendimento à Agenda 2030 – plano de Ação Global proposto pela ONU (Organização das Nações Unidas) –, que é composta por 17 Objetivos de Desenvolvimento Sustentável (ODS) e 169 metas que incentivam a adoção de ações para erradicação da pobreza, proteção ambiental e promoção da vida digna no planeta, garantindo que as pessoas, em todos os lugares, possam desfrutar de paz e prosperidade.

A Série Mulheres, dirigida pela CEO da Editora Leader, Andréia Roma, tem como objetivo transformar histórias reais – de mulheres reais – em autobiografias inspiracionais, cases e aulas práticas. Os relatos das autoras, além de inspiradores, demonstram a possibilidade da participação plena e efetiva das mulheres no mercado. A ação está alinhada com o ODS 5, que trata da igualdade de gênero e empoderamento de todas as mulheres e meninas e sua comunicação fortalece a abertura de oportunidades para a liderança em todos os níveis de tomada de decisão na vida política, econômica e pública.

Conheça o Selo Editorial Série Mulheres

Somos referência no Brasil em iniciativas Femininas no Mundo Editorial

A Série Mulheres é um projeto registrado em mais de 170 países!
A Série Mulheres apresenta mulheres inspiradoras, que assumiram seu protagonismo para o mundo e reconheceram o poder das suas histórias, cases e metodologias criados ao longo de suas trajetórias. Toda mulher tem uma história!
Toda mulher um dia já foi uma menina. Toda menina já se inspirou em uma mulher. Mãe, professora, babá, dançarina, médica, jornalista, cantora, astronauta, aeromoça, atleta, engenheira. E de sonho em sonho sua trajetória foi sendo construída. Acertos e erros, desafios, dilemas, receios, estratégias, conquistas e celebrações.

O que é o Selo Editorial Série Mulheres?
A Série Mulheres é um Selo criado pela Editora Leader e está registrada em mais de 170 países, com a missão de destacar publicações de mulheres de várias áreas, tanto em livros autorais como coletivos. O projeto nasceu dez anos atrás, no coração da editora Andréia Roma, e já se destaca com vários lançamentos. Em 2015 lançamos o livro "Mulheres Inspiradoras", e a seguir vieram outros, por exemplo: "Mulheres do Marketing", "Mulheres Antes e Depois dos 50",

seguidos por "Mulheres do RH", "Mulheres no Seguro", "Mulheres no Varejo", "Mulheres no Direito", "Mulheres nas Finanças", obras que têm como foco transformar histórias reais em autobiografias inspiracionais, cases e metodologias de mulheres que se diferenciam em sua área de atuação. Além de ter abrangência nacional e internacional, trata-se de um trabalho pioneiro e exclusivo no Brasil e no mundo. Todos os títulos lançados através desta Série são de propriedade intelectual da Editora Leader, ou seja, não há no Brasil nenhum livro com título igual aos que lançamos nesta coleção. Além dos títulos, registramos todo conceito do projeto, protegendo a ideia criada e apresentada no mercado.

A Série tem como idealizadora Andréia Roma, CEO da Editora Leader, que vem criando iniciativas importantes como esta ao longo dos anos, e como coordenadora Tania Moura. No ano de 2020 Tania aceitou o convite não só para coordenar o livro "Mulheres do RH", mas também a Série Mulheres, trazendo com ela sua expertise no mundo corporativo e seu olhar humano para as relações. Tania é especialista em Gente & Gestão, palestrante e conselheira em várias empresas. A Série Mulheres também conta com a especialista em Direito dra. Adriana Nascimento, coordenadora jurídica dos direitos autorais da Série Mulheres, além de apoiadores como Sandra Martinelli – presidente executiva da ABA e embaixadora da Série Mulheres, e também Renato Fiocchi – CEO do Grupo Gestão RH. Contamos ainda com o apoio de Claudia Cohn, Geovana Donella, Dani Verdugo, Cristina Reis, Isabel Azevedo, Elaine Póvoas, Jandaraci Araujo, Louise Freire, Vânia Íris, Milena Danielski, Susana Jabra.

Série Mulheres, um Selo que representará a marca mais importante, que é você, Mulher!

Você, mulher, agora tem um espaço só seu para registrar sua voz e levar isso ao mundo, inspirando e encorajando mais e mais mulheres.

Acesse o QRCode e preencha a Ficha da Editora Leader.
Este é o momento para você nos contar um pouco de sua história e área em que gostaria de publicar.

Qual o propósito do Selo Editorial Série Mulheres?
É apresentar autobiografias, metodologias, *cases* e outros temas, de mulheres do mundo corporativo e outros segmentos, com o objetivo de inspirar outras mulheres e homens a buscarem a buscarem o sucesso em suas carreiras ou em suas áreas de atuação, além de mostrar como é possível atingir o equilíbrio entre a vida pessoal e profissional, registrando e marcando sua geração através do seu conhecimento em forma de livro.

A ideia geral é convidar mulheres de diversas áreas a assumirem o protagonismo de suas próprias histórias e levar isso ao mundo, inspirando e encorajando cada vez mais e mais mulheres a irem em busca de seus sonhos, porque todas são capazes de alcançá-los.

Programa Série Mulheres na tv
Um programa de mulher para mulher idealizado pela CEO da Editora Leader, Andréia Roma, que aborda diversos temas com inovação e qualidade, sendo estas as palavras-chave que norteiam os projetos da Editora Leader. Seguindo esse conceito, Andréia, apresentadora do Programa Série Mulheres, entrevista mulheres de várias áreas com foco na transformação e empreendedorismo feminino em diversos segmentos.

A TV Corporativa Gestão RH abraçou a ideia de ter em seus diversos quadros o Programa Série Mulheres. O CEO da Gestão RH, Renato Fiochi, acolheu o projeto com muito carinho.

A TV, que conta atualmente com 153 mil assinantes, é um canal de *streaming* com conteúdos diversos voltados à Gestão de Pessoas, Diversidade, Inclusão, Transformação Digital, Soluções, Universo RH, entre outros temas relacionados às organizações e a todo o mercado.

Além do programa gravado Série Mulheres na TV Corporativa Gestão RH, você ainda pode contar com um programa de *lives* com transmissão ao vivo da Série Mulheres®, um espaço reservado todas as quintas-feiras a partir das 17 horas no canal do YouTube da Editora Leader, no qual você pode ver entrevistas ao vivo, com executivas de diversas áreas que participam dos livros da Série Mulheres.

Somos o único Selo Editorial registrado no Brasil e em mais de 170 países que premia mulheres por suas histórias e metodologias com certificado internacional e o troféu Série Mulheres® – Por mais Mulheres na Literatura.

Assista a Entrega do Troféu Série Mulheres® do livro **Mulheres nas Finanças®** – volume I
Edição poder de uma mentoria.

Marque as pessoas ao seu redor com amor, seja exemplo de compaixão.

Da vida nada se leva, mas deixamos uma marca.

Que marca você quer deixar? Pense nisso!

Série Mulheres® – Toda mulher tem uma história!

Assista a Entrega do Troféu Série Mulheres® do livro **Mulheres no Conselho®** – volume I – Edição poder de uma história.

Próximos Títulos da Série Mulheres®

Conheça alguns dos livros que estamos preparando para lançar: • Mulheres no Previdenciário® • Mulheres no Direito de Família® • Mulheres no Transporte® • Mulheres na Indústria® • Mulheres na Aviação® • Mulheres na Política® • Mulheres na Comunicação® e muito mais.

Se você tem um projeto com mulheres, apresente para nós.

Qualquer obra com verossimilhança, reproduzida como no Selo Editorial Série Mulheres, pode ser considerada plágio e sua retirada do mercado. Escolha para sua ideia uma Editora séria. Evite manchar sua reputação com projetos não registrados semelhantes ao que fazemos. A seriedade e ética nos elevam ao sucesso.

Alguns dos Títulos do Selo Editorial
Série Mulheres® já publicados pela Editora Leader:

Lembramos que todas as capas são criadas por artistas e designers.

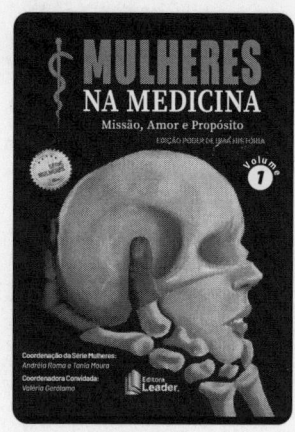

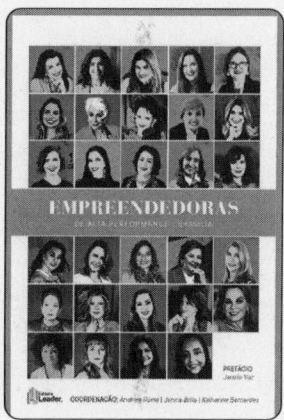

SOBRE A METODOLOGIA DA SÉRIE MULHERES®

A Série Mulheres trabalha com duas metodologias

"A primeira é a Série Mulheres – Poder de uma História: nesta metodologia orientamos mulheres a escreverem uma autobiografia inspiracional, valorizando suas histórias.

A segunda é a Série Mulheres Poder de uma Mentoria: com esta metodologia orientamos mulheres a produzirem uma aula prática sobre sua área e setor, destacando seu nicho e aprendizado.

Imagine se aos 20 anos de idade tivéssemos a oportunidade de ler livros como estes!

Como editora, meu propósito com a Série é apresentar autobiografias, metodologias, cases e outros temas, de mulheres do mundo corporativo e outros segmentos, com o objetivo de inspirar outras mulheres a buscarem ser suas melhores versões e realizarem seus sonhos, em suas áreas de atuação, além de mostrar como é possível atingir o equilíbrio entre a vida pessoal e profissional, registrando e marcando sua geração através do seu conhecimento em forma de livro. Serão imperdíveis os títulos publicados pela Série Mulheres!

Um Selo que representará a marca mais importante que é você, Mulher!"

Andréia Roma – CEO da Editora Leader

CÓDIGO DE ÉTICA
DO SELO EDITORIAL
SÉRIE MULHERES®

Acesse o QRCode e confira

Nota da Editora

É com imenso orgulho que apresento o livro "Mulheres em Compras® volume I", uma obra que reúne histórias inspiradoras de mulheres que marcaram presença no setor de Compras. Esta obra é parte do Selo Editorial Série Mulheres® e teve a coordenação da incrível Cilene Bim, cuja curadoria meticulosa e apoio incondicional foram essenciais para trazer este projeto à vida.

Quero expressar minha profunda gratidão às coautoras que compartilharam suas jornadas repletas de coragem, determinação e força. Muitas dessas mulheres encontraram no setor de Compras não apenas uma carreira, mas uma paixão. Apesar de não existir uma graduação específica para a área de Compras, a paixão e o comprometimento mostram que caminhos extraordinários podem ser abertos.

Nossa coordenadora, Cilene, tem sido uma pioneira nesta área. Seu trabalho não só molda o futuro do setor de compras, mas também demonstra que é possível fazer uma diferença significativa através da educação e do empenho.

Estou confiante de que "Mulheres em Compras®" fará história e inspirará muitas pessoas no mercado. Este livro destaca a importância do setor e documenta pela primeira vez no mundo o mercado de Compras de uma maneira nunca antes vista. Nosso pioneirismo vai além, tornando-se uma fonte de inspiração e um marco no setor.

Agradeço a todos que contribuíram para este projeto revolucionário. Estamos não apenas contando histórias, como também construindo um legado.

Para saber mais sobre os próximos volumes acesse nosso site e conheça como ser parte desta história.

Com carinho,

Andréia Roma
Idealizadora do livro e
Coordenadora do Selo Editorial Série Mulheres®

Introdução
por Cilene Bim

Evolução do Processo de Aquisição/Compras

Na virada do século XIX para o XX, os processos de aquisição eram simples e sem tecnologia. As decisões de compra baseavam-se em conexões pessoais e confiança entre fornecedores e compradores, visando garantir o suprimento de materiais essenciais. Nas décadas de 1920 e 1930, houve uma tentativa inicial de formalização dos processos de aquisição com documentação detalhada e contratos. O objetivo era otimizar a eficiência na obtenção de materiais, apesar das ferramentas tecnológicas limitadas, como máquinas de escrever e sistemas de arquivamento. Nos anos 1940 e 1950, com o crescimento industrial pós-guerra, aumentou a demanda por processos mais estruturados, resultando na criação de departamentos de Compras nas organizações. As tecnologias incluíam comunicações por telefone e telex, e o objetivo era garantir a qualidade dos materiais ao menor custo. Nas décadas de 1960 e 1970, o foco foi estabelecer relações estratégicas com os fornecedores, surgindo o conceito de Compras estratégicas. A tecnologia avançou com a aplicação inicial de sistemas de computador para controlar estoques e pedidos.

Nas décadas de 1980 e 1990, a introdução de sistemas de TI (Tecnologia da Informação) como MRP (*Material Requirements Planning*) e ERP (*Enterprise Resource Planning*) transformou a gestão de Compras. A globalização expandiu mercados e cadeias de suprimentos globais, melhorando a eficiência e o controle de custos. A Matriz Kraljic, criada em 1983, ajudou a classificar produtos adquiridos em quatro categorias de gastos, permitindo uma gestão mais holística das compras. Ainda nos anos 1990, metodologias como *Spend Analysis* e *Strategic Sourcing* tornaram-se fundamentais, iniciando o conceito de *Supply Management*. Com o avanço das décadas de 2000 e 2010, plataformas de *e-procurement* tornaram-se comuns, automatizando procedimentos de compras. As ferramentas de SRM (*Supplier Relationshiop Management*) promoveram maior colaboração com os fornecedores, focando na eficiência, redução de custos e transparência. A tecnologia foi integrada aos sistemas ERP e CRM, com a análise de dados embasando as decisões.

Na década atual, a digitalização e a automação expandiram-se com IA (Inteligência Artificial), aprendizado de máquina e automação, melhorando previsões de demanda, gestão de estoques e processos. Práticas sustentáveis e responsáveis nas compras, respaldadas por tecnologias de rastreamento e transparência, ganharam destaque. Compras são reconhecidas como parceiras estratégicas dos negócios, integrando-se às estratégias corporativas e influenciando a cadeia de fornecimento. Nossa experiência mostra que 90% das empresas no Brasil ainda focam no processo operacional e são reativas às demandas de seus clientes internos, com baixa adoção de ferramentas de automação. Estamos diante de um oceano de oportunidades para as organizações e profissionais da área.

Cilene Bim
Coordenadora convidada

Sumário

Tomando as rédeas de minha carreira! 30
    Cilene Bim

Tomando as rédeas de minha carreira! 40
    Adriana Nunes

A infância é um lugar onde você pode voltar a pisar até o resto de sua vida 52
    Alexandra Santos

Uma carreira de valor 62
    Aline Rebelo

Do alfinete ao foguete: minha trajetória no setor de Compras 70
    Amanda Daneluzzi Cegal

Transformação: uma jornada de superação e empoderamento 82
    Ana Bomfim

AGORA! Amanhã não 94
    Angela Toniolo Botasso

Ciclos da vida – a corrida no tempo 104
    Carolina Scappini Saporito

Raízes de resiliência..116
    Danielle Sampaio

Perseverança e Vitória: Uma Trajetória de Conquistas..128
    Eldren Paixão

Propósito e inovação: uma jornada de liderança e amizade na área de Compras 140
    Erica Riera

Caminhos de determinação: as lições inspiradoras de Erika 150
    Erika Hatori

Escutando meu coração, ele tem razão 160
    Fernanda Amorim Canejo

A minha paixão por Compras..............................172
    Fernanda Wright

Minha infância, minha inspiração **184**
    Herica Brum

Raízes da Integridade **194**
    Janaina Peres

Seja tudo o que você pode ser **206**
    Joice C. Ribeiro Giacon

O poder de uma ideia **218**
    Juliana Deoracki

O entusiasmo é a maior força da alma –
Napoleon Hill **230**
    Leticia Magalhães

**Negociando com a vida: minha jornada pessoal e
profissional em Compras** **242**
    Lettícia Silva Copeiro

Andando mais uma milha **254**
    Lidia Araujo

Sim eu posso! **266**
    Lisley Severiano Pólvora

A mulher em Compras que habita em mim **276**
    Luciana Lora

O Caminho de sucesso e felicidade é seu. O poder de se reinventar e seguir! 290
　Margot Cohn

ALÉM DOS DESAFIOS: Resiliência e Crescimento em Cada Passo 300
　Mariana Sotier

Superando Limites: Descobertas e Crescimento no Setor de Compras 310
　Marlene Diaz

Sendo adulta na infância 320
　Michele Santos

O medo me impediu de desistir 330
　Mônica Granzo

A Arte de Desenvolver Pessoas como Leader Coach através da Abordagem de Psicologia Positiva e o Poder da Neuroplasticidade 342
　Patrícia Freitas

DECISÕES E GRATIDÕES: entre desafios e risadas, uma história motivadora 352
　Silvana Fumura

Uma menina sonhadora que se tornou uma mulher realizadora 364
　Susana Vicentin

Trabalho: Superando os medos e apostando no poder da dedicação para uma vida profissional gratificante 374
Verena Pagano

História da CEO da Editora Leader e idealizadora da Série Mulheres® 386
Andréia Roma

Cilene Bim

Administradora de empresas, master em negócios pelo Insper, 40 anos de jornada profissional e executiva, sendo 25 dedicados ao Supply Management. Atuou em consultorias e empresas multinacionais, com experiência em projetos de redução de custos, reestruturação de área de suprimentos, em tecnologias de *e-Procurement*, *e-Sourcing*, e capacitação com mais de 5.000 profissionais treinados. É CEO da NOVA SOLUÇÃO Consultoria, e INLACCE, uma das maiores escolas de negócios no Brasil. Autora do livro "*Strategic Sourcing* – Manual de Aplicação da Metodologia de Compras Estratégicas". É membro do SAP Digital Influencer e Procurement Connection para Latin America, e do CIEC (Centro Internacional de Estudos em Compras). Mentora e palestrante.

LINKEDIN

Sou Cilene Bim, tenho 65 anos, aquariana, uma filha química de 39 anos e duas gatinhas, 47 anos de jornada profissional, sendo 27 atuando em *Supply Management*. Sou cofundadora e CEO da NOVA SOLUÇÃO Consultoria e Gestão em Suprimentos e do INLACCE – Instituto Latino-Americano de Compras Corporativas e Estratégicas –, uma das principais escolas de negócios para capacitação de profissionais em Compras e Suprimentos. Desde que "caí em Compras", como a maioria dos profissionais desta área, tive a oportunidade de vivenciar experiências boas e às vezes não tão boas, que moldaram a profissional que sou hoje. Divido minha jornada em três etapas: etapa CLT, etapa Empreendedora e etapa Conselheira e Advisor. Vou compartilhar com vocês aquelas que entendo possam ser de valia.

Entretanto, antes de compartilhar essas experiências de como tudo começou e a forma que cheguei até aqui, trago um resumo da evolução da atividade de Compras, a fim de contextualizar o cenário de quando iniciei e como gero oportunidades até hoje.

Minha jornada CLT

Um dos grandes *insights* de minha vida foi entender que,

para ser boa no que fazemos, precisamos ser felizes. Para uns, ter o "brilho nos olhos" pode parecer clichê, mas para mim foi essencial. Após 12 anos de jornada profissional, percebi que era incompetente, porque não tinha esse brilho. Nos anos 90, trabalhei por seis anos em uma farmacêutica suíça na área contábil e tributária, onde entrei por circunstâncias que a vida me conduziu. Uma de minhas principais responsabilidades era estudar a legislação de IRPJ, Contribuição Social, PIS, COFINS, e propor alternativas de redução de impostos. Essa tarefa era extremamente entediante e não fazia sentido para mim. Por mais que me esforçasse, não conseguia o desempenho esperado, resultando em frustração. Em 1996, com uma fusão na empresa, aproveitei a possibilidade de um PDV – Plano de Desligamento Voluntário e me desliguei sem perspectiva real. Não sabia bem o que queria, mas acreditei que encontraria. Tomei coragem e busquei o que realmente me faria feliz.

Ao longo de minha carreira, encontrei muitos profissionais na mesma situação, que, por acomodação, medo, insegurança ou desconhecimento de suas capacidades, permanecem em funções que não lhes dão prazer. Nessa fase, adquiri duas competências importantes: planejamento tributário e contábil, e gestão de pessoas. Contratei e desliguei muitas pessoas ao longo dos anos, sempre buscando o que fazia "brilhar os olhos" de cada um. Lembro-me de profissionais que desliguei e depois me agradeceram por ajudá-los a encontrar "seu caminho". Paralelamente, nesta mesma época, comecei a fazer dança de salão. Como tudo na vida tem uma razão de ser e nada é por acaso, conheci um homem na minha turma. Ficamos amigos, demos aula de dança juntos, e ele se tornou meu mentor. Foi ele quem abriu meus olhos e me desafiou: "Cilene, você tem que trabalhar em Compras, tem tudo a ver contigo!". Foi em 1997 que tudo começou para mim na área de Compras. Fui aceita no Accor Brasil, um grupo francês de empresas de serviços, para atuar na posição que ele estava deixando. Trabalhei lá por dez anos: oito anos na *holding* como gerente estratégica de Compras e dois anos na Accor Hotels como *head* de Compras. Tinha responsabilidade pela América Latina e reporte matricial para o comitê mundial de Compras, liderado pelos franceses e com representantes de aproximadamente seis países. Um dos grandes desafios iniciais foi a comunicação em língua estrangeira. Uma curiosidade: após alguns encontros do comitê, um colega confessou que tinha dificuldades para entender o australiano, mesmo ele sendo nativo da língua inglesa. Todos rimos, pois todos tinham as mesmas dificuldades uns com os outros. Senti-me aliviada. Falar uma ou duas línguas é necessário, mas tão importante quanto isso é se fazer entender.

    O grupo era composto por sete unidades de negócios distintas, nos segmentos de restaurantes industriais, hotelaria, cesta básica, *vouchers* de alimentação, quarteirização de negócios, incentivos e turismo. Em um processo de mudança da governança corporativa, um novo diretor, buscando inovação e aumentar a lucratividade, trouxe a oportunidade de consolidar as compras comuns entre as unidades de negócios para reduzir custos e otimizar processos. O principal gasto comum estava na compra de alimentos e de alguns serviços. Contratamos uma consultoria para trazer inovações em Compras, conforme descrito na introdução deste capítulo. A consultoria contratada, uma das **big six**, estruturou um projeto de três anos, dividido em quatro pilares: 1º: realizar um diagnóstico dos gastos do grupo, utilizando a metodologia de Spend Analysis, a fim de avaliar as oportunidades de redução de custos; 2º: gerar redução de custos com a implementação da metodologia Strategic Sourcing para 20 categorias; 3º: estruturar uma área estratégica que faria a governança dos gastos comuns; e 4º: implementar uma ferramenta de *e-procurement* que compartilharia os contratos comuns e automatizaria os processos de compras operacionais nas unidades de negócios. Mais de 50 profissionais foram envolvidos. Hoje, reconheço que foi um projeto extremamente inovador para a época. Ainda hoje, os pilares abordados continuam estratégicos para as organizações. Estamos falando de 25 anos atrás. Me encontrei naquele projeto e pensei: "É isso que quero para mim!". Meus "olhos brilham" até hoje!

Minha jornada Empreendedora

Fui me desenvolvendo ao longo dos anos e ganhando experiência prática e conceitual com os vários projetos de *Strategic Sourcing* e treinamentos que ministrei da metodologia. Essas duas atividades consolidaram meu conhecimento. Trabalhei na consultoria que desenvolveu o projeto no grupo Accor Brasil, reforçando minha veia consultiva e estruturando uma área de negócios de consultoria para redução de custos, na empresa de tecnologia para compras que atuou no mesmo projeto. Nessa empresa, percebi que tinha as competências necessárias para iniciar meu próprio negócio, uma empresa de consultoria e treinamento em compras, o que fiz em 2009. Desenvolvi visão de negócio (do processo de venda à entrega), domínio da gestão estratégica de Compras, gestão de pessoas, formando equipes multifuncionais, e meu senso de empreendedorismo, que me deu coragem e resiliência para começar do zero, apesar dos desencorajamentos. Deu certo! Há 25 anos, a área de Compras era majoritariamente masculina. Lembro que meu gestor dizia: "Nós, homens de compras!". Eu era uma das poucas mulheres.

Desenvolvi uma liderança mais dura para me igualar ao modelo masculino, o que me trouxe problemas de relacionamento.

Precisei mudar. Após muitas reflexões, *feedbacks*, treinamentos e meditação, adotei uma liderança assertiva, mais educativa. Me dei conta de que, como líderes de pessoas, temos uma responsabilidade enorme com o impacto que geramos em outras vidas. Já pensaram sobre isso? Quando caiu essa ficha para mim, mudei. Empatia é fundamental no empreendedorismo; quanto maior a empatia, melhor o entendimento das dores dos clientes e maior a chance de sucesso. Equipes felizes garantem resultados positivos e duradouros. Entendi que, para alcançar meus objetivos, a empatia melhora os resultados profissionais e pessoais. Em 2016, escrevi o livro "*Strategic Sourcing* – Manual de Aplicação da Metodologia de Compras Estratégicas", incentivada pelo meu mentor, que enxergou uma carência no mercado. O livro, reconhecido por profissionais como a "bíblia de Compras", conferiu-me visibilidade e reforçou minha reputação no segmento. Esta notoriedade foi ainda mais complementada por artigos, *posts*, *lives*, palestras, projetos de sucesso, depoimentos e parcerias de negócios.

Minha jornada para conselheira consultiva

Há alguns anos, comecei a me sentir acomodada. O que mais eu poderia alcançar? Acredito que conseguimos gerar em nossas vidas aquilo que, intimamente, desejamos. E assim aconteceu. Surgiu a possibilidade de atuar em governança corporativa como conselheira consultiva, um novo caminho cheio de oportunidades e desafios. Uma atividade em que eu poderia contribuir com outras empresas com minha experiência somada aos conhecimentos de governança. Os benefícios podem ser inestimáveis ao somar esse novo aprendizado com a vivência de uma vida inteira. Ano passado, obtive a certificação de Conselheira Consultiva TrendsInnovation (no Ecossistema Inova) e, agora, estou cursando uma certificação adicional em Governança de Empresas Familiares. Confesso que está sendo um grande estímulo, pois é um terreno novo que exige dedicação e estudo. Às vezes, sinto-me como se estivesse no início da minha carreira, mas agora a senioridade, maturidade, e discernimento contam como ponto positivo. Ah, se tivéssemos essa sabedoria no começo de nossas jornadas, tudo seria mais fácil.

O *networking* desempenha um papel crucial, especialmente neste contexto em que 80% das posições em conselhos são preenchidas por indicação. Tornar-se conhecida, participar de eventos e dialogar com profissionais mais experientes são fatores determinantes para aquelas que estão ingressando nessa esfera. Busco aprimorar-me continuamente, através de cursos que complementam minha experiência e que expandam meus horizontes de conhecimento. A interação com profissionais iniciantes e experientes tem proporcionado um aprendizado valioso, agregando-se à minha experiência e proporcionando uma visão abrangente das questões dessa nova matéria: governança corporativa. Ao longo da minha trajetória profissional, desenvolvi habilidades tanto profissionais quanto pessoais que me capacitam a influenciar as empresas em suas tomadas de decisão, orientando-as para uma trajetória de longevidade, com enfoque no futuro, tendências e inovação. A visão estratégica, a liderança educadora, a capacidade de mentoria e desenvolvimento de talentos, a gestão de riscos, inovação, futuro e estratégia, juntamente com a empatia e habilidades de comunicação, são aspectos cruciais nesse contexto empresarial. Acredito firmemente que estas competências, combinadas com minha ampla experiência, me capacitam a desempenhar um papel fundamental na governança corporativa, fortalecendo a estratégia, a liderança e o desempenho geral de qualquer organização. Sinto-me confiante em orientar as empresas por meio dos desafios e oportunidades do ambiente de negócios contemporâneo, assegurando um futuro promissor e sustentável para elas. Minha história é um testemunho da determinação e resiliência de mulheres em um campo tradicionalmente dominado por homens. Ao longo dos meus 47 anos de carreira, enfrentei desafios e medos, quebrei barreiras e, com muita dedicação e paixão, alcancei o meu objetivo principal, "ter o brilho nos olhos" e fomentar o processo de transformação das áreas de Compras. Meu maior propósito. Quero inspirar cada uma de vocês a buscarem este brilho naquilo que fazem, pois isso ilumina o caminho para a realização pessoal e profissional. Sejam corajosas, resilientes, verdadeiras e, acima de tudo, acreditem no seu potencial para mudar o mundo e nossa atividade.

Agradecimentos

Minha jornada não teria sido possível sem a parceria incondicional de meu sócio e irmão, Mauro Bim; minha equipe de consultoras e amigas, Marina Furlan e Vanda Martins, pela confiança e dedicação ao nosso propósito. Agradeço a todos que estiveram ao meu lado. Especial agradecimento à Andréia Roma e à Editora Leader, pela visão e pela oportunidade a mim conferida para coordenar este projeto lindo.

O futuro é brilhante e cheio de possibilidades para todas nós.

Tomando as rédeas de minha carreira!

Adriana Nunes

Atualmente é diretora associada na EY na área de Supply Chain, com dois papéis: Governança e Compliance Global e ESG para América Latina. Durante seus mais de 20 anos de experiência, dedicou sua carreira a entender o comportamento da cadeia de valor em diversos tipos de negócios, liderando equipes em importantes empresas nacionais e multinacionais: Mercedes-Benz, Grupo Ultra, Natura, Ericsson, Asics e EY. É reconhecida no mercado como líder de opinião em "sourcing transformation", estratégias para otimização de custos e processos, e definição e implantação de estratégias de categorias com foco em melhoria contínua, inovação e sustentabilidade. Atua também como docente na FIA e é profissional certificada CPP (Certified Purchasing Professional) pela IFPSM e Nevi; formada em Administração de Empresas pela ESAN/FEI, com MBA em Gestão Empresarial pela FGV-SP e especialização em Meio Ambiente e Sustentabilidade pela FGV. Acredita que a educação é um dos mais fortes instrumentos para a transformação social. Está sempre com um livro em mãos.

LINKEDIN

Força para mudar o que paralisa.
"Haverá outro modo de salvar-se? Senão o de
criar as próprias realidades?" Clarice Lispector

A primeira imagem que me vem à cabeça quando paro para pensar na minha história profissional é de quando eu ainda era criança.

Eu nasci em São Bernardo do Campo e meus pais mudaram para o interior de São Paulo quando eu ainda estava com três anos de idade. Eu tinha problemas respiratórios e os médicos orientaram os meus pais a sair da cidade grande, se quisessem que eu melhorasse.

A vida no interior não foi tão fácil para meus pais, mas viver a infância e a adolescência em um lugar onde eu podia circular livremente e ter contato com a natureza foi um presente para mim, e me tornou em grande parte o que sou hoje.

Todo o resto da família continuou em São Paulo. Uma vez por ano vínhamos visitar os avós, tios e primos.

É nessa época que acredito começam a brotar as primeiras sementinhas de quem eu me tornaria como profissional: lembro-me vividamente de chegar na Marginal, vendo aqueles prédios enormes. Recordo-me em particular do prédio da Editora Abril e falava, sem nem saber porque: "quando eu crescer vou trabalhar nesses prédios. De manhã em um e à tarde em outro".

Meu pai, distraído ao volante, respondia de imediato: "Fica quieta, menina! Você não sabe o que está falando!"

A virada

Quando eu tinha 15 anos, meus pais se separaram. Uma situação liderada principalmente pela minha mãe, que tinha perdido a luta contra o alcoolismo de meu pai. Teve o apoio de toda a família, inclusive de sua sogra!

Voltamos para São Bernardo. Faltavam dois anos para eu concluir o ensino médio. Tivemos que ir morar com minha avó e meu tio mais novo. A situação exigia que eu trabalhasse. E tinha que continuar estudando.

Apesar de meus pais não terem cursado o nível universitário e terem tido uma infância e adolescência em que nem sempre a formação escolar fosse prioridade, eles exigiam, cada um do seu jeito, que eu e minha irmã estudássemos.

Para minha mãe, o estudo era a chave para a independência, coisa que ela aprendeu na prática e a duras penas. Para meu pai, acredito, era uma forma de se destacar, de ser ouvido, de ter um lugar.

Onde tudo começou

Esse meu tio, com quem fomos morar, trabalhava em uma grande empresa automobilística. Um dia, ele comentou que todo ano a empresa abria processo de recrutamento de estagiários que estivessem no terceiro ano do colegial técnico.

Ele sugeriu que eu fizesse o colegial técnico em secretariado e tentasse entrar no ano seguinte.

Estava decidido! Eu não tinha nada, então foi o que fiz!

Mulheres em Compras®

Entrei no período noturno e para ajudar a pagar o colégio aceitei um trabalho na produção, em uma fábrica de bolas e carteiras de couro, perto de casa. O plano era trabalhar um ano e depois passar no estágio.

Ao fim do primeiro ano de trabalho, passei no estágio da grande empresa automobilística. Minha primeira função foi substituir uma secretária, que sairia de licença-maternidade, na área de Compras.

Caminhos inesperados

Dessa forma, como quase tudo mundo, fui "parar" na área de Compras. Tinha 17 anos de idade, secretariava um time de dez compradores homens, acima dos 30 anos, e um diretor experiente de Compras.

Fazia somente um ano que havia chegado do interior! Estava em uma empresa com mais de dez mil funcionários somente no Brasil, tendo que aprender a trabalhar com o computador pela primeira vez (na verdade, "terminal" na época e uma verdadeira novidade!) e continuar estudando à noite. Foi aterrorizante! No entanto, fui incrivelmente acolhida.

Após o primeiro impacto, minha curiosidade natural e minha vontade de aprender me levaram a começar a perguntar sobre a rotina da área. Achava fascinante o trabalho, pois os compradores tinham contato com toda a empresa.

Além disso, tinham contato com os fornecedores, ou seja, podiam facilmente se manter atualizados com o mercado externo, em vários segmentos de negócios.

Minha fama de curiosa se espalhou e, pouco antes de vencer meu período de estágio, me ofereceram uma vaga de digitadora no PCP (Planejamento e Controle da Produção), o que imediatamente aceitei, com a condição de que um dia voltaria para a área de Compras. Estava efetivada com 18 anos de idade.

Adriana Nunes

Uma base sólida

Fui igualmente acolhida pelo time do PCP, novamente todo masculino. Meu principal papel era analisar e preparar a documentação base para os analistas.

Um dos primeiros desafios residia no fato que essa documentação era toda em alemão. Tratei de decorar o que precisava para poder realizar o trabalho.

Com um ano fui promovida a primeira mulher analista de PCP na empresa. Cheguei a ser responsável, com pouco mais de 20 anos de idade, pelo planejamento da linha inteira de fabricação de ônibus.

Foram sete anos de muitas oportunidades e aprendizados. Mas se lembram do acordo de um dia voltar para Compras?! Havia chegado o momento. Já como bacharel em Administração de Empresas, concorri a uma vaga de compradora e fui selecionada.

Destino que se cumpre

Ter trabalhado no PCP me aproximou de muitas áreas envolvidas na cadeia de fornecimento: Engenharia, Produção, Compras, Qualidade.

Assim, foi rápida minha integração no time de Compras. Em cinco anos, já tinha passado por vários times dentro da própria área e comprado quase de tudo: de peças de manutenção a robôs.

Então me lancei novamente, e pedi para participar de um grande projeto que acabara de iniciar, que era a construção de uma nova fábrica, no estado de Minas Gerais. A líder do projeto me disse: "Vou te dar um teste. Se tudo der certo, você pode se considerar no projeto".

Ela me pediu para acompanhar dois alemães em uma visita técnica no setor de solda na fábrica da Argentina. Na época meu conhecimento em alemão era básico, não falava espanhol, não sabia nada de solda e nunca tinha ido à Argentina. Salvei-me no inglês e na curiosidade.

Uma semana após a volta da viagem, tive a grata confirmação de que era a mais nova integrante do projeto. Pude participar de algo grandioso, da concepção à realização, convivi com equipes multidisciplinares de várias partes do mundo por três anos. O projeto foi concluído e então era hora de mudar de novo!

Movimento arriscado

Estava prestes a completar 30 anos. Decidi que era hora de deixar a empresa, que iria experimentar como era ser um profissional de Compras em vários segmentos de negócios.

Fui chamada por muitos de louca, por ter deixado uma grande empresa global automobilística por uma companhia nacional de distribuição de gás. Ainda com uma movimentação lateral, com pouca diferença salarial.

Mas o que fez meus olhos brilharem na proposta da nova empresa foi participar de um projeto de transformação organizacional, na qual a área de compras seria centralizada, com a implementação de um sistema ERP (também novidade na época). Pensei que quem fizesse parte daquele projeto teria acesso a novas oportunidades.

Bingo! Mirei no que vi e acertei no que enxerguei lá longe. Após somente oito meses e próximo da entrega do projeto, fui convidada a dividir a coordenação da área de Compras. Era meu primeiro papel de liderança.

A consultoria: antes e depois

Foi um período riquíssimo. Tanto o que tinha experimentado na transição entre empresas, quanto o que vivenciei como líder.

Então entendi que para crescer exponencialmente os saltos precisavam ser grandes. Assim, depois de quatro anos, pensava se não deveria fazer outro movimento.

No afã da juventude, não pensei muito e fui. Segui meu plano de conhecer Compras em diversos negócios e aceitei uma proposta de especialista em uma empresa americana de tecnologia.

Já nas entrevistas, tive vários sinais de que talvez eu não me encaixaria bem culturalmente. Mas acreditei que meu esforço e trabalho salvariam tudo. Pedi demissão em oito meses e aprendi a lição sobre visão sistêmica.

No entanto, como um caminho leva a outro, uma pessoa do mesmo time, que tinha acabado de sair, me disse que o meu verdadeiro perfil era de consultoria e me chamou para ser gerente de projetos em uma consultoria especializada em Compras.

Cheguei assumindo um projeto na metade, em uma siderúrgica. Na primeira reunião, estavam sentados, em uma mesa bem comprida, 12 engenheiros. O trabalho era todo na aciaria, então parecia justo que a primeira pergunta deles fosse se eu era engenheira. "Não! Sou administradora!"

Foram seis meses entrando em poço de máquina, com óleo acima do tornozelo. Trabalho concluído e mais uma gama de amigos! Seguiram-se vários outros projetos, em outros clientes.

Foi uma fase de grande crescimento, pois na consultoria os clientes esperam que os profissionais sejam capazes de identificar os problemas e de apresentarem soluções de forma muito rápida e que funcionem de imediato.

Dei o meu máximo e não tenho dúvida de que a consultoria teve grande participação de como lidero a área de Compras desde então.

Com mais de 300 projetos entregues, recebi um convite para juntar-me à equipe de Compras de uma empresa de cosméticos, que tem uma das cadeias de fornecimento mais elogiadas e reconhecidas do mundo! E que eu também admirava muito.

Nesse momento, como a vida não é uma coisa só, tinha acabado de conhecer meu hoje marido e recebi grande apoio. Tive que ir!

Reconhecimento do mercado

A partir daí comecei a perceber que recebia convites principalmente para liderar as áreas e equipes de Compras que necessitavam mudar do operacional para uma abordagem mais estratégica.

Eu planejei conhecer Compras em vários setores, mas não havia planejado ser especialista no que em Compras chamamos "Sourcing Transformation".

E sem dúvida é o que me dá mais prazer e sentimento de realização. É mostrar, com fatos e dados, o poder que a área de Compras tem de causar impacto positivo na organização e na sociedade.

Fico muito feliz com a atual pressão nas organizações, sobre aplicação de critérios de sustentabilidade na cadeia de fornecimento.

Já pararam para pensar que, além de todo o impacto que as escolhas feitas por Compras têm nas organizações, são os profissionais dessa área que selecionam os fornecedores para os quais é destinada grande parte do dinheiro da empresa?

Quem então são os proprietários dessas empresas? O que eles estão fazendo com esse dinheiro? Criando mais empregos? Inovando, criando produtos, serviços e operações melhores? Ou somente comprando mais carros e relógios de luxo?

Nada contra, mas neste caso estamos falando dos recursos de

uma empresa e neste quesito Compras pode ser um grande conselheiro de confiança de qual caminho é o mais responsável a seguir.

Hora de parar

Após a empresa de cosméticos, liderei um projeto de transformação organizacional em uma empresa de telecomunicações.

O projeto afetava toda a empresa globalmente e Compras necessitava sair de uma estrutura local para regional. Assim, assumi meu primeiro papel de liderança com equipes remotas, o que trouxe mais um patamar de complexidade.

Nunca tive um momento em que me sentisse cansada. Altos e baixos com certeza, porém nada fora do normal.

Até que com 39 anos, após concluir o projeto de regionalização e ter trabalhado por quatro anos para entregar uma operação estável, estar respondendo a uma nova liderança com muitas diferenças e incompatibilidades sobre o papel da área de Compras e um doloroso processo de fertilização sem sucesso, decidi dar um tempo.

Trabalhava desde os 15 anos, sem parar. Então me dei de presente um ano sabático para fazer quase nada! Aí comprovei o poder do ócio criativo.

Hora de voltar!

Exatamente um ano depois voltei a trabalhar. Tive o luxo de poder escolher. Optei por um lugar que pudesse voltar aos poucos, em que eu pudesse realmente identificar que a missão e os valores descritos no *website* da empresa eram minimamente reais e tivessem correlação na prática do dia a dia e das decisões.

Encontrei o lugar certo. O lema da empresa era "Anima sana in corpore sano". Acho que não preciso dizer mais nada.

Pude aplicar tudo que sabia, de maneira mais tranquila e onde tudo era absorvido, porque era extremamente útil. Que sensação maravilhosa essa de não precisar gastar a maior parte do meu tempo para provar, porque a empresa decidiu ter uma área de Compras.

Quando há pouco recurso, não há tempo e dinheiro a se perder.

Momento presente!

E aqui estou! Após outros quatro anos, fui convidada para liderar uma transformação na área de Compras na América Latina em uma das maiores empresas de serviços profissionais do mundo.

Após uma entrega exitosa, quis me reinventar. Propus para a liderança continuar a preparação para minha substituição, pois gostaria de me dedicar à sustentabilidade na cadeia de fornecimento.

Fiz uma pós-graduação em Meio Ambiente e Sustentabilidade em meio à pandemia de Covid-19 e, após dois anos, assumi o papel de líder ESG para América Latina. No meio do caminho agreguei a direção da equipe global de governança e *compliance* para *supply chain*.

É um momento profissional e pessoal especial, de realização e de sentimento de dever cumprido. A maturidade traz essa paz: é um momento em que acumulamos experiências profissionais e pessoais, vivenciamos muitas alegrias e dores. Já são várias as cicatrizes que a vida fez. Caímos, levantamo-nos, aprendemos e seguimos.

Nada fiz sozinha

Parece que a profecia se realizou. A simples aspiração da menininha que queria trabalhar em vários prédios grandes já revelava muito sobre minha futura trajetória profissional.

Adriana Nunes

Tudo somou! E tudo vivi intensamente. Mas nada fiz sozinha. Como não dedicar este espaço para agradecer a todos aqueles que estiveram ao meu lado e que fazem parte da minha história?!

Agradecer aos meus pais, por tudo que fizeram por mim, desde mudar para uma cidade distante pela minha saúde até a disciplina exigida nos estudos. Principalmente à minha mãe, que quase sempre foi mãe e pai.

E quem seria eu, sem meus professores?! Foram tantos e tão inspiradores. Na verdade, a educação foi alicerce para minhas conquistas. Sem dúvida, a ferramenta mais forte de transformação social.

Reconhecer todos os meus líderes, muitos por terem me ouvido e acreditado em mim, outros por terem me desafiado duramente, mas todos por terem me proporcionado espaço de crescimento.

Aos meus pares, gratidão! Por tudo que me ensinaram, pela paciência que tiveram em me ouvir e, principalmente, por terem recomendado cuidado nos momentos certos.

Às equipes que tive a honra de liderar e que confiaram em mim, mesmo quando muitos apontavam outros caminhos.

Aos meus amigos, aqueles a quem você pode dizer tudo e chorar copiosamente para em seguida gargalhar.

E à toda minha família, que me deixa ser quem sou. Principalmente minha irmã, que é inspiração e apoio. E a meu marido, que mais que apoio, é uma outra parte de mim.

"Onde não puderes amar, não te demores." Frida Kahlo

A infância é um lugar onde você pode voltar a pisar até o resto de sua vida

Alexandra Santos

Executiva na área de Compras, atuando há 20 anos em grandes empresas nacionais (Grupo Pão de Açúcar) e multinacionais (Rockwell Automation, Linde Gases, Europ Assistance e Allianz Partners), atualmente ocupa a Superintendência da área de Serviços Compartilhados na Zurich Seguros. Líder em projetos de estruturação e transformação em cadeias de suprimentos, baseados nos conceitos de compras estratégicas e TCO (Total Cost of Ownership), participando de projetos globais com países da União Europeia, América Latina e nos Estados Unidos. Social Procurement Ambassador pela Yunus Social Business, é responsável pela implementação de compras sociais, incluindo o tema sustentabilidade na cadeia de suprimentos. Formada em Comércio Exterior pela Universidade Paulista, com MBA em Gestão da Cadeia de Suprimentos pela Universidade de São Paulo e certificação em Liderança em Sustentabilidade na Imperial College, UK.

LINKEDIN

Quando eu era criança, costumava me envolver em um passatempo muito querido: me imaginava como dona de uma mercearia. Equipada com uma pequena cesta cheia de produtos em miniatura, eu unia forças com minhas amigas para organizar meticulosamente as prateleiras e montar a caixa registradora. Juntas, mergulhávamos no mundo do comércio, criando cenários realistas de compra e venda.

Crescendo na zona oeste de São Paulo, tive o privilégio de ser criada em uma família de classe média baixa ao lado de meus pais e irmãos mais novos. Minha infância foi caracterizada por uma sensação de liberdade e felicidade, um afastamento das experiências de muitas crianças hoje. Brincar ao ar livre com meus amigos e entregar-me a fantasias sobre meu futuro foram as atividades que mais me trouxeram alegria.

Meu pai, um executivo na área de tecnologia em uma grande empresa multinacional, era o responsável por sustentar nossa família. Minha mãe, imigrante portuguesa que veio para o Brasil aos quatro anos com meus avós, em busca do sonho de conquistar melhores condições de vida em um país promissor, trabalhou desde os 13 anos. Quando nasci, após duas gestações anteriores malsucedidas, decidiu se dedicar totalmente à minha criação, abdicando de sua carreira na época, que também era na área de tecnologia.

Quando tinha seis anos, nasceu meu primeiro irmão, que teve uma complicação séria de saúde aos 40 dias, me apresentando pela primeira vez o medo de perder alguém tão próximo. Após um ano, nascia meu irmão mais novo, formando o desenho final de nossa família.

Apesar de momentos difíceis que passamos, principalmente financeiros, éramos uma família unida e minha mãe nos criou com muito zelo e valores, nos mostrando que tínhamos de lutar pelos nossos sonhos. Diferentemente de algumas meninas que eram incentivadas a seguirem uma trilha mais tradicional, como casar e formar uma família, minha mãe guiou minha educação para ser independente.

Quando tinha por volta de nove anos, meu pai costumava me levar no escritório em que trabalhava e tive contato com minha primeira estrutura corporativa. Aquele clima e até o cheiro do ambiente me encantavam! Ficava imaginando como seria chegar cedo, vestida elegantemente, ligar meu computador e trabalhar com pessoas inteligentes e interessantes.

Entendi que para frequentar esse ambiente eu também precisava ter conhecimento. Com exceção do ensino infantil, sempre estudei em colégios públicos e, para me destacar, precisava me esforçar muito. Mergulhei nos livros, participava de competições na escola e me cobrava para sempre ser a melhor em tudo que fazia. Paralelamente, fazia cursos de idiomas e estava sempre atenta às oportunidades de formações que pudessem acrescentar algo em meu repertório.

O ponto de partida

Fui uma adolescente contestadora e com 15 anos comecei a trabalhar como vendedora em uma loja de shopping e estudar à noite. Muito empenhada, estava sempre focada nas metas diárias, inclusive quando a premiação era sair em um sábado mais cedo. Levar a rotina de trabalhar e estudar ao mesmo tempo era cansativo, mas posso ver como isso contribuiu para entender que tempo é gerenciável.

Aos 17 anos, terminei o ensino médio e aquele sonho de trabalhar em uma grande empresa reacendeu. A escolha do curso da faculdade não era clara para mim, mas sabia que minha praia era negociar. Depois de conhecer as opções, escolhi cursar administração com ênfase em comércio exterior. Tive sorte, pois durante os quatro anos de universidade encontrei o que queria fazer para o resto da vida! No primeiro ano, consegui um estágio em uma indústria química americana e era responsável por operacionalizar as importações de gases e outros insumos químicos da Europa e Estados Unidos. Meu início de carreira no mundo corporativo foi abençoado, pois minha gestora foi uma referência de profissionalismo e ética.

Após dois anos, consegui um novo estágio em uma indústria de automação americana, onde tive a oportunidade de me desenvolver com diversos treinamentos técnicos e fiz minha primeira viagem internacional a trabalho. De repente, meu sonho de ser efetivada foi realizado e consegui meu primeiro espaço como compradora internacional.

Ser compradora não estava no topo da minha lista de profissões. Na verdade, quando pensava no termo comprador, imaginava um homem, mais velho, burocrático e sisudo, sentado em uma sala apertada, com uma pilha de papéis sob a mesa. Além disso, a profissão carregava muitos estigmas em relação à ética.

Realmente, a área de compras era ocupada por homens, em sua maioria. Penso que com o tempo esse cenário foi mudando, assim como a percepção que as pessoas têm da profissão. Desde o início, entendi que ser compradora é conhecer a empresa de forma holística e atuar alinhada à estratégia do negócio. Interagimos com praticamente todas as áreas da empresa, além de atendermos um dos principais *stakeholders* do negócio: os fornecedores. A oportunidade que temos de influenciar a cadeia de suprimentos, otimizar processos e principalmente impactar positivamente o resultado da companhia é imensa.

Atuar como compradora internacional instigava meu desejo de conhecer novas culturas e realidades. Era uma época em que o mercado do oriente estava sendo aberto e a produção industrial em países como China e Taiwan começou a ficar muito forte. Foi então que tive minha primeira experiência na área de compras internacionais em um grande grupo de varejo e onde embarquei para a aventura mais inesperada e incrível da minha vida: ser mãe.

Ser resiliente foi a chave

"Quem tem um porquê para viver pode aguentar qualquer como." Friedrich Nietzsche

Com 25 anos, morando com meus pais, cursando um MBA na Universidade de São Paulo no período noturno e com um salário com que não conseguia me sustentar sozinha, engravidei. Em um primeiro momento tive um choque. O medo de ser julgada e ser vista de maneira diferente pelos meus pais bateu muito forte. Também pensava em qual seria o impacto na minha carreira, a partir daquele momento. Era comum escutarmos histórias de mulheres que não conseguiam ascender profissionalmente, por serem mães.

No dia 7 de janeiro de 2007, nascia minha filha Amanda e uma nova Alexandra também nascia.

Tive o privilégio de contar com a rede de apoio dos meus pais, que sempre me incentivaram a crescer profissionalmente e a sonhar que era possível alcançar meu sonho.

O desejo de prover um futuro melhor para minha filha era pungente e nesse período já não sentia me sentia muito motivada na empresa em que estava trabalhando na época. Recebi uma proposta para voltar à indústria química, ocupando uma posição sênior na área de compras, mas tinha um porém: estava no último mês da licença-maternidade. Lembro-me de refletir muito sobre as consequências de aceitar um novo desafio em um período crucial como esse, mas a necessidade de ter uma estrutura financeira mais sólida para mim e Amanda pesaram na balança e fui em frente.

Conciliar um novo trabalho e minha filha bebê foi complicado no início, mas minha automotivação e a competência de gerenciamento de tempo que aprendi no início da vida profissional me ajudaram muito.

Agarrar todas as oportunidades que tinha de conhecer os processos, produtos e estar próxima ao negócio fizeram com que minha carreira deslanchasse. Era convocada para participar de projetos estratégicos, reuniões na matriz na Alemanha e coordenar operações em outros países LATAM. Durante um ano, atuei como *focal point* no Brasil, na implementação de um novo modelo de processos para a implementação de um sistema ERP. Mergulhei nos processos, ouvi as dores dos usuários e fiz muito *benchmarking* com outras empresas. Implementamos um sistema com sucesso e fui promovida à minha primeira experiência como gestora do time que, até então, era formado por meus pares.

Em termos pessoais, não era uma situação confortável ser gestora de uma equipe que me via como colega e não me sentia merecedora de minha promoção. Aliás, o sentimento de impostora é comum em mulheres que abraçam uma nova posição ou um novo *status* pessoal. No decorrer de nossas vidas somos, por muitas vezes, classificadas em caixinhas exclusivas e começamos a duvidar de nosso potencial realizador. Ser verdadeira com o que estava sentindo e fortalecer minha autoestima foram fundamentais para o processo de mudança de *mindset*.

Paralelamente à empresa, também tirei do papel um antigo sonho, dar aulas. Durante um ano, fui professora na matéria de Logística Internacional em uma turma de 4.º ano da universidade

FIEO, no curso de comércio exterior. Experiência enriquecedora e gratificante que pretendo exercer em um futuro mais distante.

Permaneci nessa companhia por cerca de seis anos e me sentia pronta para um desafio maior. Foi então que busquei o mercado e consegui minha primeira posição de gerente, em uma empresa em um segmento completamente diferente da minha formação até então, muito focada em indústria. O negócio principal da empresa eram serviços de assistência e minha missão era estruturar a área de compras. Em um primeiro momento, tive que "vender meu peixe", elencando a importância da existência da área de compras para estabelecer relações mais saudáveis com os fornecedores, focadas na estratégia da companhia. Era um ambiente ocupado majoritariamente por homens, tanto meus pares, como também fornecedores. Foram inúmeras as vezes em que tive de me posicionar para defender o meu espaço e estabelecer limites. Com o tempo fui conquistando meu lugar, graças a um trabalho forte com minha equipe e minha obsessão por melhoria contínua.

No segundo ano de empresa, comecei a sentir alguns desconfortos de saúde. Foi então que procurei um médico e, após alguns exames, fui diagnosticada com câncer de tireoide. Estava realmente engajada em projetos na empresa, criando minha filha, que a essa altura tinha seis anos, e a notícia mexeu com meu emocional. Comecei a questionar minhas decisões, propósito e o quanto tinha negligenciado minha saúde.

A realidade da mulher que opta por ter uma carreira no mundo corporativo, conciliar com a vida familiar e performar uma vida saudável é um quebra-cabeças, onde às vezes as peças não se encaixam. No meu caso, eu era solteira, contava com a ajuda dos meus pais, mas no fim do dia minha saúde não era minha prioridade número 1.

Fiz o tratamento que classifico como leve, e consegui superar o momento sendo muito acolhida pelos meus pares, minha equipe e sobretudo minha família e amigos. Aprendi que todas as situações, por mais desafiadoras que possam parecer, passam e sempre deixam um aprendizado. Nesse caso, aprendi que cada momento que vivemos é uma dádiva e ter fé - não propriamente uma religião específica - é o caminho para se manter positiva.

Em busca do meu propósito

> *"Pule e você descobrirá como abrir as asas enquanto cai."*
> Ray Bradbury

Do meu ponto de vista, certos indivíduos possuem uma aptidão inata para guiar os outros, mas a arte da liderança necessita de refinamento contínuo. Ao longo deste processo contínuo de crescimento, a qualidade que diferencia os líderes é a humildade. Embora possamos ocupar uma posição específica por um período limitado, é o nosso comportamento para com os indivíduos dentro da nossa esfera - sejam eles colegas, membros da equipe, fornecedores ou pares - que realmente molda a nossa reputação e abre caminho para oportunidades futuras. Isto, em conjunto com a nossa experiência e conhecimento, constitui a essência da nossa marca pessoal.

Em 2017, recebi uma proposta para liderar uma equipe em uma multinacional, concorrente da empresa em que estava trabalhando. Decidi aceitar, o desafio era muito interessante em termos de crescimento profissional e aumento de visibilidade do negócio. A equipe era jovem e com pouca experiência na área de compras, daí a oportunidade de formar pessoas, aprender com a realidade do outro e influenciar uma mudança de vida, a partir de nossa história.

Após dois anos, era o momento de dar um *refresh* e expandir meus horizontes. Minhas escolhas e o conhecimento me guiaram para minha atual posição, na qual posso atuar de acordo com meu propósito, impactando positivamente a cadeia de suprimentos através da conexão da empresa com negócios sociais que buscam resolver questões relacionadas a desafios que temos como sociedade.

Durante essa jornada, tenho o prazer de trabalhar com pessoas guiadas pelo mesmo propósito e que, acima de qualquer concorrência, colaboram para o crescimento mútuo, humanizando as relações de trabalho.

Cada vez mais sinto que faz parte da minha missão transformar verdadeiramente a vida de outras mulheres, a partir do relato de minha trajetória e da busca por um sentido maior. Acredito que, mesmo estando em lados opostos na vida ou profissão, podemos nos fortalecer e superar adversidades, através da empatia e um olhar amoroso. Os livros do Selo Editorial Série Mulheres® cumprem esse papel, dando voz às mulheres e suas histórias e inspirando uma nova geração a iniciar suas carreiras com um olhar que transcende o comum, inovando a forma de fazer negócios e liderar pessoas.

Uma carreira de valor

Aline Rebelo

Administradora, com pós-graduação em Finanças Corporativas pela Fundação Dom Cabral (FDC) e MBA em Logística Empresarial pela Fundação Getulio Vargas (FGV). Certificada em Inteligência Emocional (Escola de Administradores), Autoconhecimento e Personalidade certificada pelo Dr. Ítalo Marsili em Território Humano, estudante de Neurociência aplicada à Psicologia Positiva, uma eterna aprendiz e apaixonada pela evolução humana, especializada em Psicoterapia, Filosofia e Antropologia. Facilitadora e orientadora de carreiras, atua no mercado corporativo por 22 anos, no Brasil e na China, com projetos paralelos nos Estados Unidos, França e Itália, e conseguiu unir, por meio de pesquisas e vivências práticas, todas as estratégias de sucesso para um modelo de desenvolvimento de carreira com um plano de ação simplificado e acessível para um autoconhecimento em busca de sua identidade, acelerando os resultados almejados, com a fé e estruturados na espiritualidade, com leveza e amor. Idealizadora do programa "Não Procure Seu Propósito!", que restaurou muitas carreiras e famílias.

LINKEDIN

Com toda minha verdade, eu sempre sonhei um dia em encontrar o significado através do trabalho, não apenas sobre propósito, mas fazer do dia a dia, o pequeno, o básico dentro do ordinário, algo grandioso, capaz de tocar pessoas, transformar momentos, ressignificar histórias. Na maioria das vezes em minha jornada, ao buscar isso, nem eu mesma acreditava. Eu via o cotidiano como pequeno, e assim sempre corria o risco de deixar aquele tesouro escondido nas minhas atividades diárias como dispensável. A grande verdade é que a maior parte do chamado da vida, da nossa vocação é fazer o básico.

À medida que eu caminhava e crescia em minha carreira, eu compreendia de maneira clara que esse momento chegaria, a maturidade profissional nos tira a poeira dos olhos e nos faz ver além da montanha, o que realmente importa para fora do ego. Isso traz a serenidade para entender que os avanços também pedem mais do que achamos que somos capazes. Era crescer e sair da zona de conforto, de maneira constante. Isso ia além do que eu acreditava que conseguiria entregar, me exigindo todos os dias coragem e determinação para não desistir ao primeiro cansaço, entendendo que nada é pequeno, tudo é grande! Faz os olhos brilharem com a plenitude muitas vezes distante de uma missão quase que alcançada, mas em uma direção correta.

Ao viver praticamente mais da metade da minha vida em Compras, fazia parte entender onde minha vocação se encontrava

Aline Rebelo

ali, para fazer com intenção o meu trabalho se transformar em uma missão e encontrar na correlação com a minha realidade não somente os grandes feitos, mas nos pequenos, nos pequeninos acontecimentos básicos, em cada pequena negociação, cada emissão de único pedido, aquele feito maior, a estratégia com ganho extraordinário, a transformação de duas pontas... um novo elo! Quem trabalha em Compras conhece bem a sorte de ter o contato com área interna, que é aquela que lhe pede exatamente "o que comprar", e a área externa – fora dos limites do seu departamento, no mercado, onde estão os fornecedores! No caminho dessa ponte, de um lado ao outro, saber que não é somente um contrato o responsável por unir os dois extremos e sim a maneira como você pode fazer disso uma transformação maior fará com que a busca pela solução no mercado tenha um significado e, mais do que isso, um sentido. Ter a sorte de vivenciar esses dois lados, diariamente, me fez desejar cada vez mais ir além do meu espaço e me fez buscar como agregar valor e impactar pessoas. Eu poderia fazer além. E foi olhar Compras com outros olhos que me fez identificar antes de quaisquer negociações as dificuldades enfrentadas pelos dois lados, os problemas e dores, trazendo para o objetivo final uma maneira de fazer diferente, sendo um agente de transformação.

Foi ao longo de negociações pequenas que descobri que o meu papel ali era chave para abrir uma nova linha de produção, uma nova planta, gerar novos empregos, realizar sonhos com o produto pronto. Tudo aquilo começou a fazer parte de um cotidiano em que mente e coração faziam a diferença, e reforçava o que eu sempre acreditei, certamente alguém precisava daquilo que eu estava fazendo. Todos os dias alguém dependia de uma negociação que eu conduzia. Poderiam ser funcionários da empresa em que eu comprava a matéria-prima ou mesmo os colaboradores da companhia em que eu trabalhava e transformavam o item em produto para o consumidor realizar o sonho de um bem de consumo de grande valor. Compras acaba por ter uma atuação maior do que é possível imaginar, faz você pensar no copo sempre cheio e nunca vazio, lhe traz conexões em busca de realizações pelos negócios, conhecimento pela inovação e atitude para ser protagonista e sair na frente.

Ao longo da minha carreira, buscava ir além dos números, entendendo sobre inteligência emocional e conhecimento de quem eu era e aonde eu chegaria, desenvolvendo ali, logo nos meus primeiros anos, um plano de carreira que me daria um norte certeiro, me ajudando a usar os pontos fortes ao meu favor e buscando colaboração naquilo que eu não dominava. Essa essencialidade além do óbvio me dava um ponto de partida para não perder a disposição ao longo do percurso e me capacitava constantemente sobre uma nova visão e uma perspectiva diferente daquilo que eu era e poderia ser.

Eu tinha todos os motivos para acreditar que deveria ser como os outros, a vida nos dá muitas razões para acreditar nisso. Mas, à medida que eu me esforçava genuinamente para fazer diferente, ficava claro que quanto mais eu buscava alternativas, mais eu me afastava do comum, desafiava o coletivo e me colocava à frente de escolhas incomuns.

Logo após alguns anos de dedicação como analista e especialista, ao assumir minha primeira liderança, em momentos de aprendizado e de grande dificuldades busquei o entendimento claro de que a consciência e essência tinham um valor muito além da vulnerabilidade e ao caminhar com esses elementos em conjunto, direção e leveza traziam a chave de que eu tanto precisava e buscava: era no trabalho o local onde eu teria mais oportunidades de fazer algo útil, de servir, de melhorar a vida das pessoas, trazendo um outro sentido dentro de Compras. Ali, não negociaríamos somente. A ideia chave era trazer engajamento para além da motivação. Construção além de negociação. Relacionamentos. Crescimento!

Nenhuma trajetória é linear, nenhum conhecimento é em vão e certamente nenhum recomeço é do zero. Todos os dias nós encontramos altos e baixos, e várias pessoas em busca do seu sonho, e pensar nisso me fazia questionar até onde é possível chegar se encontrarmos no trabalho uma fonte de sentido ao invés de olhar para si mesmo, deixar o ego guardado, aprimorar de maneira constante a virtude da humildade, e fazer do ofício um local para servir e entender de uma vez por todas que o propósito de nossas vidas vai muito além de uma realização pessoal, sendo um vetor de dentro para fora.

Foi trabalhando em Compras, com diversas pessoas das mais diferentes formações, líderes de grandes empresas, colaboradores com os mais diferentes comportamentos e clientes internos com níveis de urgências distintos que transformei o meu trabalho em um laboratório de gente, para realizar ali os mais diversos sonhos que eu pudesse ajudar. O sonho de uma promoção, o sonho de realizar uma família, o sonho de crescer profissionalmente, o sonho de expatrio. Sonhar e viver, trabalhar e executar.

Foi vivendo o universo de Compras, entre tropeços e desafios, algumas lágrimas e muitos sorrisos que tive oportunidades que jamais imaginaria que poderia vivenciá-las e ao aproveitá-las eu entendi onde estaria o segredo principal: era exatamente a forma como vemos o nosso trabalho.

Se reclamar seria a maneira mais tênue de declarar amor ao problema, em uma área em que a maioria dos objetivos é solucionar problemas através de boas negociações, ficava claro que a partir dali a ideia de trabalhar sendo útil todos os dias faria os momentos de pressão mais livres de dor e ajudar os outros, suprindo a necessidade do próximo, daria uma emoção ao momento frio da emissão do pedido propriamente dito. A cada dia que isso ficava mais claro, o trabalho deixava de ser uma barreira para o que eu buscava e passou a ser o meio, se tornando a oportunidade mais clara e real de trazer os sonhos mais próximos, como liderar uma equipe na Ásia para otimização de custos ou transformar uma equipe de Compras da maior siderúrgica do mundo em um raio de 100 km da minha casa em plena pandemia mundial. A cada tijolo de um muro construído, um rastro eu fazia questão de deixar, uma marca positiva de algo maior. De fato, não havia pretensão de acertar sempre, agradar a todos não é uma realidade em quaisquer cenários, mesmo que favorável, mas era possível atingir o maior número de pessoas ainda que no meu mundo pequeno. Cada vida importava, desde então.

E transformar vidas não significava para mim revolucionar e mudar tudo em um curto espaço de tempo, o meu desejo encontrava na inquietude constante uma transformação nos detalhes que certamente passavam despercebidos e pouco notados por quem caminhava ao meu lado, mas não encontrava essa missão em meio aos desafios organizacionais. Eu desejava e buscava mostrar que através de pequenos passos e curtos movimentos era possível colocar em prática uma nova forma de viver o mundo de Compras dentro do trabalho. Não haveria rosas no roseiral, se não houvesse quem o regasse rotineiramente, não existe chão limpo se não há quem o limpe constantemente, nem a pia permanecerá brilhante sem o esforço rotineiro de fazer o básico. E, se o básico não é feito, a raiz de muitos problemas pode ser encaixada ali. Se ao negociar dentro do universo comum de Compras fosse possível trazer o entendimento de que um pedido bem feito, fruto de uma negociação com zelo nos detalhes, fosse o pontapé inicial de um novo modelo de trabalho trazendo para a inovação e contemplação, teríamos assim uma nova onda de compradores engajados, encontrando ali, através das mudanças expressivas mesmo que menores, colaboradores não sentados às margens da cultura organizacional, mas ansiosos por todas as mudanças que aconteceriam primeiro dentro deles, sendo parte integrante em movimento.

Pouco a pouco, eu fui plantando as sementes e colhendo os frutos. Mostrava que era importante fazer a vida valer a pena construindo um legado no hoje, deixando sinais, desenhando memórias em cada intenção colocada na tarefa executada, fazendo o mundo de Compras um universo desejável em uma experiência única, mesmo com muitos problemas. Não há sucesso imediato. O caminho para alcançá-lo não é tão pequeno quanto desejávamos. Demorei anos para construir a base do meu trabalho que hoje é vista como uma estratégia para construir um alicerce profissional sólido a ponto de sustentar uma carreira além do trabalho, a ponto de conseguir através de resultados iniciativas de valor e tão bem reconhecidas por sua influência em cada trajetória. Foi fazendo que eu aprendia, procurando deliberadamente exemplos incríveis de outros profissionais que já haviam passado por aqueles momentos, estudava e me obrigava a ir além do confortável, me esforçava a aprimorar e a operar meu cérebro em uma capacidade acima, em um fluxo de aprendizagem constante. Mas não foi da noite para o dia... foi construído e transformado em hábitos, à medida que ia aceitando e evoluindo com os *feedbacks*, buscando entendimentos em outras frentes de mercado, reconhecendo minhas imperfeições de modo a trazê-las para o contentamento e assim colocando o foco nos meus pontos fortes. Mas não somente o olhar para eles, é preciso seguir desenvolvendo onde me destacava, trazendo uma sustentação para encarar ações e projetos cada vez mais complexos.

Eu espero que um pouco da minha história lhe conduza a boas reflexões de modo que ao pensar sobre sua jornada você consiga se lembrar de quão abençoado você é, celebrando a oportunidade de existir e fazer a vida valer a pena, respeitando o tempo de cada etapa de sua trajetória, de maneira única, para ter a clareza de que sua vida profissional seja sempre uma fonte de alegria e satisfação. Está em suas mãos o controle da sua carreira, e se for em Compras, não tenho dúvidas do quanto serão incríveis os frutos de uma jornada construída com amor e valores. Aproveite a oportunidade para servir, ajudar, ser útil, fazendo o seu melhor todos os dias. Uma atividade constrói a realidade além das suas tarefas diárias, como uma missão das mais gloriosas possíveis através da nossa entrega. Quando decidimos e abraçamos nossos sonhos, colocamos intenção na nossa carreira, nos abrimos para oportunidades com disciplina e constância, dando espaço para a transformação acontecer dia após dia, pela ação, fazendo o que precisa ser feito pelas outras pessoas em um contexto amplo e não somente por uma realização pessoal.

Continue firme e siga seu coração, o caminho é revelado caminhando em meio à jornada, ela é o seu destino maior!

Com carinho,

Aline

Do alfinete ao foguete: minha trajetória no setor de Compras

Amanda Daneluzzi Cegal

Gerente de Compras Indiretas, formada em Administração de Empresas com ênfase em Marketing e MBA em Gestão empresarial na FGV (Fundação Getulio Vargas) com diversos cursos na área de compras, Liderança e Inovação em MIT (Massachussetts Institute of Technology), certificação CAPM Gestão de Projetos PMI. Com mais de 19 anos de experiencia na área de Compras Indiretas, atuando em várias carteiras, como RH, IT, Marketing, Eventos, Trade. Atualmente lidera uma equipe forte e diversa. Experiência internacional na República Dominicana. Já passou por várias multinacionais, por exemplo, metalúrgica, bens de consumo e atualmente na indústria alimentícia.

LINKEDIN

Como tudo começou

Quando recebi o convite da Cilene Bim, fiquei muito emocionada. Eu nunca imaginei que um dia seria convidada para escrever um capítulo de um livro. Passou um filme pela minha cabeça sobre todo o caminho que trilhei até aqui. É uma honra compartilhar essa história com a Cilene e os seus leitores. Em 2023 recebi um convite para participar do *podcast* Café com Comprador e desde então tenho aproveitado essa oportunidade para falar mais sobre o meu trabalho.

Me chamo Amanda Daneluzzi Cegal, nasci em 1985 em São Bernardo do Campo, no Grande ABC, no estado de São Paulo. Sou casada e tenho uma filha chamada Lívia, que eu amo da mesma forma que sempre fui amada e cuidada pelos meus pais. Tive uma superinfância: brincava muito, tanto em casa com a minha irmã, Larissa Daneluzzi, quanto na rua.

Quando eu tinha 13 anos meus pais me matricularam numa escola de inglês, no período da tarde. Muitas vezes eu ia para escola pensando nos meus amigos que estavam aproveitando, jogando vôlei na rua, e como eu gostaria de estar com eles. Juro que por vários dias eu não tinha vontade de ir, mas não desisti porque meus pais sempre falaram que, se eu quisesse conquistar um bom emprego, seria somente por meio dos estudos. Meus pais se dedicaram muito para dar educação de qualidade para mim e para minha irmã, de quem tenho muito orgulho. Tive o privilégio de ver a Larissa se transformar também numa grande mulher e excelente profissional em sua área. Ela sempre me ouviu e me apoiou durante a minha vida inteira.

Minha mãe, Iride Gladis Corral Daneluzzi, trabalhou por muitos anos em bancos, e meu pai, Ítalo Luiz Daneluzzi, atuou durante boa parte da vida como técnico em eletrônica. Quando eu nasci minha mãe deixou de trabalhar para cuidar de mim e do lar.

Lembro-me que meu pai cruzava São Paulo de moto, rodava 40 quilômetros por dia para trabalhar. Perdi a conta de quantas vezes minha mãe levou minha irmã e eu para a escola, para o inglês, para o basquete, para aula de jazz, sempre com aquela paciência e um sorriso no rosto. Me tornei a mulher que sou por conta dessa base sólida, das orientações que tive e exemplos dos meus pais, de quem me orgulho muito.

Quando eu tinha 15 anos de idade meu tio recebeu uma proposta para trabalhar nos Estados Unidos e minha tia, Simone Buosi, que admiro muito, me convidou para ir junto com eles. Tirei passaporte e me preparei, mas infelizmente a viagem foi cancelada. Esse é um dos maiores sonhos de que me lembro e foi frustrante sentir que perdi aquela oportunidade. Meu tio, Heitor Buosi, no entanto, me ajudou a compreender aquela situação de um jeito diferente, olhando o lado positivo em poder ficar e realizar outros sonhos. Ao longo da minha vida ele foi como um grande mentor para mim.

Aos meus 18 anos, fui para a faculdade e logo consegui meu primeiro emprego em um escritório de advocacia. Eu fazia um pouco de tudo: contabilidade, fluxo de caixa, departamento pessoal e até o cafezinho! Visitava entre quatro e cinco bancos por dia realizando pagamentos. Quando percebi que queria trabalhar em uma empresa, comecei a distribuir meu currículo e, mais rápido do que eu esperava, fui chamada para uma entrevista de estágio numa multinacional de alumínio. Passei no teste, fiquei muito feliz. No primeiro dia, assim que entrei na empresa, me disseram: "Você vai para área de compras!". Desde então eu sempre falo que essa área me escolheu e eu nunca mais saí dela.

Nessa empresa tive a oportunidade de trabalhar com material de estoque, atendendo diretamente a fábrica e os *dealers*. Esse emprego foi uma grande escola para mim e, mais surpreendente ainda, foi onde conheci o amor da minha vida, Eduardo Cegal.

Fiquei naquela empresa por quase quatro anos e então decidi encarar um novo desafio: fui para a indústria de bens de consumo.

Faça o seu melhor e será reconhecida

Na primeira semana de trabalho a empresa me mandou para a Hungria fazer um treinamento na IBM. Foi uma das experiências mais incríveis de toda a minha vida! Quando voltei para o Brasil tinha uma meta de automatizar o processo de compras através de catálogos. Trabalhava com o time do México e da Índia praticamente todos os dias, o que para mim representava um desafio e tanto. Meu chefe então me deu um ultimato: "Amanda, você tem seis meses para falar inglês fluente". A fim de suprir suas expectativas, eu embarquei para o Canadá para fazer um intercâmbio e ainda contratei dois professores particulares, pois não queria colocar o meu emprego em risco. Uma das professoras me acompanha até hoje, Maria Cristina, uma ótima *teacher*, que eu admiro muito e a quem agradeço por todos os *insights*.

Nessa etapa eu tive a oportunidade de trabalhar como compradora, conectando necessidades de muitos outros setores, como serviços de marketing, trade marketing, além de suprir demandas para eventos, IT e RH, adquirir frota e plano de saúde, por exemplo. Hoje eu posso dizer que já comprei do alfinete ao foguete, porque já atuei em várias categorias. Isso me permitiu navegar por diversas áreas.

Compras é 100% relacionamento! Tanto no ambiente interno, com os colegas de profissão e corporação, quanto com os múltiplos clientes e parceiros externos. Em cada reunião você sempre ouve uma história que acrescenta e isso é o que mais me fascina.

Experiência Internacional

Em 2014, período da Copa do Mundo, eu acabei noivando; nada mais propício, né? Alguns dias depois fui convidada para trabalhar por seis meses na República Dominicana. Era algo que eu queria muito; o meu sonho de morar fora do Brasil. Eu topei na hora, mesmo sabendo que teria de prorrogar os meus planos pessoais. Confesso que na época meu namorado não gostou muito, afinal, eu ficaria longe dele. Priorizar a si mesmo é uma decisão difícil, principalmente quando envolve pessoas tão especiais, mas escolher os próprios sonhos pode transformar o nosso futuro de uma forma inimaginável.

Foi também naquele momento de grandes realizações que vivi um choque: descobri um nódulo e precisei passar por uma cirurgia. Uma semana depois do procedimento, lá estava eu pegando um avião para a República Dominicana ainda cheia de pontos. Mesmo num momento delicado, optei por cumprir o combinado. Durante essa etapa, passavam muitos questionamentos na minha cabeça: por que agora? Hoje eu vejo que são provas que passamos e precisamos passar para dar mais valor à vida e aprender com ela.

Chegando em Santo Domingo, na República Dominicana, mais um desafio se interpôs no meu caminho: achei que sabia falar espanhol, mas percebi que eu tinha muito o que melhorar. Eu fazia aulas, porém vivenciar o idioma é diferente. Trabalhei muito, conheci uma nova cultura, várias pessoas com quem mantenho amizade e contato até hoje. Muitas vezes cheguei a cogitar desistir por conta da pressão e das metas diárias. Recordo-me de uma vez em que entrei na minha sala, fechei a porta e chorei; não lembro o motivo, mas lembro que sentia exaustão.

Quando eu olho para trás e relembro todas essas experiências, das mais leves até as mais duras, vejo que valeu muito a pena. Não tenho dúvidas que todas essas situações fizeram de mim uma profissional melhor e me ajudaram a crescer enquanto pessoa.

Nessa função, um dos primeiros trabalhos que precisei entregar foram os números da região e os KPIs de Compras e planos de ação para o General Manager, Controller e outras pessoas do *board*, ainda por cima, em espanhol. Isso tudo ocorreu praticamente na primeira semana, ou seja, eu estava totalmente fora da minha zona de conforto. Treinei muito para me apresentar e aprendi a me sentir "confortável no desconforto". Já ouvi essa expressão? Essa linha de raciocínio me veio por meio de *coaching* corporativo, o que recomendo que todos façam em algum momento para crescer em todos os âmbitos, principalmente na área profissional.

Enquanto estava na República Dominicana eu economizei bastante, consegui me casar, mobiliar a minha casa, fazer a festa e a lua de mel. Realmente o esforço valeu demais, tanto financeira quanto profissionalmente. O que você já fez que a deixa cheia de orgulho? Eu sempre faço essa reflexão quando estou diante de uma nova oportunidade desafiadora.

Quando voltei da República Dominicana, o trabalho se tornou mais intenso e as exigências aumentaram; tive que fazer uma apresentação em Cali, na Colômbia, para a diretoria e todos os gerentes de outras regiões sobre os resultados alcançados na unidade do exterior.

O mundo coorporativo é um universo em que muitas coisas inusitadas podem acontecer. Certa vez, em 2016, eu participei da implementação do SAP Hana (sistema que armazena e recupera dados conforme solicitado pelos aplicativos). Naquele período foi necessário passar a madrugada dentro da empresa, cheguei ao ponto de ter que juntar cadeiras para cochilar por 15 minutos e depois conseguir dar sequência aos testes. Neste projeto, eu conheci pessoas fantásticas e competentes. Aprendi demais com a Denise Walsh. Foi um ano intenso, *war room* por vários dias.

Ao longo dos anos, eu sempre busquei conhecimento; depois da faculdade de Administração, fiz MBA em Gestão Empresarial na FGV e inúmeros cursos de negociação, ampliando meu conhecimento e criando *networking*.

Em 2017 descobri que estava grávida, minha filha Lívia veio ao mundo no final daquele ano. A maternidade é linda, mas tem outro lado que ninguém conta, a parte das dificuldades e privações. Tudo muda! Sono, alimentação, você não tem um minutinho de descanso. Ser mãe é se entregar todos os dias sem esperar nada em troca, é colocar a sua própria vida em segundo lugar. Quando nos tornamos mães, trocamos a lente, enxergamos o mundo sob um outro prisma. É nesse momento que nasce mais um propósito de vida. Você já parou para pensar qual é o seu propósito hoje?

Tive seis meses de licença-maternidade, período em que aproveitei para me adaptar a uma nova fase e encontrar outras prioridades. A carreira ficou pausada por uma boa causa. Quando voltei a trabalhar passei por uma fase de mudanças, pois entrei numa nova rotina que não foi nada fácil! Era uma jornada tripla. Durante esse período pude viver momentos inesquecíveis de amor que, só de lembrar, chega a doer o coração. Porém, dentro disso, é preciso encontrar um equilíbrio e buscar a si mesmo para organizar as ideias. Quem nunca quis sair correndo? Eu fiz isso um dia; peguei o carro e saí dirigindo pelas ruas, pensativa. Loucura? Não, simplesmente é a pura realidade que muitas mulheres vivenciam.

Voltei da licença-maternidade e me questionava: como será o meu retorno? Para minha surpresa recebi mais responsabilidades.

Em 2018 passei por muitas dificuldades no âmbito corporativo, mas com muita oração, fé e apoio familiar consegui vencer essa fase. Saí dessa empresa de bens e consumo e acabei tirando três meses sabáticos para me organizar, afinal, desde a época da faculdade nunca tinha tirado um tempo para mim. Mas não consegui ficar em casa parada não, logo comecei a estudar outras áreas, como marketing digital, que estava em alta.

Depois de um tempo resolvi me candidatar para uma vaga no ramo alimentício. Eu conhecia uma pessoa que trabalhava na empresa e ela me indicou. Deu supercerto e serei eternamente grata pelo apoio que recebi do Victor França. Fiz a entrevista e, quando estava retornando para casa, já me ligaram avisando que eu tinha sido aprovada.

E então, logo no meu início, chegou a Covid-19. Eu tive que trabalhar de casa e, apesar de saber que foi desafiador para todos, para quem estava apenas começando em um novo local de trabalho era ainda pior. Foi difícil conhecer todo mundo e principalmente construir relacionamentos com clientes internos à distância; trabalhávamos sem equipe, éramos somente eu e meu chefe. Quando me deparei com essa realidade, respirei e pensei: "Calma, tudo isso vai passar e vou olhar para trás com orgulho do que estamos construindo". Hoje eu tenho um time diverso e extremamente forte do qual me orgulho demais.

Amanda Daneluzzi Cegal

Liderar pessoas é entender diariamente o motivo de cada um, é modificar a linguagem, a abordagem e se adaptar a cada situação ou perfil. É sobre se conhecer bem para que se possa liberar o próprio potencial e também o dos outros, gerando satisfação e o cumprimento de metas de forma realista.

Passei por vários desafios e todos trouxeram um aprendizado. Em 2021 tirei a primeira certificação CAPM Gestão de Projetos do PMI. O melhor investimento é investir em você mesmo. Durante esse ano, surgiu um projeto supercomplexo na empresa. Eu não hesitei em buscar conhecimento que pudesse me ajudar a conduzir uma reforma completa do escritório, o que fiz por conta própria. Já escutei diversas vezes: "A carreira é você quem faz, só você pode correr atrás das oportunidades". O que você buscou para se capacitar nos últimos meses? Faça um balanço das suas conquistas, métodos e evolução.

Em 2023 fiquei mais conectada com o mercado e fui convidada para conduzir um grupo de discussões de compras. Eu sempre digo: com ou sem medo, precisamos nos jogar de cabeça. Quando a oportunidade bate à porta, a gente precisa abrir. Não podemos nos esconder atrás de possíveis falhas. E se as falhas acontecerem, precisamos tirar uma lição delas. Pense nisso: quantas vezes você encarou seus medos? Quando você faz essa reflexão, isso acaba sendo um combustível para encarar os que virão.

E nunca acaba, porque assim é a vida. A minha rotina não consiste apenas no trabalho, ou em ser esposa e mãe, mas hoje tento encontrar espaço para autocuidado: faço exercícios físicos, aula de dança e corrida. É muito gratificante repassar a nossa trajetória e poder inspirar novas lideranças femininas, mostrar que somos capazes de tudo.

O último ano foi incrível, fiz uma mentoria que ajudou a ampliar meus horizontes. Depois tive a oportunidade de representar o meu time numa reunião gerencial em Dubai, o que foi enriquecedor em todos os sentidos; cultural, profissional e pessoal. No segundo semestre fiz o meu curso de Liderança e Inovação no MIT (Massachussetts Institute of Technology).

Fazendo essa retrospectiva da minha vida, só consigo ser grata por todas as oportunidades que tive. Hoje sou uma mulher que ama trabalhar, ama sua família e, acima de tudo, se ama e se cuida. Adotei o *lifelong learning*, algo que para mim já não é uma escolha, faz parte de quem me tornei e do meu dia a dia; sempre encontro uma brecha na agenda para ler um artigo, assistir a um *workshop* ou fazer cursos.

Não sou perfeita, mas eu tento todos os dias ser a minha melhor versão. No fim, um dos meus maiores aprendizados foi não me punir, porque, quando a gente escorrega, o mais importante é seguir em frente com atenção para não cometer o mesmo erro, seja ele no âmbito profissional ou pessoal, como uma grande líder numa multinacional ou como mãe, filha e esposa.

4 DICAS DE OURO

1. Seja curioso! Não tenha vergonha de perguntar.
2. Se relacione com pessoas, crie conexões genuínas. *Networking* é tudo!
3. Vá preparado para as reuniões, faça sua lição de casa!
4. Seja um eterno aprendiz! O que o(a) trouxe até aqui não será o que vai levar você para o próximo nível.

Enfim, encontre a confiança necessária em si mesma para construir uma carreira sólida com foco, disciplina e equilíbrio!

Dedicatória e Agradecimentos

Dedico este capítulo do *Mulheres em Compras* para minha filha, Lívia Daneluzzi Cegal, meu marido, Eduardo Cegal, meus pais, minha irmã, Larissa Daneluzzi, e para todos os meus familiares e amigos. Dedico também, com todo carinho, para minha grande equipe, que sempre me apoia e me acompanha há anos nessa jornada corporativa.

    Ninguém trabalha e vive sozinho, por isso eu agradeço por fazerem parte da minha história. Sem vocês esse caminho não teria graça, não seria bom nem rico de lindas experiências. Sinto-me privilegiada por tantos encontros que a vida me proporcionou, honrada por cada um que me transformou na pessoa que sou hoje.

Transformação: uma jornada de superação e empoderamento

Ana Bomfim

Mãe de Pedro e João, mãe emprestada de Livia, esposa de Renato e filha de Maria Celeste. Atua como catequista na igreja. CEO na Miza Consultoria e Vem com a Gente Viagens. Possui MBA em Gestão Empresarial com ênfase em Gerenciamento de Projetos pela FGV. Com experiência de 22 anos em Supply Chain e Planejamento Estratégico, destacando-se na re-estruturação de projetos e redesenho de fluxos, sempre com ganhos econômicos significativos. Responsável por elaborar estratégias de compras e desenvolver modelos de fornecimento eficientes.

LINKEDIN

Como tudo começou

Sou a filha caçula de uma família com cinco irmãos, tive a oportunidade de conviver e aprender com muitas figuras paternas e maternas. A diferença de idade entre eu e meus irmãos é muito grande e cresci em um ambiente rico em experiências e aprendizados.

A minha mãe enfrentou muitos desafios na gravidez para me trazer ao mundo. O seu médico a incentivou e estava certo: eu me tornei sua companheira de vida até os dias de hoje.

Perdi meu pai aos quatro anos e durante a minha infância era calada e observadora, o que moldou minha personalidade. Quando criança eu e minha mãe tínhamos o hábito de visitar parentes aos domingos, aproveitando o ônibus gratuito, criando laços familiares e momentos marcantes na minha infância.

Empreendedorismo desde cedo

Aos nove anos, eu e minha prima montávamos bonecas de porcelana para vender, armávamos um circo no quintal e eu cobrava ingressos da família. Aí nascia a paixão pelo empreendedorismo.

Mesmo sem idade para vender produtos de catálogo, cadastrei minha mãe na empresa responsável para iniciar as vendas e organizava bingos com a família aproveitando os produtos em promoção. Sempre buscando maximizar os lucros, eu e minha prima aproveitávamos o dinheiro para ir a shows e à praia, até mesmo dividindo pastéis e refrigerantes.

Minha mãe, uma mulher inteligente e assertiva, para saber discenir entre o certo e o errado, ela foi a minha primeira inspiração. O tempo que passamos juntas deixou uma marca profunda em minha trajetória.

Aos 12 anos, comecei a trabalhar como auxiliar em uma escola infantil. Preparava materiais para as professoras, cuidava das crianças nos intervalos e no final do período. Tinha muita dedicação e vontade de aprender abrindo portas para novas oportunidades.

Com 15 anos, iniciei minha jornada profissional em uma corretora de seguros. Durante esse período, também fazia faxina na casa da minha irmã para ter algum dinheiro para os finais de semana, vendia produtos de catálogo e organizava excursões, bingos e rifas.

Sempre tive um grande apreço por viagens. Para satisfazer esse desejo de conhecer novos parques e lugares, comecei a organizar excursões. Reservava o ônibus, comprava os ingressos e organizava as pessoas para ir aos parques. O maior benefício era poder participar dessas viagens sem custo, pois naquela época eu não sabia que poderia cobrar pelo trabalho de organização e obter lucro.

Fora da bolha

Na corretora de seguros, comecei a interagir com pessoas fora do meu círculo social. Morava em uma comunidade simples e tinha amigos que frequentavam a mesma escola e igreja que eu. No início, mal conseguia olhar nos olhos das pessoas, tinha medo de atender os clientes.

Trabalhei na corretora por três anos, aprendi a falar com os clientes, montei estratégias de vendas, buscava novos clientes, resgatava outros perdidos. Nesse momento, tive meu primeiro mentor, Paulo. Ele me orientava sobre como me comportar, qual faculdade escolher, como gerir o dinheiro e me fez perceber o tamanho do mundo que existia fora da minha bolha.

Quando meu pai faleceu, ele me deixou um valor que seria suficiente para pagar seis meses de faculdade.

Montei uma estratégia para esticar o dinheiro e conseguir mais tempo para buscar um estágio com uma remuneração maior que a mensalidade. Pleiteei um desconto, emprestei o dinheiro, que foi pago com % de juros. O transporte para a faculdade era muito caro, então comprei uma moto em um consórcio, e o valor da prestação mais o combustível era menor do que o valor do ônibus mensal. Assim, sobrevivi ao primeiro ano da faculdade.

Eu tinha na minha cabeça que seria professora de Matemática, porém, como sempre estrategista, como eu seria professora se os estágios pagavam valores inferiores ao valor do curso? Aí você pode estar se perguntando: estudar em uma faculdade pública não é uma opção? Estudar em uma faculdade pública requer condições para morar longe ou ir e voltar todos os dias para São Paulo, os valores de fretado eram inacessíveis. Tinha que fazer uma faculdade onde eu conseguiria um estágio rápido e depois eu decidiria o que fazer.

Com a orientação de uma prima iniciei o curso de Ciências da Computação. No primeiro ano, já sabia que não era essa carreira que eu queria seguir, porém a faculdade já estava paga e eu jamais iria sair e "perder" o dinheiro investido.

A transição de uma caipira na cidade grande

A faculdade foi um divisor de águas na minha vida, onde conheci um mundo totalmente diferente, com diversidade de pessoas, pensamentos e estilos de vida. Foi também onde conheci o grande amor da minha vida, Renato (Bomfa).

Ana Bomfim

A partir desse momento, tive que correr atrás de informações para me adequar à nova realidade. Minha faculdade exigia ter um computador. Uma vez, um professor disse em sala de aula que quem estava no curso e não tinha um computador poderia levantar e ir embora. Fiquei em choque, respirei fundo e corri atrás. Comprei um computador.

Na corretora de seguros, tive contato com vários empresários. Foi aí que fui convidada para fazer estágio em São Paulo.

Imagina só uma caipira na cidade grande, era assim que eu me sentia. Fui para São Paulo, fiz entrevista e iniciei o meu estágio.

Nunca tinha comido em um restaurante nem sabia como fazer. No começo, ia comer batata frita na padaria e chorava todos os dias. Eu fazia estágio na área comercial e um dia meu gestor me disse que eu precisava comer com o pessoal do escritório para me socializar. Uma estagiária que trabalhava comigo, que era um amor, me levava a um restaurante e me explicava todos os dias como fazer, depois que contei a ela meu medo. Assim, fui crescendo a cada dia.

Para trabalhar, eu tinha uma quantidade limitada de roupas. Um dia, as gerentes da área me chamaram e disseram que gostariam de me levar para reuniões, mas eu não tinha roupas "adequadas". Perguntaram se eu não me importava em receber algumas doações. Mal sabiam elas que eu fiquei muito feliz. Minha mãe era costureira, então ela fez ajustes em todas as peças.

Tive um gestor que era difícil, mas um desafio que eu gostava muito de enfrentar diariamente.

Ele abriu uma nova consultoria, participei da escolha do escritório, da compra dos equipamentos e da comemoração de cada novo cliente que entrava. Ele foi uma das pessoas mais inteligentes que eu conheci e com quem trabalhei, um grande aprendizado e responsável por um crescimento gigante na minha carreira. A consultoria foi absorvida por uma gigante para onde fui para novos desafios.

Mulheres em Compras®

Na nova consultoria, tive a oportunidade de atuar em grandes projetos, projetos fora do meu estado, andar de avião pela primeira vez, dormir em hotéis e criar minha independência.

No final da faculdade, já tinha sido efetivada no estágio, ia e voltava para São Paulo todos os dias.

Conheci o Renato no último ano da faculdade. Tínhamos uma grande amizade, saíamos todos os finais de semana, viajávamos, passávamos horas ao telefone, no MSN. Essa amizade virou um grande amor.

Pedi a Deus que colocasse uma pessoa muito boa em minha vida. E ele caprichou. Estamos juntos há 18 anos e somos pais do Pedro, de 11 anos, e do João, de cinco, temos uma grande família dentro e fora de casa, todos querem um Renato em sua vida.

Entrei na área de compras por acaso. Comecei o estágio na consultoria em compras e estou até hoje nesse mundo de consultoria, melhoria de processos. Sou apaixonada por encontrar caminhos para facilitar a gestão do dinheiro das empresas.

A vida de muitas viagens, estar fora de casa toda a semana, então decidi mudar para outro trabalho mais estável. Fui para outra consultoria menor em São Paulo, onde as viagens aconteciam com muito menos frequência.

Ao chegar no novo trabalho, parecia um furacão. Meus pares tinham cinco, seis projetos para fazer e eu tinha 20. Achava que estava voando, ganhava prêmios trimestrais na empresa, não parava de adquirir novas responsabilidades. Foi aí que tive a grande queda. Isso não me levava a lugar algum, apenas afastava as pessoas ao meu redor.

Um dia, "ganhei" uma sessão na psicóloga em um consultório ao lado do meu trabalho. Fui na consulta, amei, queria o telefone dela para ligar todos os dias. Quando saí, fui ver os valores das consultas e estava muito fora da minha realidade. Fui embora. Na semana seguinte, recebi uma ligação da secretária da psicóloga me perguntando se eu permitia ser estudo de caso dela. Em troca, eu poderia fazer as consultas com um valor simbólico. A terapia mudou a minha vida.

Nessa etapa da minha vida tive que me adaptar a todo momento, a transição de uma "caipira na cidade grande" para uma profissional bem-sucedida em São Paulo foi um caminho de muita resiliência e determinação.

A minha jornada até aqui destaca a importância do apoio e orientação dos outros. Seja a ajuda da minha mãe, a orientação do Paulo, ou o amor e amizade do Renato, cada pessoa desempenhou um papel crucial na minha vida.

Terapia muda vidas, faça terapia

Houve um período na minha vida em que o equilíbrio entre a vida pessoal e profissional estava desequilibrado. Sentia como se carregasse o mundo nas costas, estava à beira de perder meu namorado e meus amigos em troca de destaque no trabalho. Foi então que aprendi a importância do equilíbrio, a respeitar as pessoas e a entender que cada pessoa tem suas limitações e merece respeito.

Cada consulta era uma transformação. Consegui equilibrar minha vida pessoal. Eu e Renato nos casamos, mudei de emprego e fui para uma multinacional. Desacelerei, mas por pouco tempo.

Mundo corporativo predominantemente masculino

Iniciei na multinacional em 2016, ser mulher e trabalhar em uma multinacional exige um grande esforço para ser reconhecida, respeitada e se posicionar o tempo todo. A maior dificuldade no mundo corporativo não foi o trabalho em si, isso eu tirava de letra. Foi ser mulher e ser ouvida em ambientes predominantemente masculinos.

Mulheres em Compras®

Participei de um projeto de reestruturação que foi replicado para os Estados Unidos. Tinha a grande oportunidade de viajar para o exterior. Nesse momento vi o impacto de ser mulher. As mulheres do projeto, sem nenhuma justificativa, ficaram de fora.

Em 2018, engravidei do meu primeiro filho, Pedro.

Após o Pedro nascer, tudo ficou mais difícil. Eu e meu marido trabalhávamos em São Paulo e morávamos em Santos, passando horas dentro do fretado. A pressão em mim era gigante. Tinha acabado de ter um filho, saía de casa às 5h e chegava às 20h. Infelizmente, apenas eu, a mulher, sofria a pressão para cuidar do filho.

As tarefas domésticas e com o Pedro sempre foram muito bem divididas entre mim e meu esposo. A sociedade e os familiares próximos sempre o enxergaram como o herói, superpai e supermarido, e eu como a mãe que trabalha muito.

Tive que tomar uma decisão difícil: sair de uma boa empresa, com uma carreira brilhante e alto salário, para recomeçar na minha cidade, onde estaria mais perto do meu filho.

Recomeço

Voltei ao meu cargo de compradora em uma multinacional em Santos. Trabalhava perto de casa, almoçava em casa, chegava mais cedo todos os dias e tinha a oportunidade de estar com o meu filho com mais frequência.

Mais uma vez, a área de Suprimentos onde eu trabalhava passaria por uma reestruturação e o novo diretor faria grandes mudanças. Entrei em desespero. Meu trabalho estava por um fio e eu não podia perder aquela oportunidade de estar ali, perto de casa.

Eu trabalhava com compras de serviços logísticos. Éramos em quatro pessoas: eu, um comprador, um estagiário e um coordenador. Minha área iria se desfazer. Comecei a buscar alternativas para que os outros coordenadores me conhecessem e eu conseguisse sobreviver.

Ana Bomfim

Fiquei na espera da minha demissão e estava desesperada, pois não via outras oportunidades na cidade onde eu morava e essa era a única opção de estar perto do meu filho.

Alguns dias depois, me deram a oportunidade de apresentar um projeto de uma compra um pouco mais complexa. Aí eu pensei: esse deve ser meu teste. Vou dar o meu melhor. Foquei e fiz. Em seguida, na apresentação do organograma da área, eu estava como coordenadora interina.

Agarrei a oportunidade e fui em busca dos melhores resultados. Na divisão da equipe, me transferiram todas as mulheres. Foi aí que percebi a força feminina. Estávamos com o trabalho com um *backlog* gigante. Demos o nosso melhor até que, surpreendentemente, colocamos tudo em dia.

A cada dia, aumentava meu orgulho da nossa equipe. Mulheres com muita vontade de aprender e de crescer. Fomos cada vez mais mostrando o nosso potencial.

Infelizmente, a diferença salarial e de oportunidades eram visíveis entre homens e mulheres, e eu sempre tive na minha cabeça: um dia vou ter minha própria empresa, onde poderei dar oportunidades iguais.

Novamente, quando estava no auge, engravidei do João e mais uma vez pude presenciar o desprezo da mulher no mercado de trabalho. Semanas após eu dar a notícia, fui substituída e, incrivelmente, fui colocada de lado, sem nenhum tipo de *feedback*. Uma nova pessoa foi colocada em meu lugar e eu, grávida e cheia de energia, tinha que ir ao escritório para cumprir tabela.

Essa experiência destaca as desigualdades de gênero que ainda persistem no mundo corporativo. A diferença salarial e de oportunidades entre homens e mulheres é uma realidade infelizmente muito comum. Além disso, a minha gravidez ilustra a discriminação e o preconceito que muitas mulheres enfrentam.

Naquele momento, decidi que não era isso que queria e

não era ali que gostaria de estar nos próximos anos. Estava com dois filhos e uma família que me amava e me acolhia em todas as minhas decisões.

2018: Ano das decisões

Meu marido trabalhava em um banco multinacional, e a área dele estava sendo transferida para o exterior. Realizamos muitas pesquisas, considerando Canadá, Irlanda, Estados Unidos, Portugal, entre outros.

Em junho, fizemos uma viagem para Portugal, e decidimos que era ali que queríamos viver e criar nossos filhos. Em fevereiro de 2019 mudamos para Portugal.

Após o nascimento do João, iniciei projetos de prestação de serviços, começando com a organização de algumas empresas. Nunca tinha feito isso antes, minha experiência era na área de *supply chain*. Cada projeto que eu finalizava era como um pedaço de uma empresa que eu conhecia. Foi então que pensei: vamos montar esse quebra-cabeça e organizar uma empresa do início ao fim. A partir daí, comecei a trabalhar com o objetivo de estruturar uma empresa completa, peça por peça.

Empreendedorismo

Encerrei meu ciclo de trabalho formal (CLT) e iniciei minha jornada como empreendedora. A princípio, ter a própria empresa parecia algo simples e fácil, afinal, não teria mais chefe.

No entanto, foi muito mais desafiador do que eu imaginava. Tive o apoio inestimável do meu marido e da minha família, mas enfrentei muitas preocupações e precisei de ajuda.

Meu objetivo era criar um ambiente de trabalho saudável, com respeito e muitas oportunidades para todos que trabalham comigo.

Organizei a empresa, decidi quem estaria ao meu lado e escolhi os clientes que gostaria de ter.

As empresas estão crescendo de forma organizada. Hoje, temos grandes clientes e uma equipe composta por 90% de mulheres, maravilhosas e com muito potencial.

Sou grata à minha sócia. Juntas, temos duas empresas: uma consultoria e uma agência de viagens. Estamos juntas há cinco anos.

Agradeço a Deus, à minha família, que é minha rede de apoio. Eles se mudaram para Portugal, me ajudam com as crianças e meu marido, que sempre me entende nas longas horas de trabalho.

Nós, mulheres, estamos conquistando nosso espaço e ainda temos que correr muito mais do que os homens na corrida da vida. Precisamos estruturar nossas palavras para nos posicionar, senão somos chamadas de loucas. Precisamos provar nosso potencial o tempo todo.

Tenho uma frase desde a época da faculdade que levo até hoje na minha vida:

> "Nunca desistir para sempre conquistar." (Autor desconhecido).

AGORA! Amanhã não

Angela Toniolo Botasso

Irmã coruja da Silvia, da Alexandra e do Mario José. Casada com o Edimilson e mãe do Caio e da Ana Luiza. Atua há 32 anos em Compras, onde fez sua carreira principalmente em Indústrias Químicas. Atualmente é especialista em compras globais de matérias-primas da cadeia petroquímica, com habilidades em análise de mercado, *baseline* de preços, e avaliações de risco. Fez graduação em Educação Física pela PUCCAMP, mas logo descobriu que faria carreira mesmo em Administração, após aperfeiçoar seu inglês, e cursar Comércio Exterior e Gestão Estratégica Empresarial. Recentemente, finalizou MBA na FGV, em Desenvolvimento Humano de Gestores, para acomodar as novas habilidades de liderança, acentuadas pelo período de pós-pandemia. E é, com muito orgulho, uma Mulher em Compras.

LINKEDIN

Eu sou a filha mais velha de uma família de quatro irmãos. Caiçara de berço, ariana de signo, e colérica de temperamento (*Os 4 temperamentos humanos, Hipócrates e Galeno), aprendi desde cedo o que o Cortella sempre fala nas suas aulas e palestras: "Vaca não dá leite, a gente é que tem que tirar".

Minha infância foi muito feliz com meus pais e três irmãos, numa casa grande, sem luxo, na cidade de Campinas, interior de São Paulo, e com os recursos que uma familia de classe média com quatro filhos e mãe "do lar" pode ter. Escola pública, dinheiro contado, busão e poucas regalias financeiras, mas muita memória boa de convivência familiar, afeto e harmonia. Toda essa bagagem tecno/afetiva, foi me ajudando a experimentar caminhos e sonhos, e desfrutar da harmonia do lar, como lastro para a vida. Um ótimo começo, eu diria.

Mas... a vida não seguiu por esse caminho florido, de tranquilidade. Haveria um desvio à frente, e foi preciso fé e coragem para encará-lo. Foi preciso seguir e reinventar-se. E foi o que fizemos.

Não há tempo para se preparar. A vida nos é disparada à queima-roupa

Perdi meus pais bem cedo, mas não mais cedo do que meus três irmãos mais novos, que se viram órfãos de pai e mãe ainda

Angela Toniolo Botasso

na adolescência. Assumi com eles e minha avó materna o controle da família nuclear, em todas as suas necessidades, do "básico ao acabamento", costurando cada dia com o que já havíamos aprendido dos nossos pais, sobre SER e AMAR. A vida não é facil, mas pode ser leve. E decidimos que seria leve, no tanto que era possível ser. Com os pés fincados no chão e a certeza de que o sentido da vida é pra frente, nos pusemos a trabalhar, cuidar uns dos outros, e fazer a vida acontecer, com o legado de amor e resiliência deixado pelos nossos pais, desde sempre. Como diz o filósofo espanhol Jose Ortega e Gasset, nem sempre há tempo pra se preparar, pois a vida nos é disparada à queima-roupa. E assim foi que passamos da surpresa dessa perda para a certeza de que, ainda que precocemente, estávamos minimamente preparados para ela. E deu muito certo. Hoje somos todos formados, famílias construídas com amor e determinação: "se não eu, quem"? A vida seguiu e nos foi muito generosa. E continua sendo.

Pois bem, quero aqui fazer uma pausa, antes da transição para a minha história profissional, para reforçar que escrevo esta breve (e importante) introdução sem nenhum pesar. A saudade dos meus pais, e do que poderia ter sido a vida, se eles ainda estivessem no comando, não é mais uma dor. É antes de tudo a certeza de que foi bem aí, ou a partir daí, que descobrimos que assumir o controle, tomar as rédeas, estar à altura do que a vida nos pede, nada tem a ver com dons, talentos, brilhantismos, mas sim com cumprir dia a dia o nosso dever de estado, aquilo que viemos ao mundo para ser, e que perpetua, apesar das nossas circunstâncias. E que nem sempre vem de um plano arquitetado por nós mesmos. Aprendi também que a carreira, assim como a vida, é uma coreografia que intercala os passos que a gente mesmo desenha, com os desenhados pelas contingências e pelas oportunidades. E que não dá pra colocar a culpa, seja ela do sucesso ou do fracasso, em Deus, na empresa, no governo, na família... é responsabilidade minha. Está nas minhas (nossas) mãos usar TODOS os recursos, para avançar. E isso eu fiz... E com que determinação o tenho feito!

Mulheres em Compras®

SEJAMOS, todos os dias, o que viemos pra SER

Eu vim pra Compras, intencionalmente, de propósito mesmo. Já havia experimentado a cadeira acadêmica, de Educação Física, minha graduação na universidade, dando aulas e organizando competições esportivas, num tempo em que não havia tanto campo para profissionais dessa área. Não me encontrei dando aula, mas sim nas papeladas do escritório de comércio exterior. Emprego esse que consegui pelo meu inglês bem "arrumadinho" e pela facilidade de cumprir prazos e regras, e precisava dele, pra pagar a faculdade da profissão, para a qual eu achava que tinha nascido. A polaridade entre esses dois universos tão diferentões e nada complementares foi aos poucos se desenhando como um divisor de águas para as escolhas que eu começava a fazer. E então, meu coração, na hora exata de trocar (já dizia Roberto Carlos), meu coração ficou com os escritórios e com toda a, digamos, burocracia corporativa, e que mais tarde entendi que foi a opção acertada, e que me abriria as portas para o lugar onde estou hoje.

Fui fortalecendo minhas habilidades com prazos e planilhas, minha curiosidade por temas novos e minha experiência em negociação com clientes e armadores de cargas, sobre prazos de entrega, valores de fretes, e excelência de serviço. Nascia aí a minha paixão pela área de negócios, que mais tarde vim a realizar em Compras. Enquanto trabalhava no escitório, ia aperfeiçoando meu inglês – que eu usava muito naquele trabalho no dia a dia – na escola **Michigan**, referência de conversação naquele meu tempo de início de carreira. Sem internet, nem Duolingo, nem aulas online no Zoom. Era presencialmente, no banco da escola, e foi lá que eu conheci e me apaixonei pela empresa onde fiz minha carreira em compras, e na qual trabalho com orgulho, há quase 30 anos.

Explico: alguns colegas da minha classe de inglês já trabalhavam nessa empresa, e eles, com seus relatos sobre o seu trabalho e desafios, me deixaram desejosa de fazer carreira numa indústria grande, igual... Uma multinacional, quem sabe?... Através do brilho nos olhos deles, e pelos "causos" que eles contavam, num inglês pausado, de banco de Escola Michigan, acreditei muito que era ali que eu queria estar, desde sempre. Eu só não sabia como iria chegar até lá.

De zero a 100km/h em 3 segundos é a Ferrari que faz. Na carreira demorou um pouco mais

Bem antes disso, no meu processo de curiosidade, tive o meu primeiro e tímido flerte com a área de Compras, na Sumaré Tintas, atual Sherwin Williams. Eram os anos 90, ainda se usava a máquina de datilografia e tinha apenas um terminal de computador na área, para digitar as ordens de compra. Eu era a única mulher numa equipe 100% masculina até então, e eu fui contratada para executar o trabalho de bastidores: o famoso operacional administrativo. A negociação era 100% com eles, o "dream team", das resinas *epóxi*, das latas de litografia, dos pigmentos e colorantes. *Spend* alto e muito importante numa fábrica de tintas. Eu olhava e aprendia, e seguia nos bastidores, na rede de apoio, orgulhosamente operacionalizando a parte burocrática das negociações. A gente era um time, nos dávamos muito bem, parceiramente orquestrados. Fluía. A gente dava conta mesmo... Foi um tempo bom. Aprendi muito, contribuí, organizei a casa, a burocracia, os contratos, e então pedi uma oportunidade para avançar, para arriscar um jeito feminino, na mesa liderada pelos meninos. Não deu, me pediram um tempo, não quis esperar. E decidi sair para poder dar vazão a quem eu já sabia que poderia ser. Eu queria estar lá, na mesa de negociação, no embate com os fornecedores. Eu queria e já podia. Só precisava de uma outra oportunidade.

E então, perseguindo esse sonho, e a bordo do meu inglês e das minhas habilidades de compras já bem mais afiadas pela prática, foi que três anos mais tarde vim pra área de Compras de uma Indústria Química Multinacional Americana, gigante das

Mulheres em Compras®

inovações e dona de grandes marcas patenteadas – a 3M. Era ali que eu ia fincar pé na minha carreira de Compras, começando do básico cargo de assistente, cuidando dos acordos gerais de manutenção, e trabalhando muito, sem mordomias nem privilégios. A primeira negociadora do sexo feminino, no time de Elite dos meninos, mas com todo o apoio de uma equipe espetacular, acolhedora, disponível e desejosa de me fazer crescer e brilhar. E eu fui. Amparada por eles, e a bordo do meu grande "é possível", mergulhei de cabeça. Sem hesitar.

Digo com orgulho que lá iniciei bem debaixo, como assistente de compras, numa área com cinco colegas, um único computador, em Compras Indiretas. Esse início começou me exigindo pouco. Apenas uma vontade de mostrar serviços e cumprir prazos e desafios, de quaisquer natureza e complexidade. Em qualquer oportunidade eu levantava a mão e me disponibilizava. E assim eu me destaquei, muito menos pelo inglês fluente, mas muito mais pela garra de querer fazer e de aprender. Com uma vontade gigante de trabalhar e o apoio de uma chefe também mulher, abri caminho num mundo ainda predominantemente masculino. Precisei lançar mão da minha dureza e assertividade pra me proteger de pegadinhas e comentários machistas de alguns poucos fornecedores. Persisti, desenvolvi confiança, credibilidade e... sobrevivi. Sorte a minha que eu tinha (e tenho) como lastro uma empresa que luta pela diversidade e inclusão, cuida das pessoas, e das mulheres. Assim, desde sempre me senti apoiada, protegida, ouvida. Podia pedir ajuda e dividir minhas dificuldades com meus colegas que, quando necessário, vinham me socorrer... rs. Mas isso não tornou a missão menos desafiadora. Nós, mulheres, precisamos lutar para nos estabelecer. Aprendi desde cedo que a dureza no embate com os fornecedores era um caminho certeiro para desarmar quaisquer surpresas desagradáveis, no âmbito "mulheres em compras".

E assim fui entendendo os "movimentos de mesa", lendo os ambientes, me posicionando com menos ou mais firmeza, e me sentindo à vontade para criar o meu próprio estilo e evoluir na minha entrega e habilidades técnicas. Entendi as regras do jogo até então ainda masculino, customizei-as, dei as cartas, abracei todos os desafios com alegria, e às vezes com alguma dor... Mas sempre fiz o que precisava ser feito: produzi, entreguei... e me apaixonei. Usei toda e qualquer oportunidade para aprender, caprichei nas entregas, mostrei confiança, e fui conquistando postos e admiração dos meus colegas e líderes. E é com muito orgulho que me lembro dessa trajetória e das amizades que fiz ao longo desse tempo todo. Colegas e líderes que me desafiaram sempre a entregar o meu melhor. Agradeço a cada um pelos ensinamentos e pela parceria de tanto tempo.

Trabalho e diversão andando juntos, é uma boa fórmula pra, digamos, não ver o tempo passar

Pois bem, em 29 anos de empresa, eu saí de uma posição de assistente de compras, e fiz carreira passando meticulosamente por toda a régua da carreira de um comprador: júnior – pleno – sênior – gerente – gerente global. Saí da carteira de Indiretos, flertei com Embalagens e Outsourcing e me estabeleci na compra de matérias-primas, da cadeia petroquímica.

Na minha vida pessoal, simultaneamente, também fiz minha carreira de mulher, esposa e mãe, e sempre tive voz, apoio e serenidade para tomar as melhores decisões e equilibrar todos os pratos profissionais e pessoais. E, nesse quesito, a empresa me abraçou e sempre me deu abertura para decidir a melhor maneira. Infelizmente, sabemos que nem toda mulher tem esse privilégio.

Eu fiz a minha parte, mas a empresa também sempre fez a dela. E brilhantemente, eu diria. A bordo do cargo de negociadora de matéria-prima, tive espaço para me aperfeiçoar no famoso "training on the job", ou seja, aprender fazendo mesmo. Viajei para vários países, liderei *workshops* globais, conheci novas

Mulheres em Compras®

culturas e pessoas, debaixo dos olhos cuidadosos da empresa que me formou. Tirei fotos, me diverti, e trabalhei. Com afinco e determinação. Fiz jus a cada centavo gasto nas viagens, trazendo resultado, confiança e segurança no trabalho de Compras, para que juntas, eu e a empresa, pudéssemos dar o próximo passo. E demos. E continuamos dando, na verdade, ao lado e à frente de tantos novos desafios.

Ser uma mulher em Compras é exercer simultaneamente dois lados da nossa personalidade: a postura e a firmeza na condução das negociações e dos alinhamentos internos, mas também exercer a nossa docilidade, flexibilidade, intuição, perspicácia, e sensibilidade ao outro. Na minha opinião, essa combinação pode nos tornar imbatíveis tanto na boa execução do trabalho de compras, como na alavancagem da carreira.

E se eu puder deixar aqui algum aprendizado meu, e que também poderia inspirar outras mulheres, detalho a seguir o que foi primordial para o meu sucesso, até então:

- buscar conhecimento e excelência. Investir em autoconhecimento e ferramentas de relacionamento interpessoal.
- aprender com quem é referência na sua área de atuação. Ir a eventos, fazer *networking*. Não comprar os deslumbres. Ter os pés no chão.
- estar disposta a permanecer na busca de aprendizado e melhoria contínua.
- não evitar o erro. Aprender com o erro. Como diz Samuel Beckett: "Tento de novo, falho de novo, mas falho melhor".
- ter constância, cumprir o que prometeu.
- FAZER.

Bem, essa é a minha história. Uma MULHER EM COMPRAS, que segue firme e forte. Continuo estudando, aprendendo e acabo de assumir um novo posto, de compras globais, em uma

Angela Toniolo Botasso

carteira diversa da minha bagagem e experiência. Começando como "júnior"... de novo... rsrsrs, mas feliz pelo reconhecimento e pela oportunidade de poder continuar aprendendo, mesmo depois de tantos anos de carreira consolidada. O novo me atrai, me desafia, me provoca. E eu mergulhei, mais uma vez, sem hesitar.

E a certeza certezíssima de que eu tenho andado pelo caminho certo foi ter recebido, em 2019, o prêmio global de Compras – o "Life Award Achievement", pela história sólida que construí durante esses 29 anos. Fui aplaudida pela minha família e por todas as tantas mulheres que hoje fazem parte do time gigante, global de Compras. Quando uma de nós vence, todas vencemos. Quando uma de nós trilha o caminho, carrega todas as outras, proporcionando igualdade de possibilidades, e validando a nossa força.

Já são 32 anos de carreira em Compras, e contando, e desejosa de não parar por aqui. Me vejo às portas de uma possível transição de carreira CLT para empreendedorismo, que me causa alguma dúvida e receio, mas também muita satisfação ao enxergar novas possibilidades de conquistas e futuro, e principalmente de partilhar minha experiência e conhecimento com quem queira andar pelo mesmo caminho. Sinto que esse tempo de trabalho em Compras, acompanhando toda a evolução do embate das negociações por preço apenas, para o atual chamado para a busca da visão mais holística e orientada, nos convida a questionar, desafiar e levantar bandeiras rumo à relevância e à excelência. Hoje, o sucesso da negociação é construído muito antes da mesa, na elaboração da estratégia, na busca da informação, e na condução cuidadosa do relacionamento com fornecedores, e *stakeholders*. E essa dinâmica eu aprendi a conhecer e valorizar, e quero humildemente dividi-la e utilizá-la para ajudar a alavancar a carreira de outras pessoas, em Compras. Eu quero, e eu posso... (rsrs)

É como diz a minha poeta preferida, Adélia Prado: "Não quero a faca nem o queijo. Quero a fome".

... E sigo querendo!

Ciclos da vida – a corrida no tempo

Carolina Scappini Saporito

Gerente de compras e *facilities*. Mãe do Pedro Saporito. Bacharelado em Administração de Empresa pela Pontifícia Universidade Católica, pós-graduada em Administração Industrial pela Universidade de São Paulo (USP). Atua há 28 anos em Compras. Atualmente está à frente da Gerência de Compras e Facilities do Banco Neon, onde responde por todas as compras efetuadas pelo banco, assim como os indicadores da área, por exemplo, SLA de atendimento e gestão de fornecedores. Focada em sólida experiência em negociação, capacitação em liderar pessoas e estratégias de compras.

LINKEDIN

Tudo tem um INÍCIO

Nasci em São Paulo, sou uma paulistana do dia 31.12.1975 e capricorniana. Quando escolhi esse dia para nascer, foi tudo tão acelerado que hoje entendo muito do que sou após essa data. Era um anoitecer em São Paulo onde todos se preparavam para a São Silvestre e minha mãe e meu pai correndo para chegar ao Hospital e Maternidade Matarazzo na Avenida Paulista, onde acontecia a corrida. Foram momentos tensos, mas tudo deu certo.

Minha origem é italiana, meu pai é um imigrante italiano que veio para o Brasil em busca de uma vida melhor, e minha mãe é filha de italiano e francesa.

A profissão do meu pai, sempre muito batalhador, foi gráfica. Começou como *office boy*, e chegou a ter uma empresa de material gráfico. Nunca nos faltou nada em casa, graças ao fruto e empenho do trabalho dele e da retaguarda que tinha da minha mãe, que cuidava de três filhos. Fomos muito bem educados por minha mãe, sempre nos ensinando a ter bons valores e respeito ao próximo. Atualmente eles são aposentados e desfrutam do que construíram sempre junto com os filhos. Tenho dois irmãos e sou a filha do meio.

Hoje sou casada, tenho um filho maravilhoso de 16 anos,

Pedro Saporito, e um marido produtor de shows, Alessandro Saporito (o melhor de todos na área), que me deixou trilhar a minha carreira e me apoiou sempre no meu dia a dia.

Minha INFÂNCIA e ADOLESCÊNCIA

Sempre fui uma menina bastante agitada que queria viver dez dias em apenas um. Acredito que muito disso foi por eu ter nascido no último dia do ano próximo a um evento de corrida. Era a famosa "arteira" em casa, perto dos meus irmãos que sempre me ajudavam a corrigir as bagunças que fazia. Gostava muito de falar com pessoas, de ter amigos, e me divertia indo trabalhar com o meu pai na gráfica, sentada em uma cadeira giratória e digitando em uma máquina de escrever. Era maravilhoso passar esse dia na empresa com ele!

Estudei em colégios que me ensinaram, junto com os meus pais, a ter princípios importantes como: saber lidar com as diferenças, respeitar a opinião do próximo, e acima de tudo ser HONESTA. Esse é o princípio básico de que me orgulho e levo hoje na minha profissão como premissa básica.

E chegando próximo aos 16 anos resolvi iniciar a minha vida profissional.

A largada dessa corrida

Meu primeiro trabalho foi em uma loja de shopping, tinha 16 anos, e pedi para os meus pais a autorização para poder trabalhar. Como minha irmã era mais velha e já trabalhava no Shopping Morumbi, ela me indicou para trabalhar em uma loja famosa lá. Nesse momento, me lembro que senti que era poderosa e capaz de começar atendendo ao público. Nossa, como eu amava ir para o shopping, mesmo minhas pernas doendo de ficar em pé o dia todo aprendi muito, podendo destacar entre os aprendizados: lidar com o público, com a diversidade e os problemas no atendimento e ter o meu próprio dinheiro sem depender dos meus pais.

Recebi a minha primeira promoção, que era mudar de shopping, saindo do Morumbi para o Iguatemi, isso porque fui a melhor vendedora por três meses consecutivos. Nossa, fiquei muito motivada! Não era competitiva, até ajudava as outras vendedoras a baterem a meta delas, pois mesmo tendo pouca visão de negócio entendia que o SUCESSO da loja era a soma individual de cada uma de nós, e não somente a minha.

Como iniciei a faculdade de Administração na PUC (Pontifícia Universidade Católica), resolvi mudar e fui trabalhar na gráfica do meu pai. Eu tinha a função de fazer de tudo um pouco. Então, tirava notas fiscais, fazia compras de produtos para a gráfica, trabalhava na produção ajudando os operadores, ia fazer entrega dos materiais, atendia telefone na recepção, enfim, era a pessoa que ajudava no que fosse preciso.

Isso me dava um conforto, em estar iniciando a minha carreira com uma pessoa que me inspirava e ao mesmo tempo me ajudava e ensinava a liderar, pois ele (meu pai) me explicava a vida como ela é, e não o mundo que imaginava existir naquele momento.

Ao mesmo tempo que tudo isso acontecia, e como sempre fui uma corredora no tempo, queria aprender mais e mais, estava no primeiro ano da faculdade e já comecei a enxergar novas oportunidades de trabalho. Visualizei o meu primeiro estágio no mural da faculdade.

Nossa, que medo! Que ansiedade em participar de uma primeira entrevista sem saber ao certo a minha função. Muitas pessoas no processo e eu tinha a sensação de que a cada fase que me passavam estava mais perto de mim essa vaga. Quando cheguei em casa, já tinha um telefonema da empresa dizendo que tinha passado. Que alívio! Ufa, consegui. Parecia um sonho o que estava vivendo.

E essa foi a minha largada, e o meu propósito em estar na área veio diante desse primeiro estágio. Talvez a recrutadora tivesse enxergado algo em mim que eu não soubesse, mas hoje faz sentido eu estar nessa profissão. E fiquei nesse cargo por três meses.

A metade dessa corrida

Lembro-me da minha mesa no final do corredor, meus dedos cheios de carbono, pois tínhamos os pedidos de compras impressos e eu ficava separando um a um para colocar no arquivo suspenso de ferro. E, ao mesmo tempo, procurava conhecer pessoas, me relacionar, aprender, então qualquer serviço de entrega de documentos eu gostava de fazer, pois sempre batia um papinho com outras pessoas, falava de futebol, que amo assistir (sou palmeirense!). Estava deslumbrada, trabalhando em uma multinacional e aprendendo.

Nessa empresa cheguei até o cargo de compradora júnior, no qual começava a comprar materiais de escritório, estava encantada com tudo! Além disso, ficava com os compradores sênior para aprender como negociavam, como falavam com os fornecedores, como lidavam com as pessoas. E por lá fiquei quatro anos, muitas mudanças na minha vida, cheguei até a mudar de cidade junto com a empresa de São Paulo para Bragança Paulista.

Até que o meu gestor na época me chamou e fui trabalhar com ele na concorrente, onde fiquei por sete anos e tenho muitos amigos até hoje. E não posso deixar de falar dessa pessoa que se chama Osmar Artioli, que foi maravilhoso e importante para a minha carreira, devo muito a ele. Aprendi a colocar os nossos princípios na frente de qualquer desafio que o mundo corporativo possa impor e ser sempre eu, sem máscaras e maldades.

Nessa minha metade da corrida, que tinha trilhado sete anos, já era uma compradora plena e desenvolvi uma habilidade técnica (pois não era engenheira) na compra de chicotes elétricos para carros. Aprendi com os engenheiros a leitura de um desenho técnico e ficava após o meu horário de trabalho lendo esses desenhos e fazendo resumos para enviar ao fornecedor.

Fui trabalhar em uma montadora de veículos, a PSA. Na época fiquei muito motivada, pois era o auge de um comprador trabalhar nessa empresa. Fui como uma compradora técnica plena de itens para chicote elétrico.

O mercado automotivo é voltado para homens. Então o meu desafio era: como entrar nesse mundo sendo uma mulher? Lembram que falei que um dos conselhos do meu primeiro gestor era ser EU MESMA? Foi isso que eu segui, entrava em reuniões e era eu mesma, dava a minha opinião mesmo que ninguém escutasse, corria atrás dos problemas antes que me cobrassem e com isso fui ganhando a confiança desse mercado e das pessoas que representavam.

Claro que não é fácil, e por isso repensava se eu queria isso para a minha vida, mas como eu estava construindo minha vida pessoal com a profissional, fui seguindo.

Depois de dois anos e meio na PSA, fui trabalhar na LEAR AUTOMOTIVE, outra empresa multinacional que produzia bancos automotivos e chicotes elétricos. Foram anos de aprendizado e de muita resiliência, pois os processos eram todos nos EUA e tínhamos que aguardar sempre as orientações desse país.

A reviravolta dessa corrida – quase desisti

Após sair da LEAR, meu filho era pequeno e tinha sempre aquele peso que toda mãe tem e que carregamos na vida. Continuar ou parar?

Tinha uma rede de apoio grande na minha família, minha sogra, minha cunhada, minha mãe, que estavam sempre por perto para me ajudar.

Acabei saindo da empresa, e por três meses assumi o meu papel de mãe, que era maravilhoso, mas sempre me faltava algo. Tinha 32 anos e trabalhava desde os 16 anos.

Foi quando recebi uma ligação da Saraiva, uma editora e livraria, para ingressar como especialista de compras. O que mais me chamava a atenção nessa mudança era sair do mercado automotivo, que me ensinou a ser uma profissional focada em processos, procedimentos e excelência, para ir em sentido ao varejo, onde eu tinha a oportunidade de aprender como o produto era vendido (lojas) e toda a sua logística por detrás disso tudo.

Lembro que meu filho perguntou se eu ia trabalhar na loja da Saraiva, porque ele amava ir lá, e eu disse que não, que ia no escritório, mesmo assim ele amou e disse: "Que legal, mamãe, você tem que ir". Isso me deixou mais confortável tanto pela maturidade dele, como também por ele estar adaptado a não ter a mãe dele no dia a dia, e parecer que ele aceitava que eu tinha a minha carreira. E fui, fiquei por sete anos também (acho que é o meu número da sorte – sete).

Aprendizados e desafios dessa corrida

A Saraiva foi uma empresa que me ensinou a ter mais energia, a ser resiliente, ter um propósito e um "espírito de dono" da empresa.

Conheci pessoas que me ensinaram muito e que até hoje são amigos que levo para a minha vida.

Tivemos muitos desafios, mas éramos muito unidos e isso fazia a diferença na empresa. Quando todos trabalham em prol do negócio deixando de lado sentimentos como ego, arrogância e falta de respeito com o próximo, tudo fluía.

A minha carreira nessa empresa deslanchou, passei de especialista para coordenadora, de coordenadora para gerente, chegando a ter uma equipe com mais de 20 pessoas para gerenciar.

Mulheres em Compras®

Aprendi não só sobre a área de Compras, mas como entender o negócio, participava de muitas reuniões executivas e meu trabalho era muito reconhecido pela diretoria.

Sempre gostei de estudar, fui e sou muito estudiosa, participo de cursos, palestras, aulas e com isso eu aprendo a ser uma gestora cada vez melhor e com viés muito voltado a pessoas.

A empresa teve muitos altos e baixos, e isso me deixava cada vez mais fortalecida e focada em desenvolver a minha inteligência emocional para que eu pudesse ajudar o time.

Lembro-me de um evento que ocorreu em que tivemos de mandar muita gente embora, e isso me deixava sem chão (até hoje sofro com isso), mas como gestora tinha que me fortalecer. Uma das pessoas que mandei embora **não ia ter dinheiro para pagar o aluguel no mês subsequente e acabei ajudando-a por uns três meses até que** ela pudesse se recuperar.

Esses eventos me deixavam triste, mas ao mesmo tempo feliz por poder ajudar e ver que o meu papel como líder **não era apenas seguir um** *script* de trabalho técnico, mas, sim, transformar pessoas e ajudá-las a construir um caminho melhor, seja na vida pessoal, seja na profissional.

Depois de sete anos na Saraiva, fui para um outro varejo, a Polishop, quando tivemos o período de pandemia, todas as lojas fechadas, muitas negociações com shoppings para fazer, foi um período bem crítico, mas superamos.

Em 2021, achei que era o momento de procurar novos ares, já havia passado pela indústria, pelo varejo e faltava o setor financeiro.

E vejam que mesmo já no meu auge, com 47 anos, fui chamada a participar de uma entrevista no banco digital Neon. Não acreditava! Sempre achei que minha carreira teria um fim aos 40 anos!

Iniciei na empresa no final de 2021 como gerente de Compras e *facilities*, e lá estou até hoje, o foco de início era montar a área de Compras. Tive um grande desafio, pois não existia a área e contava com apenas duas pessoas. Mas algo que eu digo sempre: tinha as duas pessoas certas para me ajudar e quando temos pessoas boas tudo acontece com mais facilidade.

Montamos o departamento em um ano, com o total apoio do nosso diretor financeiro, Cristiano, aumentamos o número de colaboradores da área, diminuímos o SLA de atendimento das contratações e homologações de fornecedores. Hoje já somos uma área muito mais estratégica do que operacional, com reconhecimento e *benchmarking* para outras empresas.

E assim sigo na Neon, completando 28 anos de carreira na área de compras, focada em pessoas e agora em transformar a área com os desafios da inteligência artificial.

Conselhos dessa corrida sem fim

Por fim, gostaria de encerrar esta minha história com alguns conselhos para quem está ingressando na área e para mulheres que não acreditam que são capazes de chegar lá.

Para os mais novos que trabalham na área aconselho que sejam curiosos, a área de compras precisa de pessoas curiosas que correm atrás dos problemas, que se prontificam a ajudar, sejam proativos e estudem. Estudem muito, por favor! Nada é fácil, mas pode ser se corrermos atrás. Não tenham "preguiça" quando surgir um problema mais complicado, sempre haverá uma solução quando se tem vontade de resolver.

Para os compradores dessa área, digo que façam o passo a passo na carreira de vocês, **não queiram dar um** "pulo maior que a perna", negociar processos muda muito de empresa para empresa e **é preciso** ter muita experiência para ser um bom negociador. Nada melhor do que praticar, estudar e aprender com os experientes no ramo para ser um comprador de excelência. E sejam éticos sempre.

Mulheres em Compras®

Para os gestores da **área,** pensem muito nas pessoas que trabalham com vocês, sejam a inspiração delas. Mostrem a sua experiência, mas saibam ouvi-las, temos muito a aprender. Cada um tem a sua característica, saiba explorar o melhor de cada um, e o que faltar, ter paciência em explicar. Não existe competição entre gestores e funcionários, existe empatia.

Para as mulheres guerreiras de compras, deixo a minha lição de vida para que todas aprendam a se valorizar, por mais que ninguém esteja movendo nenhuma montanha para você, só você pode acordar e dizer: "Eu sou MARAVILHOSA, e hoje vou fazer sucesso". Ninguém tem o direito de diminuir a sua autoestima. Seja você mesmo o tempo todo. Só assim, continuaremos conquistando o nosso espaço nesse mercado.

Sejam PROTAGONISTAS da sua história.

Tenho muito a agradecer pelo convite da Editora pela oportunidade de realizar um sonho de vida em poder contar esta história, a toda a minha família e aos meus amigos que me apoiam sempre nesta jornada. Vocês me ajudaram a voltar no tempo da minha vida, fiquei muito emocionada e espero poder inspirar muitos nessa área tão importante para qualquer empresa.

> *"Nem todas as batalhas são feitas de vitória, mas todas elas são feitas de esforços, de aprendizagem e de recompensas."*

Leitura

Recomendo a leitura do livro: "Empatia Assertiva", de Kim Scott, Alta Books

Raízes de resiliência

Danielle Sampaio

Executiva com 17 anos de carreira em posições de liderança na BAT e no iFood, com ampla experiência em Compras. Engenheira Química pela Universidade Federal do Rio de Janeiro (UFRJ), com MBA em Gestão Empresarial pela Fundação Getulio Vargas (FGV) e extensão internacional pela Universidade da Califórnia, Irvine (UCI). Professora de MBA e Liderança Feminina, palestrante convidada para eventos de Procurement e Supply Chain, Diversidade & Inclusão; podcasts e reportagens. Idealizadora da Mentoria de Carreira "Bye-Bye Zona de Conforto" e mentora de startups pela ABStartups.

LINKEDIN

Orgulho das minhas raízes

Eu sou Danielle de Aragão Sampaio, nasci no bairro de Olaria, subúrbio do Rio de Janeiro. Tenho raízes indígena, negra e branca com muito orgulho! Sou a filha do meio, sempre estudei em escola pública e descobri cedo aonde eu queria chegar.

Meu ensino fundamental foi na Escola Municipal Berlim. Em 1999 comecei a cursar o ensino médio e o técnico em química concomitantemente na ETFQ-RJ. Ao concluir, em 2002, segui para o ensino superior na UFRJ. Preciso agradecer aos meus pais por terem me dado a chance de focar nos estudos até o final da faculdade e não precisar trabalhar para me sustentar. Hoje eu tenho consciência de que isso é um privilégio. Muito obrigada.

Aos 15 anos eu já sabia qual era o meu sonho grande: eu queria ter o suficiente para os meus para que nunca precisasse me preocupar com nenhuma falta. Ainda não sabia o meio, mas já tinha definido o fim.

Primeira trainee mulher: o início do meu propósito

Fiz graduação em Engenharia Química. Tinha certeza de que não queria fazer concursos, ser servidora pública ou seguir carreira técnica. Queria trabalhar na área de gestão e isso se confirmou após o estágio na Coca-Cola.

No último período, em 2006, era o momento de decidir qual caminho trilhar profissionalmente e eu não tive dúvidas quando decidi que queria ser *trainee*: uma oportunidade de aceleração na carreira com desenvolvimento de competências de liderança e uma possibilidade de carreira mais generalista.

Fui aprovada em três empresas e escolhi a Souza Cruz. Começaria em Tabaco, em uma cidade do interior chamada Santa Cruz do Sul (RS). Eu fui a primeira *trainee* mulher daquele departamento em muitos anos e isso é até os dias de hoje motivo de orgulho!

Com humildade conquistei respeito

Começar no mundo corporativo como uma mulher negra líder em um ambiente predominantemente masculino, com pessoas que tinham de tempo de casa o que eu tinha de vida e em sua grande maioria brancos descendentes de alemão poderia ter me assustado e impedido de seguir em frente – inclusive, deve ter sido por isso que na última etapa do meu processo seletivo a gerente sênior de RH perguntou como eu lidava com esse cenário. Eu fui direto ao ponto: respeito a opinião de todos, contribuo com o que eu posso e nunca tive problemas em lidar com pessoas.

Para a minha sorte – tenho plena consciência de que não é a realidade de todas as mulheres – nunca sofri nenhum tipo de assédio, machismo ou discriminação racial durante a minha vida profissional. Agora PASMEM! Conheci o preconceito enraizado na sociedade após o nascimento do meu filho, que tem a pele branca e fui "confundida" como a babá dele por mais de uma vez.

A vida não acontece em linha reta

Fiquei por cinco anos em Tabaco, mas, para ser promovida,

a função que desenharam era de campo e eu não me via pegando o carro e indo para a estrada. Era uma questão pessoal inegociável. Então eu fui buscar uma posição que satisfizesse a minha expectativa de crescimento e carreira.

E assim, meio de paraquedas, tive meu primeiro contato com a área de Compras, em 2012: Sourcing Manager – Direct Procurement para região Américas. Pode parecer piada, mas não fazia *sourcing*. Foi uma oportunidade incrível de conhecer pessoas de outras culturas e falar inglês e espanhol diariamente.

Ao final de 2014, vivi um momento desafiador na minha carreira. Estava tudo indo bem e eu achei que, após minha passagem pela região, era certo que eu continuaria o meu desenvolvimento funcional em Compras, mas a área passava por uma reestruturação e naquele momento eu achei que seria desligada.

O mundo dá voltas e tudo que fazemos conspira a nosso favor, por isso é tão importante construirmos um plano de carreira e termos aliados para nos ajudar nessa jornada. O *head* de Procurement, que não podia me levar para o time dele, me indicou para uma posição de gerenciamento de projetos focados em redução de custos. E lá fui eu estruturar uma área e gerenciar mais de 50 projetos simultaneamente.

Aproveito para reforçar aquela mensagem que insistimos em apagar de nossa mente: **a nossa carreira não acontece em linha reta!** E está tudo bem!

Após cinco anos exercendo diferentes funções, em 2017, com a minha liderança já consolidada, com conhecimento da cadeia de negócios de ponta a ponta e entregando resultados, sentia-me novamente pronta para alçar voos maiores e buscar a minha próxima promoção. Sabia exatamente aonde eu queria ir: *head* of Direct Procurement.

Apesar de estar pronta e ter a validação da Gerência Sênior, levei 18 meses pagando "pedágio" em uma função lateral para chegar até onde eu queria. E esse período foi um dos mais incríveis da minha carreira! Liderei um projeto confidencial diretamente com o Board da empresa: o Projeto Marco – realocação do escritório da matriz da Souza Cruz no Rio de Janeiro.

Na minha experiência em Diretos, praticamente não havia negociação de condições comerciais, 90% do *spend* era negociado pela equipe global. Então, o objetivo era garantir o abastecimento com o melhor relacionamento possível com o time interno de Planejamento de Materiais e com os nossos fornecedores, compartilhando o máximo de informação em relação a *forecast* com transparência para minimizar os tradicionais "soluços" na cadeia. Além disso, iniciativas de ESG, redução de custos e desenvolvimento de novos materiais e fornecedores eram o nosso foco.

Foi em Indiretos que executei *strategic sourcing* em sua essência, passando por todas as etapas necessárias em uma negociação. Foquei em gestão de risco, gestão de contratos e *supplier performance*.

Matéria-prima era minha paixão, mas ter trabalhado com Indiretos abriu uma nova visão sobre o mundo de compras. Serviços e materiais têm muito em comum, mas muitas diferenças entre si. Posteriormente descobriria que serviços de Marketing têm outra dinâmica e IT & Telecom também têm suas peculiaridades. Compradoras entenderão!

Em janeiro de 2019 fui promovida a *head* of Direct Procurement para BAT Brasil e um ano depois meu escopo ampliado para Latam South. Em 2022 chegou ao fim meu ciclo na BAT e entrei no iFood como *head* de Procurement.

Em uma multinacional, o tempo de "ambientação" esperado era de três a seis meses e podia entregar resultados a partir do seu segundo ano na posição. Bem, em uma empresa como o iFood, onde se vivem dois ciclos em 12 meses, eu diria que em um mês eu estava ambientada e em três eu tinha um plano de trabalho para os próximos três anos. É preciso avaliar a cultura da empresa e se adaptar. Mapear as frentes de trabalho prioritárias é uma ótima maneira de engajar o time sob sua liderança, compartilhar os desafios com áreas parceiras e entregar resultados. Recomendo!

Foi como *head* de Procurement que consolidei a ambidestria de navegar em ambientes aparentemente opostos, porém complementares na prática: buscar um crescimento exponencial e ao mesmo tempo focar em rentabilidade. Foi também no iFood que ficou clara a diferença entre digitalizar processos e construir processos com um *mindset* digital e vejo que esse ainda é um grande desafio para as empresas.

Lembre-se: a vida não acontece em linha reta e devemos aproveitar todos os momentos. Não deixe para ser feliz apenas ao final da jornada, pois o final não chega nunca! Sempre temos novos sonhos a conquistar.

O meu maior desafio profissional e a gravidez

Em 2020, a BAT vivia uma transformação, tínhamos uma pandemia do lado de fora e, para dar uma pitada a mais de emoção, descobri a gravidez duas semanas após o início do *lockdown*, enquanto enfrentava o meu maior desafio profissional: precisava garantir o abastecimento para todas as fábricas do *cluster* de que eu era responsável (Brasil, Chile e Argentina) e executar as contingências necessárias para tal. Esse foi o meu momento de virada de chave na carreira.

Você deve estar se perguntando: por quê? Eu sabia que tinha feito um excelente trabalho e podia dividir o foco entre as minhas jornadas pessoal e profissional mesmo quando o mundo parecia estar desmoronando. Reconhecer o meu potencial, me orgulhar da jornada e das minhas entregas em um cenário tão desafiador foi uma grande virada de chave em minha carreira! Simplesmente perdi o medo de qualquer desafio!

Eu sempre fui uma líder disponível para o meu time, sem fazer microgerenciamento, mas dando a eles o suporte que precisavam. E nesse momento eu tinha um time maravilhoso que chamo de "Dream Team", porque eles estavam prontos para enfrentar os desafios da Covid-19 comigo e compartilhar o meu sonho de ser mãe. Sabia que, se tivesse que me ausentar por alguns dias, meu time estava preparado. E aconteceu: tive uma intercorrência chamada "colestase" e entrei em repouso absoluto seis semanas antes do previsto. E meu time tocou a área com mestria!

Obrigada a todos que dividiram esse momento mágico e ao mesmo tempo crítico comigo. Deixo aqui o meu agradecimento ao meu time durante a gestação na pandemia: Laura, Daphne, Lais, Gabo, Pato, Sebastián e Daniel.

O potencial estratégico da área de Compras

A área de Compras tem a oportunidade de estar conectada com todas as áreas de negócios de uma empresa e, por isso, para mim é tão estratégica! Precisamos eliminar alguns estigmas que a área carrega: burocrática, lenta, cheia de processos, sem novas ideias, que só quer reduzir custo sem olhar qualidade... e mostrar como podemos agregar valor e ser estratégico para o negócio com processos fluidos, automatizados, entendendo do negócio, considerando a experiência dos nossos clientes internos e fornecedores, e claro, entregando resultados financeiros sem abrir mão da qualidade.

O segredo é desenhar o melhor para a área de Compras levando em consideração a agenda estratégica da empresa e sua cultura. Não existe um jeito único de fazer as coisas.

Gosto de ver a área de Compras como porta-voz da empresa para o mercado: antecipamos dores estratégicas para desenvolver novos fornecedores, construímos parcerias com foco em uma relação ganha-ganha, temos planos de contingência validados e, principalmente, estamos antenados às tendências de mercado e novas tecnologias para antecipar cenários para os clientes internos, apresentando novos serviços e fornecedores.

Sou uma entusiasta da área de Compras suportando a sustentabilidade do negócio no longo prazo e, por isso, precisamos atuar como *business partner* nas agendas de ESG e Transformação Digital.

Eu costumo dizer que o talento da área tem visão de negócio, experiência em outras áreas e foi treinado nos fundamentos da área de Compras. Em minha opinião, o profissional do futuro de Suprimentos não é um negociador especialista, mas um profissional generalista que se apaixonou por Compras.

Outra oportunidade que vejo para a área é conquistar a cadeira de C-Level no Board da empresa como CPO (Chief Procurement Officer), eliminando alguns conflitos de interesse que ocorrem atualmente. A pandemia pela qual passamos mostrou a importância de uma área de compras bem estruturada para garantir o abastecimento da cadeia e a continuidade do negócio e creio que é uma questão de tempo para essa mudança organizacional se consolidar no mundo globalmente.

E por último, mas não menos importante: ver as mulheres ocuparem 50-50 da alta liderança de Compras. Sabemos do esforço para atrair mulheres e acelerá-las para posições de liderança em muitas empresas, mas chegar no topo ainda parece uma barreira intransponível. Espero que um dia possamos comemorar essa conquista!

Construa uma marca pessoal forte e abra portas no mundo corporativo

Eu acredito que a nossa marca pessoal é o passaporte para o

mundo corporativo. Hoje eu não sou Danielle Sampaio da BAT ou do iFood. Sou Danielle Sampaio. Meu nome e sobrenome apenas.

Meu propósito sempre foi entregar o meu melhor sem corromper os meus valores pessoais. Durante toda minha vida profissional, fui líder de pessoas e sempre tratei cada ser humano enquanto individuo, sem generalizações, sem colocar em quadrantes [desculpa time de RH], escutando o que eles tinham a dizer e trabalhando especificamente as suas dores.

Com o passar dos anos, conforme eu crescia profissionalmente, eu consegui manter tudo que acreditava: a chave do sucesso é ser humilde, escutar, errar e aprender, ensinar, compartilhar e colaborar sem competir.

E assim eu fui criando a minha marca e impactando pessoas, homens e mulheres que tiveram a oportunidade de trabalhar diretamente nos meus times, em outras áreas e em outras empresas.

Acredito que nossa marca precisa refletir o nosso "eu interior", trazendo autenticidade através do poder da nossa história e como eu tenho falado ultimamente: a boca transborda o que o coração está cheio.

Mapeie o seu sonho grande e tenha planos

Mergulhe em sua jornada de autoconhecimento desde o início de sua carreira. Descubra qual o seu propósito e quais são seus valores inegociáveis. Anote e visite esse pedacinho de papel de tempos em tempos para avaliar se é necessário algum ajuste.

O seu sonho grande pode mudar. Olhe em volta, avalie o cenário e veja se continua indo na direção do que o(a) faz feliz ou se, por alguma razão desconhecida, precisa "se resgatar". Nunca é tarde para recomeçar.

Aprendizado contínuo é essencial! Conhecimento funcional

da área de compras, novas tecnologias, liderança e outros *soft skills*... Não pare nunca de aprender.

O tempo é o nosso recurso mais escasso, mas fazemos tempo para tudo que priorizamos. Então garanta que está priorizando as coisas corretas: saúde física e mental, família e carreira. Lembrando que a sua carreira não é o seu trabalho, ok?

Acredite em seu potencial e se prepare para conquistar tudo que deseja! Você mulher terá que provar 3 vezes que é competente, enquanto ao seu lado o homem precisa provar uma única vez. Estamos aqui lutando para que isso acabe, mas, enquanto não acaba: vá, lute e vença!

Não se deslumbre com o sucesso na caminhada

O segredo do meu sucesso foi não me deslumbrar com ele. Sou movida por um propósito genuíno de ajudar pessoas, ser uma pessoa melhor, aproveitar os momentos com quem eu amo e são realmente importantes para a minha vida. Nunca me preocupei em Ser ou Ter para agradar a outros. Eu desenvolvi um plano de carreira que acomodava o meu desejo: equilíbrio entre vida pessoal e profissional.

Nasci em uma família de classe média. Meus pais não falavam outro idioma, nunca saíram do país e levaram uma vida inteira para quitar a casa própria. Sou pós-graduada, fluente em três idiomas, viajei para outros países, tenho casa própria, sou mãe e tenho uma carreira. Eu venci! Em 2024 completo 40 anos e estou muito feliz com tudo o que eu vivi e conquistei até agora. Que os próximos 40 anos sejam tão divertidos quanto os primeiros.

Seja a mudança que quer ver no mundo

"Seja a mudança que você quer ver no mundo." Essa é uma

frase atribuída a Ghandi e eu pratico diariamente. Sei que não vou conseguir mudar o mundo, mas acredito que, se cada um de nós fizermos um pouquinho para melhorar o que está ao nosso alcance, já estaremos impactando positivamente muitas pessoas.

Recomendo o livro da Michelle Obama, "Minha História", para todas as mulheres que querem vencer e gostam de uma boa luta.

Perseverança e Vitória: Uma Trajetória de Conquistas

Eldren Paixão

Profissional com vasta experiência em compras, tendo trabalhado há mais de 20 anos em empresas multinacionais como International Paper, Bunge, Mars, Kellogg e Barilla. Com formação em Administração de Empresas com Ênfase em Comércio Exterior e MBA em Logística, se destaca por sua habilidade em negociar e adquirir diversas categorias de produtos dentro do setor de compras. Ao longo de sua carreira, desenvolveu uma expertise em *strategic sourcing*, se sobressaindo também por sua dedicação à responsabilidade social e ambiental, liderando projetos como diversidade de fornecedores e a transição para ovos de galinhas criadas livres de gaiolas na Barilla do Brasil, que continuam a render frutos positivos. Sua trajetória é marcada pela resiliência, ética e busca constante por excelência profissional e um mundo mais justo. Atualmente está à frente da Gerência de Compras na Barilla do Brasil, responsável pelos serviços de comanufatura e importações de produtos acabados.

LINKEDIN

Uma jornada de determinação e conquistas

Desde criança, tive grandes ambições. Nascida em Aguaí, interior de São Paulo, em uma família simples, sempre desejei ir além dos limites da minha realidade. Meus pais, um agricultor e uma dona de casa, me inspiraram a querer fazer a diferença no mundo. Com uma ascendência diversa que mistura culturas ibérica/italiana, norte-africana, mesoamericana e andina, carrego, respectivamente, a determinação, força e sensibilidade destas origens em minha jornada. Quando eu tinha cinco anos, meus pais decidiram mudar-se para a cidade de Mogi Guaçu, no estado de São Paulo, em busca de uma vida melhor para nós. Eles estavam certos, pois foi lá que comecei a alcançar minhas primeiras conquistas.

Embora vinda de uma origem com poucos recursos financeiros, frequentei uma escola de elite, onde pude confirmar minhas aspirações. Determinada, sempre busquei ir além das expectativas, mesmo quando isso significava desafiar o *status quo*. Desde jovem, fui uma estudante dedicada, questionadora e persistente. Nunca me contentei com respostas incompletas, e desistir nunca foi uma opção para mim. Posso dizer com orgulho que alcancei todos os meus objetivos. Eu era uma jovem de coração generoso, mas com uma ambição que ultrapassava meus próprios limites.

Eldren Paixão

Durante minha educação escolar, meus pais enfrentaram dificuldades para pagar as mensalidades do colégio particular por um longo período. Entretanto, consegui obter uma bolsa logo nos primeiros anos de escola, que me garantiu a conclusão dos estudos até ingressar na faculdade. Como forma de compensação pela bolsa, eu oferecia aulas de reforço gratuitas para alunos da minha classe e dos anos anteriores. Através de doações dentro da própria escola, eu conseguia meus materiais, passagens escolares e participar de excursões culturais.

Meus pais enfrentaram muitos desafios na cidade, dedicando-se para também completar seus estudos. Lembro-me de estudarmos juntos, compartilhando o aprendizado das mesmas matérias. No entanto, a vida se tornou mais árdua, uma vez que a única habilidade que tínhamos era a agricultura. Meu pai tentou diversificar os negócios e abriu uma imobiliária, que trouxe sucesso por um tempo e acabou falindo, deixando-nos sem recursos financeiros. Neste momento a família aumentava, com a chegada da minha irmã.

Fomos obrigados a nos mudar para a casa da minha avó materna. Naquela época, com apenas dez anos, dei aulas de matemática à minha avó quando ela precisou, para que pudesse vender cosméticos por catálogo. Hoje, aos 86 anos, ela ainda se dedica às suas vendas. Em troca, minha avó me transmitiu valiosas lições sobre educação financeira, mesmo antes de ter conhecimentos básicos de matemática. A combinação de sua experiência de vida com meu conhecimento básico trouxe bons resultados.

Nessa mesma fase da minha vida, presenciei minha mãe desafiando a vontade de meu pai, buscando emprego e se lançando no mercado de trabalho. Mesmo sem ter completado o ensino médio, ela conseguiu ser aprovada em um concurso público. Nesta mesma época, descobri que a minha avó paterna havia aprendido a ler e a escrever sozinha, por não ter tido a oportunidade de ir à escola. Esses exemplos foram inspiradores para mim. Seguindo o exemplo das mulheres da minha família, comecei a trabalhar aos 14 anos, preenchendo fichas de cadastro de clientes nas lojas de eletrodomésticos que permaneciam abertas até tarde durante o período de final de ano. Mais tarde, aos 18 anos, conquistei meu primeiro emprego formal como caixa em uma loja de roupas femininas.

Departamento de Compras

Ingressei na faculdade local com o objetivo claro de garantir uma vaga de estágio em grandes empresas que recrutavam na região. Optei por cursar Administração de Empresas com Ênfase em Comércio Exterior. Naquela época, já atuava como analista financeiro pleno em uma outra empresa local, mas meu salário não era suficiente para pagar as mensalidades da faculdade. Para cursar o ano vigente, eu negociava o saldo devedor do ano anterior e acabei de pagar a faculdade dois anos depois de ter me formado. Foi quando surgiu a oportunidade de me candidatar à vaga de estágio em uma grande multinacional. Passei no processo seletivo e comecei a trabalhar na área financeira. Contudo, enfrentei assédio moral por quase dois anos, até perceber que fui uma contratação indesejada para meu chefe, cujos planos dele iam em direção oposta aos meus: ele queria outro profissional trabalhando com ele, do sexo masculino. Me advertia sem justa causa, atribuía a mim tarefas impossíveis de serem cumpridas, eu era exposta a situações constrangedoras, abusivas e inapropriadas. Decidi então me fortalecer em vez de me ver como vítima, e me tornava ainda mais resiliente e consciente da dura realidade do mundo, o que me motivou a me proteger e a me manter firme em meus objetivos. As dificuldades me moldaram, tornando-me mais forte e mais apta a superar qualquer desafio.

Por outro lado, ou talvez para me desafiar, ele me convidava para almoçar com colaboradores estrangeiros que estavam de passagem pelo Brasil e que não falavam português, o que me fez perceber a urgência de aprender inglês e espanhol. Foi então que contratei professoras particulares para me ajudar uma vez por semana, mas estudei principalmente por conta própria, usando livros de exercícios diários indicados por elas.

Enquanto muitas jovens da época optavam pelo casamento com homens endinheirados e a construção de uma família tradicional, eu ansiava por algo além: autonomia, liberdade, independência financeira e o controle de meu próprio corpo e destino. Acreditava firmemente que minha vida era muito valiosa para ser entregue nas mãos de outra pessoa. Queria continuar guiando meu próprio caminho, mesmo que isso significasse enfrentar desafios.

Minha experiência em Finanças me proporcionou as habilidades necessárias para conquistar uma posição no Departamento de Compras, uma vez que essas duas áreas possuem uma sinergia significativa. Então, em 2004, recebi um convite e iniciei minha carreira na área de Compras dentro da International Paper do Brasil (atual Sylvamo Brasil), marcando o início de uma jornada fascinante. Logo percebi um vasto leque de oportunidades e comecei a aplicar os conhecimentos adquiridos ao longo da minha vida.

Durante minha carreira, tive a oportunidade de trabalhar em várias outras empresas multinacionais renomadas, como Bunge Alimentos, Mars Brasil, Kellogg e Barilla do Brasil. Essas experiências não apenas impulsionaram meu crescimento profissional e me proporcionaram melhores posições de trabalho e experiências diversas dentro de Compras, mas também me permitiram explorar uma variedade de culturas em minhas viagens internacionais. Essa vivência foi fundamental para meu desenvolvimento pessoal e profissional. A cada nova jornada, adquiria uma compreensão mais profunda das inúmeras oportunidades que o mundo oferece, realizando um sonho de infância de vencer na vida. A exploração e a imersão em diferentes culturas sempre me fascinavam, enriquecendo minha compreensão do mundo e reforçando a ideia de que há sempre algo novo a aprender.

Mulheres em Compras®

Era comum encontrar predominantemente homens neste campo. Em algumas empresas, inclusive, eu era uma das únicas mulheres no departamento. Os vendedores dos fornecedores também eram homens, em sua maioria. Estas experiências profissionais me ensinaram a me adaptar a um ambiente que, embora não fosse ideal, proporcionava uma rica fonte de aprendizado. Aprendi muito sobre o que ser e o que não ser com meus colegas. No entanto, ao longo do tempo e após uma jornada de autoconhecimento, percebi que podia ser autêntica e assertiva sem precisar me conformar com os padrões impostos. Hoje, valorizo ambientes que me permitem ser verdadeiramente eu mesma, em toda minha essência.

Durante minha trajetória, desenvolvi uma série de habilidades valiosas, como empatia, resiliência, escuta ativa, visão estratégica, comunicação eficaz, foco em resultados, análise crítica, criatividade e capacidade de tomar decisões assertivas, que toda compradora deve ter. Descobri que a habilidade de negociação é uma qualidade inata para aquelas que têm origens financeiramente limitadas, algo que eu já experimentava desde tenra idade, mas que pode ser cultivada e refinada ao longo do tempo. A arte da negociação foi uma ferramenta essencial para a minha sobrevivência. Em Compras, essa dinâmica faz parte do cotidiano e é uma das habilidades mais cruciais. A área é desafiadora e atrai profissionais determinados a explorar suas capacidades ao máximo.

Ao longo dos anos, busquei constantemente aprimorar meus conhecimentos por meio de cursos, treinamentos e experiências práticas. Apesar da falta de uma formação específica em Compras na época, isso não me impediu de buscar conhecimento em áreas correlatas, como o MBA em Logística Empresarial, o qual se revelou fundamental para meu crescimento profissional na área, além de cursos e treinamentos em liderança nos negócios, *coaching*, mentoria, tomada de decisões, fornecimento sustentável e continuidade do negócio, análise de riscos de fornecimento, elaboração e interpretação de contratos jurídicos, ética, comunicação eficaz, negociação, capacitação em *Supply Chain*, entre outros.

Dentro da área de Compras, escolhi me especializar em *strategic sourcing*, que consiste em analisar a complexidade das aquisições para compreender seu impacto no negócio. Essa abordagem permite otimizar processos, controlar a qualidade e gerenciar custos, sendo fundamental para o equilíbrio financeiro da empresa. Esta metodologia considera o custo total dos insumos e diversos fatores, como o poder de negociação com fornecedores e a importância dos materiais, abrangendo todo o ciclo de vida do produto na corporação. Nos dias de hoje, entender e aplicar o *strategic sourcing* é essencial para obter vantagens competitivas na gestão de compras.

Trabalho em equipe

Nestes 20 anos em Compras aprendi que bons resultados só são obtidos com trabalho em equipe. Não conseguimos nada sozinhos. Temos a missão de engajar nossos clientes internos para que trabalhemos como time. Marketing, Qualidade, P&D, Finanças, Logística, Manutenção e Compras devem trabalhar sempre juntos. Além disso, aprendemos muito com fornecedores e precisamos da parceria deles também. Devemos estar abertos a fazer alianças e a melhorar juntos. Todos ganhamos nesta combinação de ajuda mútua.

ESG na área de Compras: construindo um futuro mais sustentável e ético

O ESG (Meio Ambiente, Social e Governança) é uma nova visão de mercado que valoriza empresas éticas, sustentáveis e comprometidas com seus valores. E a área de Compras tem um papel fundamental nesse contexto, liderando estas iniciativas e impulsionando a transformação da cadeia de suprimentos. Através da implementação destas práticas, podemos construir um futuro mais sustentável e ético para todos.

Ao longo de 20 anos de experiência na área, descobri meu propósito: liderar iniciativas ESG e fazer a diferença no mundo. Acredito que a área de Compras tenha um enorme potencial para gerar impactos positivos na sociedade e no planeta.

Duas causas que me motivam particularmente são promover as compras inclusivas e o bem-estar animal. Entre os projetos que liderei com orgulho dentro da Barilla, destaco:

Programa de diversidade de fornecedores

Este programa garante que todas as empresas, independentemente de porte, gênero, raça, orientação sexual ou etnia, tenham as mesmas oportunidades de serem incluídas na cadeia de suprimentos das grandes empresas. Os benefícios transcendem a mera inclusão, trazendo novas ideias e soluções para a mesa de negociação, garantindo maior competitividade e melhores preços, diminuindo a dependência de um único fornecedor e aumentando a resiliência a imprevistos. Além de contribuir para uma imagem positiva da empresa, desenvolvendo um fornecedor local promove a geração de empregos e renda, fortalecendo as comunidades e economia local.

Projeto de migração para ovos de galinhas livres de gaiolas

Este projeto tornou-se um *case* de sucesso, demonstrando que é possível oferecer produtos de qualidade com respeito ao bem-estar animal.

Eldren Paixão

Case de Sucesso: Ovos de Galinhas Criadas Livres de Gaiolas na Barilla do Brasil

Em 2018, liderei um projeto inovador na Barilla: substituir ovos de gaiolas por ovos de galinhas livres em todos os produtos da empresa. Guiada por um propósito comum, uma equipe unida foi fundamental para o sucesso da iniciativa.

Implementada em 2019, a mudança foi um marco para a Barilla Brasil. Sem grandes custos, a empresa gerou impacto positivo e reconhecimento por sua postura ética e sustentável. O sucesso me rendeu convites para palestrar sobre o tema, compartilhando aprendizados e inspirando outras empresas a adotarem práticas semelhantes.

Os pilares do sucesso:

- Metas claras e mensuráveis: acompanhamos o progresso e garantimos a efetividade da iniciativa.

- Análise profunda da cadeia de suprimentos: identificamos os desafios e oportunidades da mudança.

- Engajamento de todos os *stakeholders*: desde fornecedores e colaboradores até consumidores e Organizações Não Governamentais (ONGs), garantimos o apoio e a colaboração de todos.

- Políticas para o bem-estar animal: garantimos o bem-estar das galinhas em todas as etapas da produção de ovos.

- Parcerias com fornecedores certificados: buscamos parceiros que compartilham dos nossos valores e compromisso com a sustentabilidade.

- Implementação gradual: monitoramos a mudança e treinamos todos os envolvidos.

- Comunicação transparente: destacamos os benefícios para o bem-estar animal e para o meio ambiente aos consumidores.

Mulheres em Compras®

Este projeto é um exemplo inspirador de como as empresas podem liderar mudanças positivas na sociedade, combinando ética, sustentabilidade e sucesso financeiro.

Sucesso, Humildade e Felicidade

Ao longo da minha trajetória, aprendi que o sucesso não se sustenta sem a humildade. É comum observarmos pessoas bem-sucedidas sucumbindo à arrogância, especialmente aqueles que ascendem de origens humildes. No entanto, a vida cobra um preço alto por essa postura. A soberba nos cega, criando a ilusão de onisciência, quando na verdade estamos aqui para aprender constantemente.

Trabalhar em ambientes predominantemente masculinos, sendo mulher, exige a constante provação do nosso valor e habilidades. Ao invés de encarar essa realidade como um obstáculo, utilizei-a como um motivador para me aprimorar continuamente. Hoje, posso afirmar que minhas conquistas não são apenas fruto de trabalho árduo e dedicação, mas também da sabedoria em reconhecer que sempre há espaço para evoluir.

Priorizando meu crescimento profissional e buscando um equilíbrio entre vida pessoal e profissional, nem sempre fácil de se encontrar, posterguei a maternidade. Felizmente, encontrei na Barilla o suporte necessário para realizar esse sonho adormecido. Construí minha família e fomos abençoados com a chegada da nossa menina, que ilumina nossos dias com seus cinco anos de vida.

Ao longo da minha carreira, sempre busquei compartilhar meus conhecimentos e experiências com outras pessoas, especialmente com mulheres, com o objetivo de inspirá-las a perseguir seus sonhos e superar obstáculos. E é com grande satisfação que posso continuar fazendo isso aqui. Acredito que tenhamos, como missão, compartilhar nossas conquistas e inspirar outras pessoas a alcançar o sucesso.

"A felicidade consiste em encontrar o nosso propósito e resgatar a nossa essência." Essa frase resume a minha busca incessante por uma vida plena e significativa. Através da humildade, do aprendizado contínuo, do equilíbrio entre carreira e família e da inspiração para outras mulheres, encontrei o caminho para a verdadeira felicidade.

Propósito e inovação: uma jornada de liderança e amizade na área de Compras

Erica Riera

Engenheira Civil com especialização em Administração de Empresas e Gestão de Projetos, com 28 anos de experiência, sendo 24 dedicados a Compras. Passagens por empresas de destaque como General Motors, Nuclea (CIP), Dentsu International, Banco Carrefour e Hospital Albert Einstein. Com vasta experiência prática em diversos setores, alcançou reconhecimento internacional por resultados premiados. Especializou-se na formação e reestruturação de áreas de Suprimentos, focando equipes de alta performance. Pioneira na aplicação do Agile Procurement no Brasil. Professora de Supply Chain no MBA da FIAP, de Métodos Ágeis para Compras na NLA (EAD), e de Strategic Sourcing no INLACCE, FIA, CIEC e pós-graduação do Einstein. Membro ativo de comunidades como Procurement Club e Supply Leaders – LiveU. Moderadora da CoP de Strategic Sourcing e pesquisadora do CIEC – Centro Internacional de Estudos de Compras. Mentora e palestrante.

LINKEDIN

Quem me conhece sabe que nas nossas conversas sobre trabalho, experiências ou família, eu sempre tenho uma história para contar, algumas vezes até uma piada, que ilustre o tema em questão. Já que eu sou assim na vida, vou começar desse modo aqui também, com uma história de como as coisas funcionam para mim e como eu acredito que as ideias vão se encaixando.

Começando pelo que me inspira

Em março de 2024 eu fui participar de um evento maravilhoso no Rio de Janeiro, o IPSERA 24, que é uma conferência internacional de cunho acadêmico sobre *Purchasing* e *Supply*. Ao seu término, eu pretendia visitar o Museu do Amanhã durante as horas livres antes do voo. Por isso, me separei dos colegas que voltariam comigo para São Paulo, porque eles conseguiram adiantar suas passagens. Os meus planos não deram certo, pois a logística com táxis e deixar as malas no aeroporto não permitiria a visita. Assim, eu fiquei sozinha, aguardando o meu embarque pelas tais horas vagas. O que fazer, então? Comprar um livro e ficar lendo! O título que encontrei na livraria do aeroporto foi "Impacto Potencial", do Adam Grant (virei fã dele recentemente – recomendo muito todas as suas obras, comece por "Pense de Novo").

Logo nos primeiros capítulos do livro ele conta a história de um instrutor de xadrez que há muitos anos conseguiu fazer com que uma equipe, que pelas necessidades do jogo não tinha as menores condições, fosse a vencedora em um campeonato estadual disputadíssimo. Ele revela detalhes de como esse instrutor conquistou jovens para sua equipe: em vez de ensinar o básico do jogo, ele mostrou como dar xeques-mate. Após serem fascinados por essa habilidade, os jovens naturalmente desejaram aprender como chegar a esse momento mágico.

Daí vem a conexão com a minha participação neste livro, a minha inspiração com o que aconteceu: eu também vou começar pelo final. Pelo que me inspira e me fascina em Compras.

A evolução na carreira de Compras

Eu costumo dizer que eu sou o que sou hoje graças a Compras. O que fiz antes da minha transição, quando trabalhei efetivamente com Engenharia, também foi determinante. No entanto, vejo que adquiri várias habilidades e conquistei sucessos que não teria conseguido de outra forma.

Em Compras, tive a chance de aprimorar diversas habilidades relacionadas a pessoas, algo que acredito não teria na Engenharia. Isto porque tanto nas negociações, que são realizadas de fato entre pessoas e não entre empresas, como no dia a dia, desenvolvi relacionamentos de todas as formas: com pares, gestores, gestionados, fornecedores, que são singulares. Muitas destas pessoas são muito queridas até hoje, outros foram muito complexos - quem já teve um gestor ou gestionado, fornecedor ou requisitante difíceis, basta continuar respirando. Nem precisa ter o trabalho de levantar a mão. Sei que todos que trabalham na área (e em outras também) já tiveram.

Adoro a dinâmica da área de Compras, em que cada negociação é única, mesmo se for uma repetição ou renovação. Fatores como mudanças econômicas, ajustes no escopo, experiências recentes, alterações nos SLAs, modelo de pagamento, condições do fornecedor e competição no mercado tornam cada negociação distinta. Portanto, rotina zero!

E eu olho tudo isso com brilho nos olhos. É isso que me inspira!

Escrevendo aqui a minha história, eu paro para refletir sobre essa evolução e aprendizado, sobre a busca frequente por aprimorar negociações e processos, que é essencial. A oportunidade de introduzir ideias inovadoras, novas metodologias de trabalho e dinâmicas distintas é muito gratificante. A busca constante pelas particularidades que enriqueçam cada entrega de maneira excepcional. Reconheço que solicitantes possuem suas próprias necessidades individuais e corporativas, assim como fornecedores e vendedores têm características próprias.

Eu também adoro resolver problemas. Não sei se a minha formação de engenheira me ajudou nessa característica. Ter a visão sistêmica de quem conhece o processo para solucionar uma equação (como eu falo para a minha filha: é para isso que estudamos matemática, para treinar nosso cérebro para resolver problemas), ou se eu sempre fui dessa maneira. Não me lembro. Mas logo no meu segundo ano em Compras essa foi a minha conversa com um gestor muito querido, o Geraldo Barbi (lá vem outra história):

Eu estava finalizando uma ligação complexa com um requisitante. Assim que desliguei o telefone, o Geraldo Barbi passava por mim no grande salão da GM onde trabalhávamos. Aproveitei para expressar minha frustração com a solicitação do requisitante, que mudava constantemente. Enfatizei que não concordava com essas mudanças e que eles deveriam respeitar o fluxo estabelecido. Não recordo com precisão. Contudo, o mais importante é que as suas palavras estão claras em minha memória:

— Erica, me diga o que você faz aqui.

— Eu sou compradora, eu compro.

— Não, você resolve problemas. Você é uma resolvedora de problemas. Resolva o problema dele!

Esta experiência foi muito transformadora para mim. Apesar

de gostar da resolução de problemas, eu ainda não havia estabelecido essa conexão com o setor de Compras. No entanto, após essa percepção, compreendi que cada requisição era uma adversidade que meu cliente interno estava enfrentando e ele precisava de um produto ou serviço para solucionar essa dificuldade. Poderia ser para entregar um projeto, reabastecer um item em falta no estoque ou corrigir uma ineficiência na produção. Também poderia ser para mitigar uma situação de insegurança cibernética ou melhorar o fluxo de caixa da empresa. Ou o objetivo era buscar um desempenho financeiro mais robusto, beneficiando todos. E eu me orgulhava de fazer parte de todas essas soluções! A resolução de problemas, que já era uma paixão pessoal, agora tinha se tornado uma habilidade profissional. Eu acho isso simplesmente maravilhoso!

Essa virada de chave, e tudo o que eu mencionei nos parágrafos anteriores, fez com que meus resultados passassem a ser mais significativos. Eu me tornei uma compradora mais entusiasmada e confiante e comecei a ser reconhecida, ganhar prêmios nacionais e internacionais. Eu também tive a oportunidade de viajar para países como China, Coreia do Sul, Inglaterra, Espanha, México e Estados Unidos, este último várias vezes. Também pude conhecer outras culturas – que, mesmo sem ter visitado a região, eu liderei ou participei de negociações, como Dubai, Egito, África do Sul e todos os países da América Latina (em alguns eu estive presente).

Outra situação que eu gosto muito de mencionar é: o propósito! Por que fazemos o que fazemos? Todo mundo sabe que ninguém quando é criança sonha em trabalhar em Compras. Nem quando vamos escolher um curso universitário. Todos que estão em Compras só estão porque apareceu uma boa oportunidade e a maioria de nós não tinha uma compreensão clara do papel de um comprador até nos encontrarmos imersos na agitada dinâmica dessa área. Mas eu sei o meu propósito. Eu já trabalhei muito para manter linhas produtivas e eficientes que no seu final entregassem produtos que atendessem às expectativas dos clientes finais. Também já resolvi várias situações ergonômicas para preservar a saúde dos funcionários, mantendo sua produtividade e bem-estar familiar, além de auxiliar na redução de custos que conservaram empregos durante crises financeiras ou pandemias. É isso o que eu faço quando resolvo os problemas.

Eu enxergo tudo isso como um ciclo virtuoso. Minha querida amiga e mentora Cilene Bim sempre diz: "Se a liderança e os *stakeholders* valorizam o que você entrega, eles te procuram naturalmente. Isso valoriza seu trabalho e traz novas oportunidades de geração de valor, criando um ciclo". E foi assim que tive a oportunidade de ser promovida a supervisora numa empresa onde tal chance era rara. Naquela época, funcionários e liderança permaneciam nos cargos por muitos anos.

No entanto, quando a oportunidade surgiu, eu estava preparada e experiente, possuía vasto conhecimento sobre minha função e entendia praticamente todas as atividades realizadas no departamento. Além disso, eu tinha uma visão, eu era ágil e focada. E continuava muito entusiasmada. Os resultados que vinha obtendo eram robustos, empregava análises diferenciadas, conhecia o caminho para envolver e auxiliar os *stakeholders*, meus pares e, acima de tudo, proporcionar resultados sem sobrecarregar meus líderes. Tudo isso foi possível graças à confiança dos gestores e *stakeholders* nas minhas competências. Eles me deram autonomia e, em retribuição, eu redobrei minha responsabilidade para não os decepcionar. É outro ponto que posso dizer sobre mim, é assim que eu funciono melhor. Microgerenciamento me mata!

Liderança e Inovação

Como gestora, primeiro como supervisora e depois como gerente e *head* de Compras, eu procuro cuidar do meu time como aprendi com meus melhores gestores e como eu gosto de ser tratada. Sou muito fã de algumas técnicas e posturas que vim aprendendo durante toda a minha vida profissional, desde a Engenharia, como a liderança situacional e a liderar pelo exemplo, e depois, em Compras, em ser parte ativa da equipe e não só ficar dando ordens, e sim estar junto para remover obstáculos que não agregam valor para que a equipe possa fazer melhor o seu trabalho. Acredito que outra postura essencial ao meu sucesso com os times que coordeno é a humildade. Almejo que o coletivo supere minhas habilidades, seja naturalmente ou através do meu esforço para seu desenvolvimento. Outro conceito muito forte no meu dia a dia é que duas ou mais cabeças pensam melhor do que uma - a minha, no caso. Eu aceito sugestões e críticas com tranquilidade. Portanto, tudo o que relatei nos parágrafos anteriores me ensinou que eu deveria trabalhar para promover o desenvolvimento e a performance de todos. Eu gosto de uma imagem (espero que consigam visualizar, já a postei no LinkedIn algumas vezes) que é a de uma pata e seus patinhos por uma lagoa, mas a pata vai atrás, empurrando os patinhos e não na sua frente. É como prefiro trabalhar, nos bastidores, fazendo tudo acontecer sem dar a entender que os resultados são todos meus. Dessa forma, os resultados são consequência de um trabalho em grupo, de uma relação de confiança. É o tal do ciclo virtuoso novamente!

E sobre eu achar essas coisas incríveis, diz-se que algumas perspectivas são uma questão de bioquímica pessoal, e talvez eu tenha uma bioquímica notável, porque na minha visão tudo se baseia em como você interpreta as coisas. É a velha e surrada história do copo meio cheio ou meio vazio. Enquanto alguns veem a pressão, os problemas ou as mudanças constantes de forma negativa, eu sempre vejo como oportunidades. E isso não é papo de Coaching ou história bonita para biografia em livro. Eu digo que, se não existem problemas, não precisam de mim. Eu sou péssima com trabalhos rotineiros, melhor que procurem outra pessoa.

Mas eu compreendo que a tarefa não é tão simples quanto aparenta. Essa é a vida real, não um faz de conta, todos nós temos nossas limitações e eu também me sinto exausta muitas vezes, como qualquer pessoa. Certas circunstâncias, especialmente aquelas que envolvem indivíduos difíceis, aqueles que costumo falar que são mais parte do problema do que da solução, são as que mais me esgotam. No entanto, a sensação de superação, de encontrar uma solução justa e suplantar o desafio da forma mais apropriada é como vitamina para mim. E sobre justiça, sempre me esforço para ser e ser percebida assim, justa. Embora a "justiça" seja bem-vinda pelos mais maduros e resolvidos, nem sempre é bem avaliada pelos que não compartilham essas qualidades.

Como tudo na vida tem o seu motivo, com a maturidade sou capaz de reconhecer ter vivido situações semelhantes, tendo uma compreensão razoável das estratégias a serem implementadas. Dessa forma, vou levando esses momentos, um de cada vez, resolvendo as "equações" e vivendo o melhor possível. É sempre importante lembrar que temos amigos ou colegas que podem nos ouvir e aconselhar. Dar uma ideia que pode ser usada na sua essência ou virar outra até mais interessante. É sempre bom ter com quem contar. Eu tenho amigos maravilhosos, e tento ao longo da minha vida ser essa amiga para muitas outras pessoas.

E foram meus anos em Compras que me trouxeram amigos muito queridos, uma lista que só aumenta conforme eu mudo de empresa. Pessoas queridas que me acompanham onde quer que eu esteja trabalhando, porque a lista só aumenta, só acumula, e sempre tem lugar para mais um. Apesar da vida atribulada, nós nos encontramos com alguma frequência, para pôr o papo em dia, falar de trabalho e da família e saber - com intenção genuína - como cada um está. Eu costumo dizer que tenho muita sorte por possuir os bons amigos que conquistei profissionalmente. Convivi com eles trabalhando, beneficiando-me de ajuda mútua, conversas e conselhos. Até lembretes sobre o aniversariante do dia antes que eu falasse com alguém sem saber, foram valiosos. Essas experiências contribuíram muito para quem eu sou e onde estou. Tanto que carrego todos eles no coração e na vida até hoje e o farei para sempre.

Por causa deles, outras oportunidades surgiram para mim. Pude ser âncora no Papo de Comprador do Procurement Club com meu amigo André Gurgel, a quem eu nunca cansarei de expressar o imenso orgulho que tenho desse projeto. Também me tornei professora, uma experiência iniciada durante a pandemia com as primeiras turmas de MBA. Aprendi na prática, de *feedback* em *feedback* das turmas. Posteriormente, essa experiência foi impulsionada pela Cilene Bim e pelo CIEC. E espero que ainda tenha muito mais por vir.

E, se eu posso também deixar uma mensagem, principalmente para você mulher de Compras que lê esta minha história, é: não tenha medo de inovar e evoluir, de aprender e reaprender. Se desafie a buscar novas soluções, isso é essencial para o crescimento. Faça estrategicamente além do que os outros fazem. Mas siga sempre o que é certo, mesmo diante de desafios. A coragem de tentar algo novo e a determinação de seguir o caminho correto são fundamentais para grandes realizações e transformações significativas. Confie no seu potencial e nas possibilidades que a sua visão e inovação podem trazer.

Um Ciclo Virtuoso

Eu não poderia terminar esta minha participação, que muito me honra, sem dedicá-la à minha filha, Isadora, um exemplo de jovem mulher que me inspira e me orgulha, e à minha mãe, Nanci, que me deu as asas que ela não teve em uma época em que isso ainda não era tão fácil. Também às minhas enteadas, Luiza e Júlia, pela oportunidade de estender a elas meu carinho.

Quero agradecer à minha família por todo amor e apoio durante estes anos loucos de dedicação às minhas responsabilidades profissionais e a outras mulheres e amigas maravilhosas que fazem parte desta história e que faço questão de listar aqui: Sandra Ulrich, Jaine Nardi, Selene Pazini, Carla Marcelli, Rita Souza, Patricia Boëkelmann, Abbie Yeh, Silvia Turco, Monica Bongiorno, Flavia Coelho, Patricia Alexandre, Aline Faura, Wendy Gallo, Fabiane Rachas, Ligia Cestari, Vera Gaspar e a todas que ainda virão, tenho certeza!

Caminhos de determinação: as lições inspiradoras de Erika

Erika Hatori

Apaixonada por pessoas e pelo estudo do comportamento humano, com uma jornada profissional marcada pela versatilidade, passando por áreas como Marketing, Comercial, Financeira e, atualmente, na Área de Inteligência de Suprimentos. Com graduação em Economia, pós-graduação *lato sensu* em Economia Aplicada à Gestão, e um MBA em Global Business Management com certificação internacional pela Loyola Universidade de Chicago. Estudiosa da Programação Neurolinguística e praticante assídua de atividades físicas, nutrição equilibrada e espiritualidade, sendo também professora de Ikebana e Conselheira Consultiva Certificada.

LINKEDIN

Tenho muito orgulho da minha história e vou começar pela melhor parte: meu nascimento.

Nasci em um domingo do mês de julho, inverno, minha mãe diz que estava muito frio, por coincidência talvez, adoro a Primavera/Verão.

Logo que nasci minha mãe deixou de trabalhar e se dedicou exclusivamente a mim, a cuidar da casa e de meu pai. Tive um excelente exemplo de força de uma mulher, que até os dias atuais cuida da gente, das finanças da casa e mantém a casa impecável na organização.

Quando eu tinha cinco anos, minha irmã nasceu, eu com mais consciência da vida, observava minha mãe de perto, lembro que estudava pela manhã, chegava em casa, comida quentinha, casa organizada e minha mãe dedicada a cuidar de nós. Quanta gratidão e lembranças saudosas tenho desse momento.

Meu pai, eletricista de painéis elétricos, trabalhava e viajava muito durante a semana. Ele saía muito cedo e voltava muito tarde, minha irmã e eu já dormindo. Minha mãe não dormia enquanto ele não chegava.

Eu estudava na rua de baixo da minha casa, um dia saí da escola correndo, meu pai estava lá, loiro de olhos verdes e com o fusquinha verde, meus olhos brilharam quando eu o vi, saí correndo da escola, a professora me puxando pela mochila nas minhas costas e perguntando se eu tinha certeza que era meu pai. Cena rara de ver, na verdade, a única vez que me lembro dele conseguir me buscar. O trabalho para ele era prioridade. Mas quando ele estava conosco era 100% dedicado a brincar comigo e minha irmã, brincávamos de futebol, basquete, vôlei em casa, bons momentos.

Nesse mesmo dia recordo-me que cheguei em casa radiante, tirei o tênis, abri a mochila, peguei o caderno, deitei no chão e disse à minha mãe: "Hoje aprendi a ler: JA-NE-LA".

Não erámos ricos, não tínhamos grandes luxos, mas meus pais investiam em nossa educação. Desde que me lembro, sempre gostei de estudar, de aprender, de ler, de ser a melhor – a melhor contra eu mesma –, se eu tirava uma nota 8, não me contentava, na próxima me esforçava para tirar 10, assim eu ficava satisfeita.

Sempre gostei de ser desafiada, seja na escola durante as provas, seja em jogos, brincadeiras com os familiares e amigos.

Essa foi minha base. E uma base bem construída com ética, exemplos em casa de liderança, disciplina e muita determinação, eu sempre tive a certeza que meu futuro seria promissor e que um dia eu seria motivo de muito orgulho dos meus pais. Hoje conto com o apoio do meu marido e filho, que me impulsionam a seguir!

Minha carreira

Ao fim do ensino médio, aos 17 anos, decidi que cursaria ciências econômicas. No ensino médio, eu, junto com outros colegas, estudávamos pela manhã, concedíamos, na escola mesmo, aula de reforço de forma voluntária na matéria de química aos colegas com dificuldades na parte da tarde. Foi gratificante ajudar e ali vi que gostaria de ser professora. Para qual matéria? Essa dúvida me percorreu durante todo o cursinho no qual fui bolsinha depois de um complexo processo seletivo entre os melhores alunos no colégio estadual em que estudava. Durante o cursinho pensei em ser jornalista, desisti depois de ver a grade curricular e quão era concorrido o vestibular na Universidade de São Paulo (USP). Eu desanimei, até que, conversando com meu professor de Física do cursinho, até então aluno de Economia da USP, vi o quanto era útil essa disciplina, o quanto eu poderia contribuir para o desenvolvimento do Brasil, das pessoas e uma foto no jornal Estadão da filha do professor de Química, que incentivava as aulas de reforço, mostrando que ela era uma das primeiras colocadas no vestibular da USP daquele ano, sacramentou minha decisão. Ao terminar a fase de vestibular, em 2003, acabei ingressando na Faculdade Metropolitana de São Paulo (FMU), e aos 17 anos comecei meu curso de Economia.

Também em 2003 comecei a trabalhar em uma loja familiar de embalagens, de materiais de limpeza e de tintas. Entrei como temporária para cobrir a licença-maternidade da funcionária que fazia vendas por telefone. Eu atendia telefone, resolvia as dúvidas técnicas dos diversos produtos. Com o passar do tempo, os empreendedores viram a necessidade de ter uma pessoa de confiança para cuidar das finanças da loja. Para minha surpresa, passei a ser responsável – aos 18 anos – do contas a pagar e receber da loja; tenho muito carinho pelo ensino e oportunidade recebida por três anos em que trabalhei lá. Foram momentos desafiadores, até organizar todo o processo, trabalhava aos sábados até meio-dia, comia um lanche e ia para as aulas de inglês, estudava por duas horas e depois ia para casa. Lembro-me de uma vez que marquei salão de beleza depois da aula e dormi na cadeira (risos). Um dia resolvi conversar com os donos da loja e solicitar, pelo motivo de o banco abrir durante a semana e que eu era da área de contas a pagar, se eu poderia deixar de trabalhar aos sábados; minha jornada de trabalho foi ajustada e, assim, fiz minha primeira negociação profissional. Tempos de crescimento.

Aos 20 anos comecei a procurar estágio na área de Economia, porém não encontrava nenhuma oportunidade atrativa.

Erika Hatori

Nenhuma empresa contratava para estagiar com menos de um ano. Até que apareceu uma em um grande banco e não fui bem no teste de Excel, o entrevistador me colocou para baixo, perguntou o que estava fazendo ali que não conhecia o pacote Office. E quem disse que sou de desistir? Fui estudar Excel para estar melhor preparada de uma próxima vez. Até que vi uma oportunidade em um banco suíço de *office girl*, sim, para mim seria uma oportunidade de ouro para ingressar no mercado financeiro. O processo seletivo foi ótimo! Passei e fui orientada a não entrar na vaga, o responsável na época disse que o meu perfil era muito bom para aquela posição: "Procure por empresas na Zona Sul de São Paulo, você tem muito conhecimento para essa posição que oferecemos, com certeza você será mais feliz em uma posição mais desafiadora". Saí triste, decepcionada, na verdade, queria entrar no banco, iria começar pequeno e sei que iria crescer; ele concedeu a dica de eu procurar emprego na região sul da cidade, por ser um *pool* de várias empresas, e resolvi seguir o conselho dele. O tempo estava passando e eu ficava aflita, seria difícil conseguir contrato de estágio de no mínimo um ano. Eu seguia ativa na faculdade fazendo estudos de iniciação científica, indo a campo, fiz dois estudos, continuava trabalhando na loja e nada de estágio. No começo de 2006 — ano da minha formatura — para minha surpresa passei em dois processos seletivos de duas consultorias diferentes, entre elas, uma das Big Four (principais *players* no mercado mundial e possuem uma grande presença global). Assim, milagrosamente, fui aceita para um estágio de oito meses. Durante o estágio tive um aprendizado ímpar na área de Marketing (*research*), fazia *clipping* de notícias, busca por indicadores econômicos, estudos de mercados, acompanhava os M&As (Fusões e Aquisições) para identificar quaisquer movimentos de mercado que trouxessem riscos aos clientes da empresa. Digo que aprendi em quase dois anos de empresa meus quatro anos de faculdade na prática. Passado o período de estágio, fui efetivada, o que encheu meu coração de alegrias e de dúvidas: qual seria o próximo passo? Assim, cogitei a hipótese de fazer mestrado em Economia para posteriormente dar aula, mas eu teria que me preparar de forma integral para participar do exame pela Anpec (Associação Nacional dos Centros de Pós-graduação em Economia) e na ocasião não tinha condições de parar de trabalhar, resolvi seguir no mundo corporativo e fazer minha pós-graduação em Economia Aplicada à Gestão na Universidade Mackenzie. Após dois anos no setor de Consultoria e Auditoria, fui trabalhar no setor de impressa e ingressei em um jornal de grande circulação nacional até sua falência.

No jornal trabalhei na Área Comercial e fui responsável por acompanhar o *market share*, apesar de estar evoluindo em São Paulo e outras capitais, como Rio de Janeiro, a parte financeira da empresa já não era mais sustentável, até que em agosto de 2009 fomos todos dispensados devido à decretação da falência. Pouco antes de parar a circulação, trabalhávamos sem receber, acreditando que o jogo iria virar, de tão bom que era trabalhar lá. Tive a oportunidade de repensar minha carreira e, então, decidi me preparar para um intercâmbio e, apesar de não ter recebido os meus direitos trabalhistas, havia juntado um dinheiro que seria suficiente para: alimentação, estudo, moradia e alguns passeios e, dessa forma, embarquei para o Canadá, aprimorei por 30 dias meu inglês, voltando ao Brasil ainda mais fortificada para uma nova empreitada.

Ao voltar enviei mais de 600 currículos – a vontade de trabalhar sempre foi grande –; após 30 dias do meu retorno do Canadá, uma grande Siderúrgica me convidou para o processo seletivo e, em menos, de uma semana, eu já estava trabalhando na Área de Inteligência de Suprimentos.

E aqui começa minha história em Compras. Para quem é da área, um pouco clichê, sim, Suprimentos me escolheu. Foi um momento de grande aprendizado, estive confusa com a enxurrada de informações, me vi diante da necessidade de dominar o Excel, fiz o curso avançado, tive ótimos mentores, aprendi com mestria a calcular indicadores de performance, fazer fluxo de caixa e fornecer indicadores e estudo de mercado a todos os compradores de materiais, serviços, insumos, logística. Meus colegas e eu éramos referência em agregar valor através das informações. Tive promoções, méritos, fiz amizades, foi um marco em minha carreira.

Após quatro anos, resolvi alcançar novos ares ao ser convidada para criar a Área de Inteligência de Compras em uma grande empresa do setor de celulose. E, assim, inicia-se um legado.

O início de um legado

Cheguei na empresa com o objetivo de reestruturar os indicadores de performance e criar os primeiros procedimentos da área junto com meus colegas. Foi uma experiência ímpar e um marco em minha carreira. Jovem, passei a ter a oportunidade de viajar a trabalho, de conhecer as pessoas e processos na prática. Gosto muito de conversar, entender, perguntar e, com calma, agir e tomar a melhor decisão para a empresa. Fazer o Gemba Walk (ir ao local onde as atividades realmente acontecem) é um conceito que utilizo e que enriquece as relações. Afinal, acredito que o que nos fortalece é realmente a valorização das pessoas. Esse legado construído não o fiz/tenho feito sozinha e sim com apoio dos meus gestores, pares, colaboradores e colegas de diversas áreas. A troca e o aprendizado constantes são muito ricos. Ingressei na empresa na posição de Analista Sênior com a responsabilidade de reestruturar e criar os KPIs (*Key Performance Indicator*), através da minha experiência anterior, foi gratificante definir métricas, criar gráficos, *dashboards*, *newsletter*, processos e procedimentos. Após a construção desses dados, houve o convite para eu ser responsável pela Área de Gestão de Contratos, nesse momento aceitei o desafio, mesmo sem nunca ter feito parte do meu escopo a Gestão de Contratos. Fui então promovida a Especialista e junto com o time de Contratos definimos procedimentos, padronizamos funções e processos. Foi um período desafiador e de muito crescimento para todos os envolvidos. Após um ano, minha gestora da época me chamou e perguntou se eu gostava de gente, assim que eu disse empolgada que sim, recebi minha carta de promoção para Coordenadora da Área de Indicadores e Contratos, foi um momento realmente marcante e inesquecível. Tempos mais tarde aumentou meu escopo e fiquei responsável pelas áreas de Cadastro de Fornecedores, Cadastro de Materiais e Vendas de Inservíveis, uma experiência maravilhosa e de muito estudo, entendimento para conduzir os processos, reestruturar e motivar as pessoas.

Já na posição de gerente executiva de Suprimentos e com o time completo fizemos uma votação para saber qual nome seria mais prudente para a área e, dessa forma, o time escolheu: Inteligência de Suprimentos. Foi uma construção que exigiu muito foco, disciplina e determinação até dar certo. Nesse tempo me casei, finalizei meu MBA na Universidade de Chicago através do Ibmec, tive filho, fiz a formação de Master Programação Neurolinguística (PNL) na prática para entender o comportamento das ações humanas, me tornei mais resiliente, errei e aprendi a liderar, aprimorei minha liderança para ser humanizada, procurei entender de pessoas e tê-las ao meu lado, umas contribuindo com as outras para o bem comum. Ao completar dez anos de empresa fiz uma grande reflexão de tudo que foi construído na Área de Inteligência de Suprimentos, o quão rico de informações somos e a importância de revisitar os principais indicadores, da coerência e confiabilidade das informações através da governança em compras com cumprimento de política e procedimentos dos processos. Como parte estratégica do negócio traz um olhar diferenciado, estratégico e diplomático.

Foco e Equilíbrio

Com o passar do tempo, vi a necessidade de deixar de ser *workholic* e ter equilíbrio em todas as áreas da vida. Principalmente depois de ser mãe ter mais momentos com a família, sem deixar de lado estudar e cuidar da saúde do corpo através de alimentação saudável e prática de exercícios constantes, além de, por último, mas não menos importante, do meu equilíbrio mental e espiritual. Para tanto vi a necessidade de devolver ao mundo todo conhecimento adquirido, como forma de agradecer, então, decidi ser mentora de estratégia profissional. Todo profissional que não acredita que pode alcançar seu próximo passo pode me procurar. Tenho convicção de que todos podem alcançar seus objetivos. Como parte do meu equilíbrio mental e espiritual estudo a arte da Ikebana (arranjo floral japonês). Houve tanta dedicação que fui convidada a fazer a prova e participar do processo seletivo que envolve parte teórica e prática para ser professora de Ikebana. Já que sempre gostei de lecionar, acredito que ser convidada a fazer parte do seleto grupo de professores não foi ao acaso. Assim, em agosto de 2017, nas vésperas do meu casamento, tive a feliz notícia que havia passado no processo seletivo e hoje posso, voluntariamente, dar aulas a crianças, jovens e adultos para apoiá-los em seu equilíbrio de vida também.

Em 2023 passei por um momento de ressignificação e vi a necessidade de transmitir meu conhecimento ao maior número possível de pessoas. Comecei então minha mentoria como *hobby*, inserindo conteúdos nas redes sociais, surgiu a oportunidade de dar mentoria *online* e, assim, acumulo algumas horas de atendimento, é muito gratificante apoiar o desenvolvimento de carreira de diversos profissionais. E como adepta ao *lifelong learning* (aprendizado ao longo da vida), me certifiquei como Conselheira Consultiva, ampliando minha visão dos negócios e com a oportunidade de ajudar pessoas e empresas a prosperarem cada vez mais. Mulheres em compras é organizar tempo entre família, lazer, trabalho, estudos, espiritualidade e *hobbies*. É se preocupar com as pessoas, entendê-las, ouvi-las, processar a informação e conceder o direcionamento. Mulheres em compras é ser dura com ternura.

> *"Acredito em sonhos e que todos têm potencial para alcançar seus objetivos. A maior alegria do líder é ver o crescimento do time."*

Escutando meu coração, ele tem razão

Fernanda Amorim Canejo

Começou a carreira em Compras na AB-Inbev (Ambev) comprando material de Marketing, em 2002, há mais de 20 anos. Lá teve a oportunidade de migrar para Comércio Exterior, que ampliou seu entendimento das conexões entre as diversas áreas da empresa e foi sua primeira experiência em liderança de equipe. Passou para novos desafios em Compras, Melhoria de Processos, PMO, Implantação de Operações, Implementação de Sistemas (Ariba/SAP), Gestão de Projetos e Logística. Pôde aprender também diversos negócios como eletrônicos (Samsung), construção (Gafisa), bancário (Itaú Unibanco), bebidas (AB-Inbev) e produtos veterinários (Purina). Paralelamente, sempre gostou de estudar: MBA na FIA, curso Gestão de Projetos na FGV, Certificação PMP, Scrum, Mindset Ágil e atualmente Strategic Sourcing na CoP no CIEC.

LINKEDIN

Conexões da vida

Meu nome é Fernanda, um ser humano comum, mas que por algum motivo importante a vida me trouxe até aqui para dividir minha história com você. E tenho certeza que não foi por estar como gerente sênior de Compras em uma multinacional com mais de 200 mil funcionários (eu sou apenas uma), mas porque acredito que minha história pode contribuir de alguma forma na construção da sua.

Se sua expectativa é saber o segredo de como ter uma carreira de sucesso, sinto desapontá-la. Inclusive porque não acredito que um cargo pode definir o que é sucesso na vida de qualquer pessoa. Cargos são temporários. Na verdade, a gente também não é eterna, mas o que fazemos com o tempo que passamos por aqui pode sim deixar marcas permanentes.

Além disso, conquistei muitas coisas sim, mas fracassei em muitas outras também. Meu orgulho é que de alguma forma sempre segui em frente. Muitas vezes sozinha, mas nos momentos mais difíceis, porque tive ajuda das pessoas que conheceram o pior de mim e continuaram do meu lado. Então eu diria que, considerando que ainda conto com essas pessoas comigo, tenho uma vida de sucesso.

Fernanda Amorim Canejo

Raízes

Filha do Altamiro e da Luiza, nasci no Rio de Janeiro como meus pais, embora ninguém acredite, porque sou carioca somente no RG. Na época eles moravam na França e por não terem com quem deixar minha irmã mais velha (versão oficial) e acredito que para não passar novamente pela experiência de ser mãe sem apoio da família por perto (minha versão), minha mãe escolheu vir para o Brasil para eu nascer.

Meu pai era engenheiro, trabalhava em uma multinacional, e por mais de dez anos expatriado, moramos na Europa, sendo seis na Espanha, durante minha adolescência até o vestibular, período muito importante na minha história do qual preservo conexões até hoje.

Aproveitamos também demais para viajar (de carro mesmo, tudo perto), o que despertou muito essa minha curiosidade por conhecer novos lugares, culturas, formas de viver. Mas de uma forma diferente do meu pai, que gosta de correr para ver todos os pontos turísticos possíveis, estudar sua história, com fatos, nomes e datas, eu gosto mais de viver o lugar. Por exemplo, já mais velha viajando sozinha, no meu último dia de férias em Paris eu quis tomar sol e ler um livro descalça no parque, depois andar de bicicleta. E me recusei a ficar horas na fila para subir na Torre Eiffel.

Por outro lado, o fato de eu ter uma vida utilizando todos os serviços públicos de qualidade, como escola, hospitais, parques, transporte, acentuou minha indignação com a amplitude da desigualdade social que temos no Brasil, que acredito ser possível transformar começando pela educação, caminho que sempre me conectou de alguma forma.

Minha mãe era professora na escola onde a gente estudava, mas acabou deixando a profissão para acompanhar meu pai e cuidar das filhas. Memórias me trouxeram o cheiro de álcool do mimeógrafo (para as novas gerações que nunca viram um, foi como a primeira máquina de xerox). Sempre muito criativa e caprichosa, inventou a máquina dos números para ensinar as operações matemáticas de forma divertida; inventava trabalhos manuais para a aula de artes, costurava fantasias para apresentações de balé, fazia roupas lindas e exclusivas no nosso aniversário, criava bolos de aniversário incríveis (menção honrosa para o meu bolo em forma de coelho, todo confeitado em chantilly).

Caindo em Compras

Confirmando a estatística, eu não escolhi Compras. Eu escolhi trabalhar em uma multinacional e Compras foi minha porta de entrada.

Formada em Comunicação Social, com ênfase em Publicidade e Propaganda, iniciei minha carreira profissional como assistente de Marketing. Quando apareceu a oportunidade de ser compradora de materiais de Marketing na Ambev, aceitei tendo em mente que o relacionamento com os clientes internos me levaria ao marketing. A área de Compras estava em formação, centralizando a atividade, tratada como transacional.

> 1º (des)aprendizado que infelizmente ainda é prática em muitas empresas: 3 cotações, 5% de desconto.
>
> ∴ **1º aprendizado** que trago até hoje: **Compras é a "ponte"** entre requisitante e fornecedor, promovendo a **colaboração** entre todos para o melhor resultado.

Ou seja, não necessariamente o melhor preço e sim o melhor custo para atender de maneira adequada uma necessidade. Precisamos quebrar as "paredes" de delimitam que especificação é exclusividade do requisitante. Na verdade o requisitante tem uma necessidade e o fornecedor pode oferecer diversas formas de atender, que não necessariamente coincidem com o que foi pedido inicialmente. Além disso, o fornecedor não deve ser massacrado para reduzir o preço e sim incentivado a propor melhores alternativas com melhor qualidade e custo para manter uma relação saudável em que todos ganham.

Meu primeiro caso concreto foi uma solicitação de um *display* em forma de lata de cerveja que excedia o tamanho máximo de impressão das gráficas, por isso seria necessário imprimir em duas partes e colar. Resultado: ia ficar caro e feio. Conversando com os solicitantes, concordaram imediatamente em ajustar as dimensões do *display*, respeitando o limite das máquinas para produzir com uma única impressão.

Uma vida, muitos caminhos... Comex e Projetos

Depois de menos de um ano em Compras de marketing, minha área acabou sendo transferida da CSC em Jaguariúna para a Central de Suprimentos em Jacareí e eu não. Entre as oportunidades que apareceram para mudar para outra área e permanecer na empresa, acabei topando ir para Comércio Exterior. Além do meu interesse no contato com outros países pela minha história pessoal, por ter inglês e espanhol, achei ser complementar, dado que Compras de Diretos (insumos) passaria a ser meu cliente interno.

Foi uma ampliação incrível do meu entendimento do funcionamento da empresa, de como as áreas se conectavam. Precisava receber os pedidos de compras (importação) e vendas (exportação), definir data de produção com a fábrica, coordenar transporte; fazer fluxo de caixa para pagar os impostos; nota fiscal para dar entrada nos insumos e registrar as perdas (granel); fazer procuração para despachante; pagar prestadores. Com isso acabava falando com Compras, Vendas, Logística,

Financeiro, Fiscal, Contabilidade, Jurídico, Pagamentos, praticamente todas as áreas da empresa.

Mas, depois de quatro anos na Ambev, entendi que seria importante para meu desenvolvimento profissional sair da área operacional e ir para uma atividade mais estratégica, e para isso não tive dúvidas em deixar o cargo de coordenação e voltar como analista. Foi em 2006 quando entrei no Itaú Unibanco, que considero minha escola, onde aprendi o que era fazer compras estratégicas, metodologia do strategic sourcing, TCO, make or buy, em uma profundidade que arrisco dizer quase 20 anos depois não ser comum no mercado.

Preciso dizer que foram cinco anos e meio no melhor lugar que trabalhei na vida, com líderes incríveis como nosso diretor inspirador Edgar Viana (exemplo de visão estratégica, postura ética e pessoa), superintendentes com quem aprendi muito, Omar Rosas, Gerson Dias e Ronaldo Lopes, além de amizades que faço questão de cultivar até hoje.

Com a missão de centralizar as negociações em compras, nossos líderes, muitos trazidos de grandes consultorias como AT Kearney, construíram a nossa área também com gerências de suporte para Compras para Gestão de Contratos, Fornecedores, Custos, Planejamento e Projetos. Acabei migrando de Compras para projetos de melhorias de processos e depois uma pessoa da área migrou para PMO Corporativo e me levou. Preciso dizer que todos, independentemente da profissão, e reforço para Compras, deveriam aprender gestão de projetos. Me ajuda até hoje em relação à organização das atividades, acompanhamento do status, problemas, decisões e a comunicação para as partes envolvidas.

Depois voltei para Compras como coordenadora de projetos, implantando Ariba, melhorias de SAP e como PMO de melhorias.

E todas essas experiências em Compras, Comex (Logística),

Fernanda Amorim Canejo

Projetos (Melhorias) me levaram para o cargo de gerente de Compras de Logística América Latina na Samsung.

No final, vejam que o que importa é como você conecta e aproveita os aprendizados. Tudo é uma construção e normalmente não é linear. Às vezes dar um passo para trás, ou realizar um desvio lateral, pode fazer seu trajeto demorar mais, mas leva você mais longe e com mais histórias para contar.

> ∴ **2º aprendizado: esteja aberta(o) às possibilidades** que se apresentarem à sua frente, você pode se surpreender ao abrir a porta.

Troque suas folhas, mantenha suas raízes

Sempre trabalhei em ambientes bastante masculinos (hoje, por exemplo, somos três mulheres em uma equipe de 14 pessoas) e alguns bastante agressivos.

Eu nunca tive dificuldades em navegar nesses ambientes e sempre me mantive firme em relação às minhas convicções, mesmo pagando um preço por isso.

Em alguns momentos tive líderes inspiradores como Flávia Aragão, na época minha gerente, hoje VP de Global Supply Chain na AB-Inbev, que tinha uma habilidade incrível para resolver conflitos com tranquilidade, empatia e respeito. Caso de sucesso de quem preservou sua essência independentemente do ambiente.

Mas em outros, ao contrário, tive que enfrentar situações e até gestores que recomendaram que eu fosse agressiva ou nunca seria respeitada.

Em tempos em que as palavras da moda são flexibilidade e adaptabilidade, parece que se manter firme em princípios básicos imutáveis virou crime. Podemos mudar quantas vezes fizer sentido (mas apenas se fizer sentido).

Culturas organizacionais serão sempre diferentes e claro que podemos nos adaptar. Por exemplo, na Ambev tinha grito de guerra nas matinais, andava de tênis e calça jeans. No Itaú Unibanco falávamos baixo, andávamos de terno.

Mas nem sempre somos nós que temos que nos adaptar. Uma vez li que o que é errado é errado, mesmo que todos estejam fazendo. E como já diziam nossas mães, "você não é todo mundo".

Já me posicionei com uma frase ou simplesmente com a não ação (não fazer o que me foi pedido porque como sempre disse para as pessoas que trabalham comigo: se você não souber explicar, não faça).

∴ **3º aprendizado: seja você, fique firme, não negocie sua paz**

Crachá tive vários, mas RG tenho apenas um.

Bate mais, não está doendo

Ser forte, corajosa, não abaixar a cabeça para ninguém é uma característica que me marcou desde a infância. Minha mãe sempre conta que aos dois ou três anos de idade eu queria ir sozinha para a escola e ficava consolando as outras crianças que estavam chorando querendo voltar para casa com suas mães. Quando apanhava do meu pai, desafiava: "Bate mais, não está doendo", sem derramar uma lágrima.

E assim fui sempre tendo iniciativa de construir meu caminho rumo à independência, começando com uns dez anos de idade fabricando meus sachês em casa e vendendo no meu *stand* casinha da Mônica no portão de casa, até que aos 27 anos estava comprando meu apartamento em São Paulo.

Meus pais sempre me ajudaram, mas me ensinaram a dar

valor e conquistar as coisas pelo meu trabalho. Então me emprestaram, mas não me deram o dinheiro (paguei de volta parcelado). E de alguma forma eu retribuí a dedicação deles quando organizei minha vida profissional e financeira. Talvez por isso, acabei sendo sempre vista por eles (e por mim mesma) como a pessoa que ajuda a resolver os problemas de todo mundo e não a que precisa de ajuda. Até que veio a maternidade, para ajudar, durante a pandemia do Covid, com restrições de isolamento.

Pela primeira vez na minha vida eu não me reconheci pela minha fragilidade e incapacidade de dar conta de tudo o que estava acontecendo comigo em uma depressão pós-parto. Pedi ajuda, mas não veio. Todas as dores da infância e da minha vida inteira chorei nesse momento. Dores que acho que eu mesma negligenciei e fingi não só para os outros, mas para mim mesma que não estavam ali. O período mais difícil da minha vida, mas ao mesmo tempo mais transformador. Abandonar aquela armadura que eu criei desde pequena para me defender (e tudo bem, me trouxe até aqui, mas não preciso mais dela de agora em diante) e acolher a minha vulnerabilidade, aceitar que não temos controle de quase nada na vida.

∴ **4º aprendizado: aceite e acolha sua vulnerabilidade**

Todos precisamos de ajuda. Aprenda a reconhecer, pedir e receber.

Sonhamos o voo, mas tememos as alturas

> "Para voar, é preciso amar o vazio. Porque o voo só acontece se houver o vazio. O vazio é o espaço de liberdade, a ausência de certezas. Os homens querem voar; mas temem o vazio. Não podem viver sem certezas. Por isso, trocam o voo por gaiolas. As gaiolas são o lugar onde as certezas moram."

Mulheres em Compras®

Esse texto que cito do Rubem Alves traduz exatamente meu momento.

Depois de toda a minha transformação com a maternidade, nesse último ano tenho me voltado mais para dentro. Tenho buscado me conectar mais comigo mesma e tentar silenciar um pouco para me escutar.

Meu corpo já vinha dando sinais (doença frequente, ganho de peso, exames alterados com necessidade de medicação) de que eu mudei e minha vida precisa mudar também. Eu precisava sair do "piloto automático" de correr para deixar minha filha na escola, pegar três horas de trânsito para ir para o escritório em São Paulo, para realizar um trabalho que não faz mais sentido para mim. "Insalubre": a definição da minha médica.

Por que será que a gente se coloca nesse lugar de ir além dos nossos limites, negligenciar os alertas do nosso corpo e, não menos importante, negligenciar as nossas vontades?

Por lógica, eu deveria procurar outro trabalho mais compatível com a minha nova vida, morando no interior, mãe da Letícia. Mas na verdade entendi que é o que esperam de mim (caminho "natural" que aprendemos: faculdade, MBA, inglês, multinacional, plano de saúde, aposentadoria).

Mas e fazer o que eu tenho vontade? Resolvi dessa vez seguir a minha intuição e dar uma pausa para recalcular a rota e viver a vida como eu quero para fazer valer a pena.

Como já dizia nossa saudosa Gloria Maria, "*Ninguém vai morrer por mim. Quem vai me julgar hoje não vai se deitar no caixão no meu lugar*".

Primeiro descansar, me reconectar comigo mesma e com minha filha, o trabalho mais importante da minha vida. Depois quero colocar em prática ideias que tenho na cabeça.

E você? Mandarei notícias no LinkedIn. Espero sua conexão.

Fernanda Amorim Canejo

∴ 5º aprendizado: escute seu coração, ele sempre tem razão.
Sai da gaiola, se joga, vai com medo mesmo. E me chama. Quero ver você voar.

A minha paixão por Compras

Fernanda Wright

Gerente de Suprimentos na Raizen. Formada em Engenharia de Produção pela Rio, pós em Gestão de Projetos e MBA em Gestão Empresarial. Carreira desenvolvida nos grupos Natura&CO e Shell, líderes em seu segmento, com grande foco em inovação, pessoas, processos e ESG. Atua há mais de 15 anos na área de Compras. Atualmente, está à frente da implantação da SBM, gerência de Suprimentos que modela a segregação dos escopos estratégicos e transacionais, garantindo uma estratégia de vanguarda.

LINKEDIN

Origens e Aspirações Infantis

"**O** que você quer ser quando crescer, Fer?" Essa pergunta sempre me foi feita. Talvez porque eu fui uma criança que adorava brincar de profissões, ou porque faltasse assunto mesmo nos adultos na época. Minha resposta começou lá nos meus cinco, seis anos com secretária e aeromoça, afinal de contas, considerava viajar o mundo muito glamouroso e as secretárias já tinham um acesso a máquinas de escrever e calculadoras que eu achava o máximo...

À medida em que fui crescendo, algumas experiências adquiridas e os argumentos melhorando, as profissões deixaram de ser brincadeira e viraram objetivos mais concretos. E durante minha adolescência variou entre ser astrônoma, engenheira, e administradora de empresas. Sim, nesta ordem.

Mas nunca, em momento algum, em nenhum sonho de infância ou plano de adolescência eu quis ou sequer pensei em ser compradora...

Eu nasci no Rio de Janeiro, filha de um empreendedor do mercado financeiro e de uma mãe (sim, mãe é uma profissão lindíssima, porém pouco reconhecida para fins de remuneração até os dias de hoje. Mas essa é uma outra história...). Meus pais sempre foram presentes na minha educação e na minha vida escolar.

Estudei em bons colégios, como o Santo Agostinho, fiz cursos complementares como inglês, *ballet*, etc. Até arrisquei um curso de francês por um tempo... Era uma boa aluna, fui representante de turma por dois anos no fundamental e cultivei amigos leais e legais, alguns deles ainda presentes comigo até hoje, como a minha melhor amiga, Gabi.

Lembro-me de várias passagens, principalmente com meu pai, me elogiando a inteligência, as habilidades de liderança, me estimulando a ser independente e a seguir meus sonhos (mesmo quando eu queria ser astrônoma).

Paralelamente a isso, minha família sempre foi ligada ao esporte. Minha mãe, filha de um dos fundadores do futebol do Clube de Regatas Flamengo e de uma nadadora profissional. Meu avô ainda foi presidente do clube por dois anos. Podem imaginar o quanto o tema era explorado, debatido e vivido dentro da minha casa. Íamos aos domingos ao estádio do Maracanã quando tinha jogo, eu, minha mãe e meu irmão, nosso porteiro e o radinho de pilha (meu pai não era grande fã de estádios). Infelizmente, o gene do esporte não passou para mim e eu nunca fui de praticar. Mas adorava, amo e torço até hoje.

Enfim, uma infância privilegiada sim e uma gratidão enorme.

Até que em determinado ponto da minha adolescência a situação financeira familiar começou a degringolar, meu pai já não ganhava tão bem, a empresa que tinha faliu, minha mãe começou a extravasar as frustrações na bebida e meu castelo ruiu.

Desafios Familiares e Responsabilidades Precocemente

Tive que aprender a lidar com os altos e baixos da minha mãe, seus acessos de raiva inesperados, enquanto aprendia a lidar com os meus, próprios da adolescência. Ver meu pai, tão altivo, vulnerável e distante na época, me trouxe inseguranças, medos e, sobretudo, escolhas e responsabilidades que moldariam meu caminho profissional definitivamente.

Fiz vestibular para Engenharia de Produção na UERJ, Astronomia na UFRJ e Administração na PUC-Rio. Diante do cenário familiar caótico e da minha autocobrança de passar em uma faculdade pública, achei melhor sair de casa e ir morar no interior do Rio, numa cidade chamada Resende, na qual passara grande parte da minha infância na casa da minha avó paterna. Por isso, escolhi seguir com a Engenharia de Produção na Universidade Estadual do Rio de Janeiro, cujo *campus* era lá.

A UERJ foi uma grande escola acadêmica, de vida e de bons amigos, que também cultivo até hoje. Lá tive a minha primeira experiência profissional formal dentro do segmento, sendo estagiária de férias na Xerox do Brasil, na área da Qualidade Assegurada. Não sei se foi o pouco tempo, o escopo da área ou a gestão distante, mas me recordo de não ter ficado tão empolgada, mesmo eles pretendendo me manter na posição de estagiária por mais tempo. Porém, o curso de Engenharia era semi-integral e diurno, o que impedia de continuarmos trabalhando ao longo do semestre letivo.

Estudei lá por três anos – completei o ciclo básico da Engenharia, tendo uma nota 10 em Física IV – porém acabei me formando engenheira de Produção e Mecânica na PUC-Rio, após vários pedidos da minha mãe para voltar para a casa no Rio de Janeiro (ela não se conformava com o fato de eu ter saído de casa) e do meu pai de ajuda – implícita – com a reabilitação da minha mãe. Eu, diante do cenário, me senti covarde por ter fugido e culpada por estar distante...

Eu sou apaixonada pela área de Compras, Suprimentos, Procurement, nomes dados ao meu segmento profissional, dependendo da empresa e do escopo. Admiro e entendo como vantagem o fato de Compras poder ter uma visão holística da empresa como um todo, afinal todos necessitam comprar um material ou serviço. Também amo construir parcerias e influenciar a estratégia dos nossos clientes, já que eles querem bons fornecedores, com bons níveis de serviço, boas ideias, com preços de oportunidade. Essa é a grande beleza de Compras. E ver o patamar que a área vem tomando dentro das corporações, sendo cada vez mais valorizada e considerada como estratégica, a magnitude da minha admiração fica ainda maior.

Os primeiros passos na carreira: aprendizados e desilusões

Meu primeiro contato com a área de Compras também foi meu primeiro estágio com contrato formal e remunerado, no Grupo Shell. Após um processo seletivo que demorou uns bons meses fui aprovada para ser estagiária na área de Procurement da ShellGás, segmento de gás liquefeito de petróleo (GLP) e empresa do Grupo Shell. E a minha experiência foi fantástica. Minha gestora, a coordenadora da área, falava rápido e com muita propriedade. Ela ensinava tão bem quanto cobrava resultados. Além disso, sabia quando dar autonomia e visibilidade. Por saber falar inglês bem, eu fazia os reportes e atendia o time corporativo da Shell que ficava na Malásia. A empresa seguia as regras e políticas do Grupo, mas como a empresa era pequena, além de aprender e desenvolver um projeto de estágio, pude atuar como compradora, o que trouxe uma vivência e exposição que contribuíram muito para meu desenvolvimento e intenção de carreira.

Lembro-me em particular de uma negociação de anel *o'ring* na qual eu trouxe um *saving* substancial por ter sido um novo modelo de precificação e aliado com melhora no nível de serviço; esta negociação me deu visibilidade com a diretoria e, tenho certeza, facilitou meu processo de admissão quando surgiu uma vaga de efetivação na empresa, na área da logística, mas com a função de comprar fretes.

Mulheres em Compras®

Mesmo essa sendo uma recordação importante e vitoriosa, a de que tenho memórias mais claras foi o dia em que fui apresentar meu projeto de estágio ao final do primeiro ano para os membros do programa. Eu estava confiante que tinha feito um projeto incrível sobre as vantagens de implantar um sistema de cartão de passagem automática em pedágios com pagamento integrado para os transportadores... Apesar de elogiado, durante a reunião, os membros não o selecionaram e me deram a negativa de que ele não seria priorizado. Eu fiquei decepcionada. E demonstrei. Não falei nada, mas demonstrei. E, claro, esse foi meu primeiro *feedback* construtivo, dentre os muitos que recebi ao longo da minha carreira.

"Fernanda, você demonstrou imaturidade ao transparecer que não gostou do resultado." Algo desse gênero. E a minha frustração foi ainda maior quando recebi. Incrível como a gente fixa as sensações negativas mais que as positivas... E graças a Deus que a maturidade vem para entendermos que de negativo não tinha nada, pois me foi dito com cuidado e intencionalidade.

No meu segundo ano na ShellGas, já efetivada, começou o burburinho de que seria vendida. Com o clima bastante tenso e os investimentos escassos, resolvi participar do processo seletivo de uma empresa brasileira que comercializa cosméticos no modelo de venda direta. E, assim, entrei na Natura, empresa que foi a minha grande escola profissional e me proporcionou formar a minha família, já que eu e meu marido nos conhecemos lá.

O ano era 2005, mais precisamente 17 de janeiro de 2005 e eu começava na Natura em um projeto piloto de célula logística no Rio de Janeiro, que tinha a missão de solucionar o problema do alto roubo de cargas, na função de analista de transportes. Saí de Compras para experienciar a Operação.

O cenário era caótico. Time Comercial reclamando que as entregas não aconteciam e, com isso, perdiam vendas e bônus. Fornecedor de transportes desistiu do contrato devido ao risco de operação, o *marketing share* despencando. Tudo isso aliado ao crescimento desordenado das comunidades no Rio.

Meu gestor na época era um ex-Coronel do Exército, especialista em gerenciamento de risco e um *lord*. Ele foi quem me ensinou o "cuidado com as palavras escritas, elas podem ser fontes de mal-entendidos", na qual ele comentava sempre e tudo junto "malentendidos". E a cuidar do relacionamento com o cliente, ouvir com atenção, a famosa escuta ativa tão falada hoje em dia na comunicação não-violenta. "Onde tem uma reclamação, tem um problema. Investigue e retorne." Esse foi o alicerce da minha carreira, minha total gratidão a ele.

A pressão por resultado era grande, mas o clima de trabalho e time formado contribuíram para o sucesso do piloto. Construímos um modelo inovador de entrega nas comunidades, com transportadores locais, parcerias em cada uma das comunidades que antes não existia e o mercado RJ foi o melhor *marketing share* da Natura pelos três ou quatro anos seguintes, porque nenhum concorrente conseguia o nível de serviço com as entregas na porta de casa que a Natura tinha conseguido.

Ascensão e Reconhecimento na Natura: uma Jornada de Sucesso

O reconhecimento da área Comercial rendeu a perenidade do nosso setor e a junção dos escritórios num único local. A partir do ano seguinte, nos uníamos fisicamente a eles no Downtown Shopping na Barra da Tijuca e um novo capítulo de transformações se abria na minha vida... Como no dia em que tive de interpretar a Índia Potira num improvisado Cassino do Chacrinha, para comemorar a meta batida na estratégia de Mães. Foram duas horas em cima do palco de macaquinho de couro, meia arrastão e bota branca entregando o troféu abacaxi para atrações interpretadas pelo time Corporativo Comercial e Logística para uma plateia ensandecida de duas mil mulheres da força de vendas. Foi icônico, divertido e uma superação para mim, que de-tes-ta-va um palco.

A partir daí, à medida que ascendia na empresa, me posicionei em consolidar novas áreas, novos processos e projetos. Até que em um determinado momento comecei a vivenciar uma nova experiência: pela primeira vez, não tinha dado liga com a nova gestão. A conexão era difícil, sem conversa, sem confiança estabelecida e, o que eu mais prezava, sem a autonomia, então resolvi avaliar outras posições. Isso, mais o fato de que comecei a namorar meu par, acelerou o meu processo para voltar para Compras.

E os astros se alinharam. Havia uma vaga disponível para ser gestora da categoria de fretes e operadores logísticos em Suprimentos/Compras. Eu voltava para Suprimentos, sendo responsável por comprar a categoria que eu mais conhecia.

Isso era 2011 e, de lá para cá, me especializei nos diversos espectros de Compras (gestão de categoria, inteligência e performance, governança, ESG, projetos de digitalização etc.) e desta área não pretendo sair mais. Tão bom quando encontramos nosso lugar, tudo começa a fluir e encaixar, mesmo quando o gestor não ajuda.

Em Suprimentos, me tornei mãe - da Sophia -, meu maior presente da vida. Conciliar a carreira e a maternidade foi um desafio e uma conquista que me orgulho poder ter vivenciado numa empresa que respeita o universo feminino e com gestores empáticos com a jornada. Poder levar a minha filha junto comigo, amamentar e ver o cuidado da empresa com ela não tem preço. É um programa de fidelidade e engajamento. Mesmo assim, não foi fácil conciliar maternidade e carreira. Mas nunca pensei em desistir.

Aqui também recebi minha primeira promoção a gerente. Considero meu maior salto de carreira e o mais gratificante até o momento, quando me tornei gerente de inteligência de Compras e pude desenvolver o programa de relacionamento com fornecedor tão bem avaliado no mercado para as Operações da Natura na LATAM, dentre outras. Aqui também pude construir projetos internacionais com as empresas do grupo como a The Body Shop, criando um processo unificado de homologação de fornecedores. E segui galgando minha carreira na área passando por gerente de projetos em Compras, responsável pelo *roadmap* de digitalização da área, líder da Governança e depois retornei à gestão de categoria, por último, com o escopo regional para Américas. Cada etapa com seus desafios, aprendizagens e oportunidades.

Viajei por diversos países, colaborei com empresas, com concorrentes (sempre alinhado internamente. Compliance sempre foi e sempre será uma virtude), para construções de processos de compras compartilhadas, fiz incríveis parcerias com fornecedores, desenvolvi pessoas, processos e defendi a jornada com foco na experiência do *stakeholder,* tendo a inovação como direcionador. Transformei e fui transformada.

Sempre me doei demais para tudo aquilo que fazia e durante a implantação de projeto de sistemas, aliado à aquisição de uma nova empresa e à pandemia, descobri que tinha limites físicos, pessoais e novos interesses. Após quase 18 anos, meu ciclo se encerrou na Natura. Fiz uma breve passagem por um fornecedor ilustre – Patrus Transportes, empresa pela qual tenho um carinho e uma admiração enormes. Inovadora, humana, motivacional, empresa que gosta de gente e gosta da gente.

Novos Horizontes na Raízen: Reinvenção e Persistência

E hoje estou na Raízen energia. A boa filha retorna à casa após 20 anos (a Raízen é uma *joint venture* da Cosan com o Shell), me dedicando a um novo segmento dentro da área de Compras em que eu ainda não tinha tido a oportunidade de atuar: a criação de uma área de *backoffice*, responsável pelos escopos transacionais da jornada de compras, focando em gerar eficiência e nível de serviço. Uma empresa jovem, direcionada à alta performance de entregas e com sede de um futuro de energia renovável.

Compreender a potência que a área de Compras/Suprimentos vem ganhando ano após ano, sendo cada vez mais reconhecida e valorizada dentro das corporações como uma área estratégica, é revigorante. Perceber que cada vez mais há cursos, treinamentos especializados, fóruns dedicados e até formação para compradores me enche de orgulho ao pensar que eu fui e sou parte desta jornada. Claro, poder compartilhar a minha história aqui e, com isso, facilitar a decisão de um profissional em começo de carreira ou até daquele que tem vontade de mudar a sua trilha, já poderei me considerar vencedora.

E quem sabe, num futuro próximo, almejar que a profissão se torne tão capilarizada e difundida a ponto de uma criança responder à clássica pergunta sobre o que quer ser: "Eu quero ser compradora quando eu crescer".

Minha infância, minha inspiração

Herica Brum

Head Gestão de Terceiros na V.tal. Pós-graduada em Direito Público, Direito do Trabalho com MBA em Gestão de Negócios. Atua há 19 anos com Gestão de Contratos, Fornecedores e Terceiros. Atualmente está responsável pela gestão de terceiros, coordenando, a nível nacional, o cadastro lógico e físico para a mobilização e desmobilização dos colaboradores terceirizados, além da auditoria trabalhista e monitoramento do cumprimento de obrigações legais.

LINKEDIN

Nasci em 25 de julho de 1982, no estado do Rio de Janeiro. Sou a filha mais nova de pai e mãe contadores e desde muito criança respiro os anseios vividos por empreendedores brasileiros.

Lembro-me perfeitamente de uma mesinha de madeira escura, ao lado de um cofre enorme, no canto da imponente sala do meu pai onde eu passava as minhas férias brincando de "escritório", enquanto ele recebia e aconselhava os seus clientes, em sua maioria proprietários de empresas familiares de médio porte.

Acompanhava-os em visitas e reuniões externas com esses empresários, frequentava inaugurações de novas lojas e ainda criança vivenciava a expansão de muitas empresas passando de pais para filhos.

Entretanto, também assisti a muitas empresas fechando, por equívocos de gestão, desgastes no tocante aos relacionamentos interpessoais (familiares ou não), resistência às mudanças com relação a novas tendências de mercado, dentre outras razões.

Observava que, em sua maioria, as crises financeiras adivinham de uma ausência de governança e gestão estruturada. Em minha mente inclusive estas cenas permanecem intactas: meu pai fazendo contas, explicando sobre capital de giro, momento certo de expansão, oscilações em políticas econômicas, etc. Mas nem sempre ele era ouvido, alguns insistiam em um crescimento inadequado ao momento.

Nesses processos, de declínio empresarial, o que mais me chamava a atenção era o desdobramento social que isso desencadeava. Pessoas tensas com a perda de emprego, casais brigando pela ausência de recursos financeiros, empresários vivenciando doenças emocionais, dentre outros fatos.

Em meio a tudo isso eu assistia meus pais conversando entre si sobre decisões importantes de gestão que não foram seguidas e vou além, o tema é tão amplo que mesmo eles, experientes, com muitos e muitos anos de carreira, viveram momentos financeiros graves em razão de falha na qualidade da gestão no tocante, especificamente, a mapeamento de processos e formação de sucessores.

Já em fase adulta, um dia estava passeando em minha cidade por um parque muito alto, onde as pessoas têm até hoje o costume de pular de paraquedas. Foi quando, após assistir a um lindo pôr do sol, vi a cidade inteira iluminada e pensei: "Nossa, que lindo, como isso é importante para a sociedade!"

Tempos depois surgiu uma oportunidade de estágio na distribuidora de energia elétrica da minha cidade. Lá fui eu para o processo seletivo, lembro que na cabeceira da mesa estava um imponente advogado e eu pensava "nossa, ele é muito importante, será que vou conseguir?"

Durante as dinâmicas eu observava pessoas seguindo um padrão e aquilo me incomodava muito, pois no meu olhar o Ser Humano é individual, particular e com características próprias. Senti muita preocupação, eu tinha certeza de que não conseguiria (e não consegui) fazer algo que não viesse de dentro de mim.

Para minha surpresa, daquele grupo de mais de dez jovens, eu fui selecionada e o "advogado imponente" foi um dos responsáveis pela minha formação de base, se tornou meu melhor amigo e até hoje caminhamos juntos nesta jornada que se chama viver.

Mulheres em Compras®

Eis que admitida trabalhei duro por dois anos, passei diversos almoços estudando, frequentemente levantava às 4 horas da manhã para estudar, pois eu era bolsista em uma universidade particular e após o estágio me deslocava direto para a sala de aula.

Ao me formar, após seis anos, passei a ficar mais em casa e recordo perfeitamente do susto que levei ao ver meus pais envelhecidos. Neste momento eu pensei "gente, o tempo voou e eu não vi, mas vivi, sobrevivi!"

Voltando ao tema da distribuidora de energia elétrica, eu priorizava a prevenção de conflitos por intermédio da educação, o contencioso não me cabia, mas eu não sabia bem onde me posicionar.

Foi quando minha diretora, muito sensível, percebeu e me direcionou para um grande trabalho educacional chamado jornadas jurídicas. Lá, além de trazer atualizações importantes da legislação, eu tive a honra de treinar os colaboradores das agências comerciais, além de renomados escritórios jurídicos.

Como fruto disso, ao encerrar o período de estágio, eu tinha portas abertas mesmo sem estar formada. Mas estava muito focada, embora com propostas de escritórios de advocacia, algo me chamava ao corporativo e foi então que decidi que só abriria outra frente após esgotar as oportunidades de efetivação na minha empresa.

Com base nessa decisão, entrei em um processo seletivo, na mesma distribuidora, para ser preposta jurídica.

Entretanto, durante a entrevista, de forma surpreendente a recrutadora entendeu que eu deveria ocupar uma vaga na tão desejada diretoria de Recursos Humanos, aquela responsável por cuidar e formar pessoas, tudo parecia um verdadeiro sonho!

Entretanto, eis que veio a notícia de que eu tinha todo o perfil, mas a empresa só tinha aprovada uma vaga temporária de seis meses: "O que você escolhe? Uma por prazo indeterminado de preposta jurídica ou uma aqui na área de relações do trabalho?"

Eu nem pensei duas vezes e optei pela temporária. No momento desta decisão muitas pessoas me perguntavam: "Herica, como você fez isso? Não vai dar certo, depois de seis meses você estará desempregada".

Aquilo me soava muito mal por dois motivos: o primeiro porque eu considerava seis meses tempo mais que suficiente para demonstrar minha capacidade e o principal, eu acreditava (e acredito) que todos os contratos de trabalho são temporários.

Então, segui minha intuição e fui! Comecei a atuar ainda no contencioso, mas meu olho brilhava por um assunto pouco falado à época, a tão chamada terceirização!

Essa distribuidora tinha um percentual bastante elevado de terceirização e inclusive por este motivo já implantava diversas ações para resguardar sua cadeia de fornecimento, os colaboradores terceirizados e um atendimento de qualidade para o cliente.

Com isso, após seis meses, consegui uma vaga em uma área chamada Gestão de Parceiros, lá acompanhávamos os contratos com pessoas prestadoras de serviço. Realizávamos acompanhamento da força de trabalho terceirizada, medíamos o clima nas empresas parceiras, ofertávamos capacitação e medíamos o grau de maturidade em qualidade da gestão, dentre muitas outras iniciativas encantadoras. Daquela experiência em diante eu passei a ter a certeza do que eu desejava para a minha carreira!

Enquanto isso, não posso esquecer que eu seguia com minha vida acadêmica, pois não estava formada, eu ainda não era uma advogada. E, afinal de contas, além da formatura eu precisava ser aprovada no tão desafiador Exame da Ordem dos Advogados do Brasil.

Embora tenha conseguido ser aprovada no meu primeiro

exame, não fazia parte dos meus planos uma advocacia contenciosa, porque, ainda que eu a admire bastante, desejava uma carreira corporativa com foco no desenvolvimento de habilidades interpessoais, além do estabelecimento de parcerias sólidas.

Anos depois, essa distribuidora de energia passou por um processo de fusão das suas áreas corporativas. Desta forma, o time de Recursos Humanos passou a ser composto por profissionais de outra distribuidora, além de unidades de geração de energia.

Esta transformação trouxe muitos desafios, mas também muitas oportunidades. Eu não tive nenhuma dúvida sobre em qual frente me posicionaria: a das oportunidades, claro.

Eis que participei da fusão do modelo de avaliação de performance de fornecedores a nível nacional. Percorri todas as unidades do Brasil com uma nova filosofia de gestão de parceiros. Esta fase da minha carreira eu diria que foi um grande divisor de águas.

Foram anos muito desafiadores, mas saí totalmente transformada, com uma nova visão de carreira e com a certeza de que eu estava atuando com uma ciência capaz de transformar sociedades.

Após esta experiência cheguei ao time de suprimentos da companhia, com a missão de aprender a negociar, formular preços, planejar e contratar. Foi neste momento que comecei a ter contato com a gestão de fornecedores em fase pré-contratual, pois atuei também em projetos para refinar os processos de cadastro e habilitação de fornecedores.

Além disso, comecei a ter contato com profissionais de outras empresas do grupo, fora do Brasil. Recordo-me de estudar as características culturais de cada dos novos países com que eu me conectava.

Já com esta bagagem de compras e após uma grande transformação na empresa, passei a integrar, em suprimentos, o time de gestão e desenvolvimento de fornecedores, com a missão de implantar, no Brasil, um índice global de avaliação de fornecedores.

Parecia inacreditável, pois, além de atuar no que eu amava, estava tendo contato com muitas pessoas de outros países, de diversas culturas. Mas não parou por aí, após esta experiência recebi a missão de liderar um grupo de trabalho para reporte executivo referente à performance de fornecedores presentes em 17 países onde o grupo dessa empresa possuía operações.

Um pouco adiante eis que chega um momento muito desafiador, mas que desencadeou um crescimento emocional e profissional indescritíveis. O convite para mudar de empresa!

Foi um mix de emoções entre a felicidade de ser reconhecida pelo mercado e a dor de deixar todo o meu berço de formação, pessoas com as quais eu já me relacionava há muitos e muitos anos.

Mas aceitei o desafio e fui. Nos primeiros meses, apesar de feliz, a saudade me doía muito, não por arrependimento, mas por pura saudade, amor! Nesta nova empresa, também uma distribuidora de energia elétrica, consegui implantar inúmeros processos e colher frutos em forma de resultados, foi uma experiência muito marcante e autônoma para a minha carreira.

Ainda nesta empresa, eu decidi dar novos passos em minha carreira e resgatar um sonho antigo, que era começar a construir legado por intermédio de uma carreira acadêmica em paralelo à corporativa.

Eis que iniciei algumas formações acerca de posicionamento digital e busquei mentorias especializadas em educação. Neste momento, em minha casa, percorrendo as publicações do Instagram encontrei o perfil do Douglas Marques, CEO do Café com Comprador, ministrando aula para um grupo de crianças.

Uma profissional que já tinha atuado comigo havia comentado que achava o seu perfil similar ao meu e foi certeira! Desde a primeira aula, nos conectamos e desenvolvemos um relacionamento de muita amizade, admiração e confiança.

Com ele ingressei no mundo educacional, em passos direcionados, mas no tempo certo, pois sempre foi premissa permanecer atuando no mundo corporativo.

Atualmente, meados de 2024, estou em uma nova empresa atuando com gestão de terceiros e em paralelo, no período da noite e finais de semana, sigo conduzindo, com muito propósito, uma carreira educacional direcionada para valorização da vida por intermédio da Gestão de Contratos, Fornecedores e Terceiros.

Muito orientada ao planejamento, já vejo um futuro cheio de oportunidades alcançadas pela coragem de me lançar em busca de desafios. Tenho certeza de que esta caminhada se faz viável pela presença dos mentores certos, tais como a Margot Cohn, também coautora deste livro, além de muitos outros, também especiais.

Espero que gostem e que a minha trajetória possa de alguma forma agregar valor à sua, leitor. Saiba que nunca será fácil, mas que somente você poderá torná-la gratificante e cheia de propósito.

Beijo amado!

Raízes da Integridade

Janaina Peres

Profissional com mais de 20 anos de experiência em posições de compras e cadeia de suprimentos em diversos setores (FMCG, Mídia e Tecnologia, Farmacêutico, Mineração/Metais e Construção). Experiência em gestão de grandes equipes e processos integrados a estruturas e governança complexas. Experiência como líder global no desenvolvimento e implantação de projetos, como centro de serviços compartilhados, centros de excelência e *hubs* de materiais/logística. É graduada em Administração com especialização em Comércio Exterior, pós-graduada em Finanças, MBA Executivo pela Fundação Dom Cabral e pós-MBA em Liderança pela Columbia University. É apaixonada pelo impacto que Procurement vem tendo nas organizações e uma profissional que atua em prol do protagonismo da área, além de ser uma promotora da diversidade nas cadeias de suprimentos. Atua como Guardian na Ed Tech Angel US, focada em aumentar a representatividade de mulheres na liderança, nos vários segmentos da sociedade e como presidente do Fórum de Líderes de Procurement no WTC Business Club há cinco anos.

LINKEDIN

Quando recebi o convite para participar da Série Mulheres®, apesar de ter uma carreira de mais de 20 anos nas áreas de Compras e Cadeias de abastecimento, fiquei de certa forma supresa. Pensei: o que vou contar? Por que isso importa?

Então lembrei que anos atrás, quando estava em uma grande empresa do segmento de Consumo no Brasil, liderei junto com outras grandes mulheres que conheci em RH um evento para Mulheres em Operações e o objetivo dessa iniciativa era trazer para a matriz da empresa, no escritório de São Paulo, mais de 100 mulheres de diversas áreas para contar suas histórias. Essa experiência de compartilhamento foi transformadora para mim, pois percebi a potência que nós mulheres descobrimos que temos quando nos apropriamos das nossas realidades e percebemos o quanto podemos crescer através das nossas vivências, mas também das trilhas que tantas outras mulheres percorrem.

E nesse dia abri o evento contando a minha história... que começa com uma guria nascida em Alegrete, no oeste do Rio Grande do Sul.

Uma das coisas que mais reconheço e de que me orgulho é que vim de uma família de mulheres fortes e que sempre tiveram que batalhar para ter espaço e serem independentes, mesmo quando isso não era nem uma luta nessa época – era mesmo questão de sobrevivência. E ao longo da minha jornada como mulher, profissional, mãe, amiga, entre tantos outros papéis, pude aprender e reconhecer o valor de honrar as histórias que vieram antes de mim.

Minha grande referência é minha mãe. Ela é a caçula de uma família de 11 irmãos, nascida no interior do Rio Grande do Sul. Meu avô sustentava a todos trabalhando sete dias por semana, plantando arroz e outros cultivos agrícolas. Todos precisavam ajudar de alguma forma; ou nos cultivos ou no trabalho em casa e portanto estudar e ir à escola representava uma dificuldade enorme nem sempre apoiada pela família.

Minha mãe, porém, insistiu que esse era o caminho dela e apesar de ser a caçula e muitos dizendo que não "fazia sentido ir estudar", ela não sossegou até que foi autorizada pelo meu avô a frequentar a escola. Ela se formou professora, trilhou a carreira de pedagoga e atuou depois como diretora de distintas escolas em Alegrete e onde viemos a morar anos depois.

Essa experiência de ser filha da "Ramona" marcou meus valores e me ensinou a importância de ser movida por um propósito, mais que por um emprego.

O que eu aprendi sobre as crises

Minha mãe, com toda sua vontade de ganhar o mundo e aprender, me ensinou algo muito valioso – o conhecimento é algo que nunca ninguém rouba de você! Ela e meu pai, apesar de terem uma vida próspera, nunca foram abastados. Mas na nossa casa nunca faltou o essencial: amor, valores e educação! Eles eram leitores vorazes e despertaram em mim a paixão por livros e acima de tudo por entender que, quanto mais estudamos, mais temos por aprender.

Ter vindo de parte de uma família que ganhava sua vida no campo nos ensinou o valor da terra, a sabedoria das estações e o entendimento de que o trabalho está conectado com esforço. Para ter êxito e sucesso (seja lá qual for a medida de sucesso para cada um), é preciso trabalhar por isso, se dedicar, e essa dedicação deve ser todos os dias.

Sem saber, as lições financeiras do meu pai e a cultura da disciplina de quem vive de agronegócio no Brasil quando eu ainda era uma menina no Rio Grande do Sul moldariam muito do meu perfil de líder, mãe e mulher que sou hoje.

Disciplina é liberdade!

Assim dizia Renato Russo: "disciplina é liberdade". Conceitos diferentes e que parecem ambíguos, mas essa foi uma das lições mais importantes que aprendi ainda na minha infância gaúcha. Sendo uma criança hiperativa, sem muitos diagnósticos disponíveis na época e sem saber muito o que fazer com uma menina que gostava de correr, brincar na rua, tomar banho de chuva e jogar videogame (sim, já existia Atari nessa época), minha mãe decidiu na época que me faria bem (e a toda a família também... risos) que eu praticasse balé. Nas aulas aprendi uma lição que na época não fez tanto sentido, mas hoje, sendo líder em Procurement e Supply Chain, dou um valor tremendo: é necessário estar confortável com o desconforto.

Apesar de não ter um talento natural, me apaixonei pela dança. Por trás de todo o espetáculo das apresentações, dos "espacates", "arrabasques" ou "flic-flacs", existem horas diárias de treinamento e disciplina quase militar.

Foi nesse ambiente, treinando várias horas por dia, que aprendi algumas lições que levo até hoje para o mundo corporativo e que moldaram meu perfil pessoal e estilo de liderança:

1. Você vai falhar muitas vezes, antes de acertar

O balé é o grande professor da resiliência, porque falhar faz parte absoluta do processo de aprendizado e melhoria contínua. É somente através da disciplina de tentar muitas vezes e olhar de frente para seus erros que você aprimora os movimentos e se desenvolve. Perdi a conta de quantos tombos levei, antes de finalmente conseguir girar a primeira pirueta. Quem não exercita a resiliência desiste no meio do caminho. Uma coreografia e movimentos no balé são consequência de técnica, treino, esforço e motivação interna.

2. Até para dançar um solo você tem que saber dançar em equipe!

A dança é uma dinâmica em equipe. Não importa se você performa um "solo" ou é parte de um corpo de baile dançando em um espetáculo coletivo. Para chegar até aí, você aprendeu com seus professores, seus colegas, você ensaiou em um grupo maior ou menor e precisa ser "harmônico". No balé, não se pode dar espaço para o egoísmo – a beleza está no coletivo se sair bem! **O espetáculo e o resultado refletem o tamanho do esforço!**

O sonho de toda bailarina ou bailarino é entregar a sua melhor performance. Em um intervalo de minutos ou horas reside a sua chance de brilhar. E para chegar nesse lugar treina-se intensamente e muito além dos próprios limites. Aqui a frase que menciono algumas páginas antes se encaixa perfeitamente – aceitar o desconforto e ficar em paz com isso. Enquanto você entrega seu melhor, muitas vezes a plateia não reage, não aplaude. E isso acontece tal qual na vida e, quando líderes, a necessidade de entender isso e estar preparada para a exposição, o julgamento, são muito necessárias.

E, acima de tudo, compreender que uma falha ou um fracasso não são situações permanentes, só uma alavanca para aprender e seguir melhor.

3. Estar disposto a aprender é o que torna você melhor

O balé, como a vida, evolui constantemente. Você já pode ser uma grande bailarina, dominar várias técnicas e passos, mas seu corpo precisa de evolução constante e treino. Essas lições ficaram na minha vida para sempre. O eterno sentimento de que sempre podemos fazer melhor que a dança de ontem me acompanha até hoje e me motiva a subir a minha própria barra interna de motivação e de estabelecer novos limites para mim mesma e para minha capacidade pessoal e profissional.

4. A beleza está na singularidade de cada uma da equipe

Cada bailarina traz uma singularidade para a equipe. Durante minha carreira e como líder, a habilidade de conhecer melhor os talentos e seus níveis diferenciados de entrega e engajamento produziram resultados muito diferenciados. À medida que a complexidade e a quantidade de informações nas empresas aumentaram, as crises e a volatilidade viraram o novo normal, fui percebendo como era importante a minha capacidade de analisar as situações de performance e engajamento no ambiente de trabalho, e produzir soluções à altura das necessidades que meu time precisava. Então, assim como em uma orquestra ou em um espetáculo de dança, essa é uma das grandes lições que levo para minha liderança atualmente.

Às vezes o melhor que pode nos passar é não termos o que queremos!

Alegrete é minha terra e meu lugar de identidade no mundo. Mas, aos 11 anos, meu mundo deixou de ser os campos do Rio Grande do Sul, para conhecer o que é viver no Brasil. Meu pai, já crescendo na sua carreira, trabalhando em banco, teve a oportunidade de mudar para São Paulo.

Janaina Peres

Nessa época, nossa primeira mudança foi para Araraquara, no interior paulista. Dos 11 aos 16 anos de idade, morei em cinco cidades diferentes. Decorrência do bom momento que meu papai vivia de carreira, mas também (hoje eu sei) do espírito de quem gostava de desafios!! A cada cidade que ele ia era uma agência que precisava ser recuperada, uma equipe que necessitava ser elevada.

Isso foi determinante na minha vida! Aprendi desde cedo que ouvir e observar o coloca em situações de muito conhecimento e que a diversidade de culturas era e é um grande aprendizado e pode ser uma grande fortaleza, mas a empatia e a escuta ativa têm que estar a serviço disso e que a adaptabilidade não é somente habilidade – é necessidade! Quando me tornei líder, saindo da faculdade e passando no programa de *trainees* da RBS em Porto Alegre, essas lições foram de enorme valia!

Essa foi mais uma experiência que moldou minha personalidade e minhas decisões futuras, pois a partir daí até o momento atual já mudei mais de oito vezes de cidade e três de país. Tive a oportunidade de morar nos EUA com minha família e ter experiências mais curtas no exterior, como em uma recente em Lisboa, Portugal. Tudo isso impulsionado por uma visão de mundo que mudou aos meus 11 anos quando meus pais tomaram uma decisão que naquela época eu nunca teria tomado.

Luis Verissimo, grande escritor gaúcho, diz que "cada um terá a vista proporcional ao tamanho da montanha que se dispor a subir".

Sem dúvida, hoje olhando o caminho que percorri sou imensamente grata pela decisão dos meus pais, por cada experiência difícil e aprendizagem que tive na minha adolescência. Isso foi um molde que testou meus limites e me fez perceber o tamanho que tenho e o que posso fazer.

Mulheres em Compras®

Cuidado com o que você deseja... pode se tornar realidade!

Graduei-me em Comércio Exterior e sempre acreditei que essa formação me daria uma possibilidade de maior conhecimento de mundo, de culturas. Em um primeiro momento, meu foco era a área de relações internacionais.

Mas já no final da faculdade e cada vez mais conhecendo o perfil de algumas organizações e sendo gaúcha não teria como não conhecer a RBS TV, que é a maior empresa de mídia no sul do Brasil e afiliada da Globo. Eles estavam abrindo mais uma edição do seu famoso Programa de Trainees e eu resolvi me inscrever. Foram mais ou menos sete meses de processo de seleção, com várias etapas. Eram muitas pessoas para apenas 20 vagas e, por mais que eu quisesse que uma dessas vagas fosse minha, pensava que não era possível...

Dias antes do Natal, porém, e com o processo finalizando, eu recebi uma ligação (sim, naquela época não tinha ainda celular ou sequer mensagens de texto) sendo informada de que uma das 20 vagas era minha.

Essa decisão de me inscrever nesse processo, de me preparar para cada etapa, mas acima de tudo de não escutar aquela "vozinha" que dizia "não vai dar certo, não é para você", foi um divisor de águas!

Essa oportunidade me abriu um mundo de conhecimento, opções de *networking*, conexões com empresas, pessoas, oportunidades de estar em projetos transformacionais. Estive no programa por quase dois anos na RBS e ali me foi oferecida a oportunidade de reconstruir a área de Compras deles. Isso foi só o começo da minha carreira de 25 anos. E tudo começou com a decisão aos meus 20 anos de me inscrever em um anúncio de um programa que vi no jornal.

> *O que aprendi? Nunca subestime seu potencial e grandes oportunidades podem chegar de maneira muito simples na nossa vida.*

Janaina Peres

Maternidade e Carreira? Entre um e outro, escolhi os dois!

A maternidade chegou na minha vida ainda no início da minha carreira como uma dúvida. Eu estava já na minha segunda oportunidade profissional, alguns caminhos de carreira se desenhavam e alguns deles para o exterior. Ao mesmo tempo, outras demandas e oportunidades pessoais surgiam e eu escutava amigas, parentes que falavam que em algum momento as duas coisas seriam difíceis de andarem juntas.

Após quase três anos e meio na empresa em que eu estava, engravidei. De repente, passaram-se os nove meses super-rapidamente em meio a grandes projetos de que eu estava participando, enquanto preparava tudo para a chegada do Bernardo e também me preparava. Gosto de dizer que, quando nasce o filho, nasce a mãe. De maneira humana e real, entendi que o nascimento do meu flho era uma das maiores alegrias, mas também um dos meus maiores desafios. E no meio disso tudo, faltando alguns dias para Bernardo nascer, eu recebi a ligação de um gestor de uma multinacional que tinha me conhecido e entrevistado um tempo antes afirmando que ele tinha uma vaga com "meu perfil" e que queriam avançar com uma proposta.

Eu congelei. Lembro que em segundos pensei: "Pôxa, como assim, essa oportunidade aparece neste momento?" Isso porque na minha cabeça, por estar grávida, eu automaticamente não poderia ser contratada.

Nunca fiquei tão feliz por estar equivocada. Com coragem, agradeci a oportunidade e contei que estava esperando meu primeiro filho nascer em questão de dias e ouvi do gestor uma resposta surpreendente para algo como 14 anos atrás: não temos problema por você estar grávida, podemos esperá-la.

Até hoje, quando me lembro desse momento, sou extremamente grata a esse gestor e a essa empresa, por ter olhado para mim como um talento e realmente apoiar meu momento pessoal, sabendo que isso não tiraria de mim a capacidade de assumir essa posição e, inclusive pela minha maternidade, fazer ainda melhor. Eles aguardaram minha licença, Bernardo nasceu saúdavel e forte e junto com ele nasceu uma mãe realizada, feliz e grata por poder seguir sua carreira em uma nova oportunidade, mas sem deixar a maternidade de lado e reconhecer que foi nesse maternar e trabalhar que descobri a minha força pessoal.

Tenho ciência de que essa minha experiência ainda não aconteça para a maioria das muitas mães e mulheres no Brasil, mas exatamente por isso conto essa história. Porque eu acredito que esse exemplo, como alguns outros, podem mostrar para pessoas e empresas que maternidade e carreira são um caminho extremamente possível, porém, requer apoio e criação de oportunidades e é preciso ter aliados e aliadas nessa jornada.

O que você faria se não tivesse medo?

Há alguns meses fui convidada para fazer uma palestra em um evento de Procurement e, preparando essa apresentação e atualizando aquele famoso *slide* onde você mostra sua trajetória profissional, me dei conta de que tinha um elo entre as várias decisões profissionais que fiz. Estou atualmente na minha oitava experiência profissional, já passei por duas companhias brasileiras e seis multinacionais. Morei em dois continentes e liderei times com mais de 90 pessoas em diferentes partes do mundo. Tornei-me líder com 23 anos, na minha primeira experiência profissional. Esses são alguns exemplos das conquistas que tive e das experiências que vivi ao longo da minha trajétoria.

Mas o que eu acredito ser mais importante contar é que em cada momento desses o medo esteve presente. Quando recebi a proposta de mudar de empresa estando grávida senti muito medo. Morando em Miami e sendo nova na posição de diretora para a América Latina, me convidaram para ser diretora

Janaina Peres

da Categoria de Manufatura Externa, desenvolvendo um projeto em todos os continentes, enquanto mudava de país com minha família e começava uma nova vida. Isso deu mais medo ainda! Já retornando ao Brasil, assumi uma posição em que o histórico era de entrega aquém de resultados e que ninguém internamente queria ocupar. Mas nessas situações sempre me lembrei do que meu pai falava, que atrás do medo também estão grandes oportunidades.

Quem me conhece sabe que tenho muita energia, que meu nível de dedicação é alto, que sigo sendo hiperativa, apesar das aulas de balé, e que faço tudo na minha vida movida por propósito. E em cada uma dessas situações que vivi o medo não desapareceu, mas ele tem sido um grande impulsionador para abraçar as possibilidades!! Ao longo da minha trajetória profissional, trabalhei em indústrias lideradas por uma maioria masculina, com muita pressão por resultados com conceitos muito claros de como as coisas deveriam funcionar, inclusive o que esperar e o que pode fazer ou não uma mulher líder hoje. Não foram poucos os "nãos" que escutei ou as vezes que julgaram que eu não conseguiria algo, por ser mulher, por ter uma estatura baixa, por parecer uma "menina". E foi enfrentando esses medos que eu reconheci a minha essência, que meus valores não negociáveis ficaram muito claros, que reconheci a singularidade da minha história e aceitei que o melhor de mim é formado também pelas minhas imperfeições e pela maneira como eu todos os dias decido evoluir.

Ao longo da minha experiência, aceitei a imprevisibilidade como uma oportunidade que nos faz crescer e que pode nos levar para lugares aonde a certeza não levaria.

E para terminar, vou citar Guimarães Rosa: *"O correr da vida embrulha tudo, a vida é assim – esquenta e esfria, aperta e daí afrouxa, sossega e depois desinquieta. O que ela quer da gente é coragem!"*

Seja tudo o que você pode ser

Joice C. Ribeiro Giacon

Chief Operating Officer na Optimum Supply, é mestre em Engenharia de Sistemas Logísticos e Engenheira Mecânica, ambos pela Escola Politécnica da USP (Universidade São Paulo), e possui graduação em Global Logistics & Supply Chain Management pelo Massachusetts Institute of Technology (MIT - EUA). Atualmente cursando o MBA Executivo Internacional da FIA Business School.

Possui 20 anos de experiência em Supply Chain, nas áreas de Suprimentos, Transporte e Distribuição, Gestão de Projetos, Ensino e Pesquisa. Empreendedora, já trabalhou na indústria, em instituições de ensino e consultorias. É pesquisadora e especialista em compras, sustentabilidade e tomada de decisão estratégica com múltiplos objetivos. Moderadora da Comunidade de Prática sobre ESG, Inovação e Gestão de Riscos em Compras, do CIEC (Centro Internacional de Estudos em Compras).

LINKEDIN

> "Cada um de nós
> compõe a sua história
> e cada ser em si
> carrega o dom
> de ser capaz, de ser feliz"
>
> Almir Sater e Renato Teixeira –
> Canção: "Tocando em frente"

A criança determinada

Nossa trajetória de vida é uma sequência de escolhas e decisões, e desde pequena minha mãe me ensinou que devo ser consciente a respeito delas, e ser protagonista de minha história. Desde pequena mesmo, pois lá com meus quatro ou cinco anos de idade minha mãe deixava a fruteira ao meu alcance para que "eu pudesse escolher minhas próprias maçãs", como ela diz. Este legado de responsabilidade, junto com a integridade e a valorização do trabalho como nossa expressão para o mundo foram os principais presentes que meus pais me deram.

Com origens diferentes, meus pais, Maria Isabel e Matias, tinham um ponto importante em comum: foram a primeira geração em suas famílias a valorizarem o estudo, conseguirem cursar uma faculdade, e trabalharem no que acreditavam. Jovens na década de 1970, encontraram sua rebeldia ao *status quo* de suas famílias tradicionais sendo libertários e descobrindo que não precisavam ser aquilo que seus pais queriam. Separaram-se de forma amigável quando eu tinha quatro anos, meu pai casou-se novamente e eu tive mais três irmãos. Meus pais ousaram buscar o que era valor para eles, algo que só entendi no processo intenso que vivi com meu pai quando ele teve câncer de pâncreas e veio a falecer em 2021. Foram dias tristes, profundos e bonitos que transformaram a forma como passei a ver o ciclo da vida. Agradeço por ter tido a oportunidade desse momento juntos.

Ambos de humanas, minha mãe é psicóloga e meu pai foi jornalista, trabalhando com música por toda a vida. A cultura, por meio principalmente da leitura, música e arte, sempre esteve presente em meu lar. Mesmo com esta influência, desde pequena eu era racional, gostava de organização, planejamento, processos. Eu era decidida, muito competitiva, me sentia à vontade em ambientes ditos "masculinos". Amava esportes, odiava usar saias e vestidos, meu sonho era ganhar aquele brinquedo do Posto Shell (que, aliás, nunca tive). Ao longo da minha adolescência fui aprendendo que precisava ser melhor e me provar para poder estar onde eu quisesse, poder fazer coisas que os meninos faziam, mesmo sem muita consciência disso naquele momento. Exigia muito de mim mesma e sempre tentava fazer tudo com perfeição. A vida era preto no branco, e eu me encontrei na Engenharia Mecânica.

A busca da minha identidade

Falar que amo esportes parece raso. O esporte tem um papel central na minha vida, como habilitador da minha confiança para eu encontrar meu lugar no mundo, e para eu me encontrar dentro de mim mesma. Eu sempre fui uma criança ativa, mas não era muito boa no vôlei ou no basquete, os esportes jogados por meninas quando eu era criança. Aos dez anos, na quinta série, fui cortada da seleção da escola de ambas as modalidades, e amarguei essa exclusão por dois anos. Na verdade, o que eu gostava mesmo era de futebol, mas não era oferecido para meninas. Aos 13, cheguei a frequentar uma escolinha de futebol mista, até eu descobrir que era a única menina matriculada na aula "mista", que todos os meninos jogavam desde as fraldas, e que todos eram mais fortes do que eu. Foram meses sofríveis.

Em paralelo, uma fortaleza: na escola, juntei-me a um grupo de garotas que também queriam jogar bola, e depois de um ano intenso de pedidos e negociações com o departamento de educação física conseguimos instituir os treinos de futebol de salão feminino na escola, em 1993, algo de que me orgulho até hoje. O futebol na escola ajudou a me estabelecer e vencer minha timidez. Aprendi a me impor, a assumir a responsabilidade, a me sentir capaz. Se entre os meninos eu sofria, entre as meninas eu me destacava sendo rápida na quadra. Melhorei minha autoestima, e mais importante, me sentia parte ativa do grupo, era valorizada.

Além do futebol, fiz hipismo, ginástica artística e até dança flamenca. O atletismo surgiu despretensioso no início da faculdade, como uma forma de manter o fôlego para o futebol, e logo se tornou meu esporte principal. Fazia corridas de velocidade e saltos, comecei a ir bem, treinar e competir muito. Fui federada por alguns anos e cheguei a competir um Campeonato Estadual. Após me formar, foi muito difícil conciliar o esporte competitivo com o trabalho e as demandas e responsabilidades da vida adulta. As atividades físicas ficaram erráticas na minha rotina e só depois de alguns anos percebi como isso me fazia falta. Fui buscando reencontrar este lado e depois dos 30 anos comecei a fazer aulas de tênis e a correr corridas de rua, esportes que hoje compartilho com meu marido.

Mais do que medalhas, o que ganhei na pista e nas quadras é imensurável. Superar as frustrações, aprender a focar e se concentrar, a apoiar o outro e que cada detalhe constrói o todo. Ganhei amigos que são como irmãos queridos. Aprendi a perder e, talvez mais importante, aprendi a vencer. Parece contraditório, mas no fim perder é mais fácil que ganhar. Pode-se perder sem esforço, há milhões de motivos para não conseguir, é algo normal. Agora, quando a gente quer muito vencer, precisa se expor. Precisa tentar com todos vendo, correr o risco, assumir e sustentar esta mentalidade vencedora pelo caminho. É superação pura.

Identificação de valores

Nos meus últimos anos de Engenharia, eu fazia estágio em uma consultoria de gestão operacional, focada em processos industriais. Adoro fábricas. Imaginava-me trabalhando em uma grande indústria e sendo parte daquele processo de transformação. A experiência na consultoria foi incrível em termos de pluralidade de cadeias que pude conhecer, porém me sentia uma impostora dando treinamentos sobre o que eu só havia estudado nos livros, e planejando projetos que não iria executar. Ainda mais, todos os dias tinha que vencer o preconceito de parecer uma menininha de 15 anos ensinando marmanjos barbudos, o que me fazia estudar mais e mais para ter autoridade sobre os assuntos que eu ministrava.

Às vésperas do diploma, meu objetivo de vida era passar em um programa de *trainee*. Candidatei-me facilmente em mais de 20 processos; dentre todos, o que eu mais queria passar era o da Natura, eu estava encantada com os valores da empresa e com a proposta do *trainee*. Lembro-me do deslumbre de ir à planta de Cajamar pela primeira vez, e de querer muito pertencer àquele lugar. Na dinâmica final do processo seletivo, com os diretores de operações, sabia que todos na sala eram qualificadíssimos. Arrisquei e fiz uma apresentação diferente, montando fisicamente um quebra-cabeça em papelão com seis peças, cada uma representando uma característica minha que eu mostrava como se encaixava dentro da empresa. Quase não dormi na noite anterior, de nervoso e medo de parecer ridícula. Alguns dias depois tocou o telefone: consegui a vaga.

Mulheres em Compras®

Pausa para algumas semanas antes deste fato. Em um outro processo seletivo que estava concorrendo, de uma indústria conceituada e com ótimas oportunidades profissionais, passei das primeiras etapas e cheguei em uma entrevista. Essa correu bem, até que fui perguntada se eu namorava. Disse que sim, namorava sério, havia oito anos. A partir daí, a entrevista desenrolou para uma série de dilemas do quanto eu me dedicaria ao trabalho ou ao meu namorado, em diversas situações hipotéticas envolvendo promoções e viagens. Respondi que eu fazia minhas escolhas independentemente das vontades do meu namorado. Enfim, passei na entrevista. A próxima etapa era uma das últimas, um painel. Fui dirigindo, cheguei no endereço da empresa e estacionei. Desliguei o carro e simplesmente não consegui sair. Eu travei. Não sei dizer quanto tempo se passou, só lembro de ficar no carro e chorar.

Por anos tive vergonha de não ter ido àquele painel. Tempos depois, vejo que foi um sinal extremo do meu corpo que aquela empresa não representava meus valores. Foi um dia em que me respeitei, e este fato foi um marco para mim do quanto devemos viver de acordo com nosso propósito e com o que acreditamos, em todas as nossas relações.

Fim dos parênteses, voltemos para o telefonema da Natura. A moça do RH ligou me dando os parabéns, e dizendo que o diretor de **Suprimentos** havia gostado muito de mim. Não tinham vagas para industrial, nas fábricas, naquele ano. Eu não tinha ideia do que se fazia em Suprimentos, mas topei na hora.

A Natura foi uma grande escola. Tive a oportunidade de aprender sobre Suprimentos enquanto a empresa também aprendia: a diretoria havia sido recém-instituída, e o diretor que havia gostado de mim no painel se tornou meu mentor em meu primeiro ano na empresa. Em meu projeto final do *trainee*, desenvolvi o modelo de estruturas de custo (*should cost*) para as categorias de diretos. Tornei-me negociadora de embalagens, primeiro com a carteira de plásticos especialidades e depois de

Joice C. Ribeiro Giacon

plásticos *commodities*, e respondi por embalagens como um todo interinamente por alguns meses durante uma mudança de gestor. Sem perceber, apaixonei-me por conhecer os processos produtivos dos fornecedores, desenvolvê-los, criar estratégias de negociação. Atuei no projeto do *Triple Bottom Line*, a estratégia de Compras Sustentáveis elaborada com o apoio de uma grande consultoria. Aprendi muito. Guardo esta época com um carinho especial, por todas as pessoas com quem convivi e o clima de companheirismo que tínhamos. Trabalhávamos muito e nos divertíamos muito também.

Neste período minha rotina era dobrada: além do trabalho eu havia decidido fazer mestrado, justamente para aprofundar meu conhecimento sobre Compras e Supply Chain, com que tinha tido pouco (ou nenhum) contato durante a faculdade. Fiz o mestrado em Engenharia de Sistemas Logísticos, com aplicação da minha dissertação em um modelo para seleção de fornecedores de forma sustentável. Como aluna, tive a oportunidade de me candidatar e fui aprovada em um programa do MIT para estudantes de pós-graduação em Supply Chain na América Latina (GCLog), e me certifiquei após oito meses semipresenciais de aulas internacionais e a entrega de um projeto final. No total, foram três anos de dedicação estudando em todos os finais de semana, feriados e férias. Amadureci muito neste período, como estudante, profissional e pessoa. Foram anos tão desafiadores, que nunca havia me sentido tão leve e orgulhosa quanto no momento em que eu entreguei a versão final impressa do meu trabalho na secretaria.

Na evolução de minha carreira na Natura, fui promovida a gerente de projetos de logística, em outra diretoria, onde trabalhei com projetos de transportes, separação e armazenagem. Novos e diferentes desafios, próxima da força de vendas, viajava muito, pois os projetos eram feitos nos centros de distribuição. Apesar de ser na mesma empresa, o clima da nova área era bem diferente, e estar fora de Compras me fez perceber o quanto eu gostava da dinâmica da área. Além disso, queria engravidar e comecei a me questionar o que eu queria para esta nova fase da minha vida. Meu corpo mais uma vez começou a me dar sinais, somatizando alergias na pele que não passavam de jeito nenhum. Eu precisava respirar. Depois de um ano de reflexões, percebi que meus novos sonhos – que eu ainda não sabia exatamente quais eram – não cabiam mais dentro da antiga empresa dos meus sonhos, e decidi sair.

Meu mundo cresceu

Logo após ter saído da Natura, minha vontade era de criar algo. Em uma conversa com o professor que foi meu orientador do mestrado, ele fez o convite para eu trabalhar no CISLog, o Centro de Inovação em Sistemas Logísticos da USP. Eles buscavam uma pessoa para desenvolver o programa de parcerias com empresas, fomentando a ponte entre a academia e o mundo corporativo. Eu conhecia os dois mundos, queria a liberdade de algo novo, aceitei a proposta. Foi um período muito rico, em que me relacionei com diversas empresas, envolvi-me em muitos projetos de Supply Chain, conheci professores incríveis dentro e fora do Brasil, ministrei aulas.

Também foi muito especial que meus filhos, Felipe e Isadora, nasceram enquanto eu trabalhava lá, em um local em que eu tinha flexibilidade de horários e me sentia respeitada. Um dos fatores que pesou na minha decisão de sair do mundo corporativo era justamente que eu não me sentia bem com a forma que as mães tinham que se adaptar para caber naquelas condições de trabalho assim que voltavam da licença-maternidade. Ao meu redor havia muito mais exemplos negativos do que positivos. Ser mãe foi algo que sempre esteve nos meus planos, e queria ter tempo para me dedicar a este momento.

Junto com o aumento da família, meu marido, Luciano, e eu decidimos concretizar a vontade de viver uma experiência no exterior, algo que conversávamos desde sempre. Em 2016 embarcamos para Baltimore, nos Estados Unidos, com uma criança de dois anos e um bebê de cinco meses, Luciano indo fazer um *research fellowship* em sua área de atuação médica, e eu indo ser mãe em período integral em um novo país.

Os primeiros meses foram opressores. Eu me sentia perdida, exausta com as crianças, e o pior: sem validade alguma. Não via valor no que eu fazia, e por mais que eu amasse estar integralmente com meus filhos, estar vivendo apenas para eles não me satisfazia. Eu precisava me preencher de outras maneiras, mas não sabia como nem me sobrava energia para pensar em alternativas. Foram dias intermináveis, somados a noites mal dormidas. Zero atividades físicas. Ainda assim, um lado meu estava feliz de ter aquele tempo em família, e eu sabia que aquela experiência era finita. Essa perspectiva começou a me apaziguar, algumas nuvens passaram e vi raios de luz. Refleti muito sobre o que eu queria. Comparei planos de carreira, pesquisei sobre cursos, resgatei sonhos. Um deles era fazer uma viagem de volta ao mundo. E por que não agora?

E foi assim que partimos para uma viagem de 82 dias pelos Estados Unidos e Canadá, uma experiência que mudou nossa forma de ver a vida. Ok, não foi uma volta ao mundo, mas foi que o achamos sensato com duas crianças bem pequenas, e também o que nosso bolso permitia no momento. Foi simplesmente incrível.

Reencontros e caminhos

Voltamos ao Brasil depois de um ano fora, com o sentimento de que havia se passado uma vida. Agora com mais suporte com as crianças, retomei minha busca pelo meu caminho profissional. Fiz um curso de autoconhecimento profundo que me ajudou a enxergar caminhos. Decidi empreender, conversei com muitos amigos e conhecidos, fiz alguns cursos. Queria de alguma forma aplicar a metodologia que aprendi em meu mestrado, que

Mulheres em Compras®

ajuda as pessoas a tomarem decisões em situações complexas. Comecei dois projetos de empresa, com sócios diferentes, com o propósito de ajudar pessoas a decidir melhor. Ambos duraram alguns meses, sentia que não era exatamente aquilo. Precisava continuar buscando como aplicaria este conhecimento.

    Exatamente nesse momento, era início de 2019, me liga um colega que fez mestrado comigo, não nos falávamos há anos. Ele me diz que está criando um novo negócio e quer que eu conheça. Marcamos um café da manhã. Ele me apresenta o projeto da Optimum Supply, e me convida para ser a consultora técnica de implantação do produto, justamente porque eu conheço bem a tal da metodologia de tomada de decisão – a mesma que eu queria aplicar na minha busca empreendedora. Gosto da ideia, combinamos algumas horas minhas de dedicação ao projeto. Em poucas semanas estou *full time* me dedicando a melhorias no desenvolvimento da plataforma. Em seis meses me convidam para ser responsável por toda a operação. Meu propósito me olha de frente.

    Assumo a empresa e parte da sociedade. A Optimum é uma plataforma de compras corporativa, especializada em *sourcing* estratégico e complexo, envolvendo diversos critérios, inclusive ESG. Aplicamos a metodologia de tomada de decisão que aprendi no mestrado, e logo adicionamos também otimizações matemáticas nas análises, parte do que foi aplicado em minha dissertação. Desafios não faltam para botar uma empresa de pé, e aprendizados também não, fico supermotivada.

    Nesse ínterim, Compras borbulha. Todos ainda estão se organizando, mas a área está amadurecendo nas empresas, os profissionais buscando maior capacitação, há cada vez mais eventos do setor. Surge o CIEC (Centro Internacional de Estudos em Compras). Apoio a iniciativa desde o começo, e passo a ser moderadora na Comunidade de Prática sobre ESG em 2022, de forma voluntária. Aprendizado e conexão realmente me movem.

Joice C. Ribeiro Giacon

Em 2023, volto a estudar formalmente, entrando no MBA Executivo da FIA. Era parte do meu plano traçado lá nos Estados Unidos, adiado pela pandemia, agora era hora de pôr em prática. Muitos me perguntaram o porquê de eu escolher fazer um MBA e não um doutorado (e essa alternativa passou pelas minhas reflexões lá atrás), e minha resposta é simples: porque é exatamente o que eu estou precisando agora. Primeiro, ver e rever conhecimentos gerais a respeito de gestão de negócios com mais experiência faz as peças do quebra-cabeça se encaixarem. Fico impressionada com o quanto consigo aplicar na minha rotina dos conhecimentos que recebo em aula. As aulas de marketing me trouxeram tantos *insights* para Compras... Este balanço entre foco e amplitude, entre aprofundar e generalizar, é essencial para trazer inovação e perspectiva. Para complementar, a turma é maravilhosa e as discussões em grupo, as melhores.

Se aos 20 anos meu mundo era preto e branco, hoje com certeza ele é colorido e cheio de possibilidades.

O poder de uma ideia

Juliana Deoracki

Fundadora e organizadora do Conecta Sul – um dos maiores eventos de compras do Brasil, e o maior realizado na região Sul do País.

Sócia da Cadarn Consultoria, atuando com gestão de projetos em *supply chain* de diversos segmentos.

Graduada em Gestão Financeira e MBA em Controladoria, possui também Certificação Green Belt em Gestão de Projetos.

Vivência em compras, planejamento, logística, comex, gestão de fornecedores e inteligência em compras, acumulando mais de 16 anos de experiência em *supply chain* com passagens por empresas como Grupo Malwee, CottonBaby e Tok&Stok.

LINKEDIN

Eu sempre fui conhecida como uma pessoa que não tinha medo em todos os lugares em que trabalhei. Porque, por não temer errar, eu me arriscava a fazer coisas que, muitas vezes, eu nem sabia como eram.

Na verdade, eu tinha medo. Eu só não transparecia nem deixava que isso me impedisse de fazer o que eu queria.

E aí eu vivia naquele famoso clichê: "Se está com medo, vai com medo mesmo!". Porque, muitas vezes, a oportunidade certa está na nossa frente e a gente não avança por medo.

Então, mesmo com frio na barriga, fui dando os meus passos. Porque, se eu não encarar, ninguém vai fazer isso por mim.

Um estojo diferente

Eu sou a filha mais velha de três irmãos. Meus pais eram agricultores e nós vivíamos em Rio do Campo, interior de Santa Catarina.

Durante as festas, a casa ficava cheia com familiares e conhecidos que moravam na cidade e vinham nos visitar. Minhas tias sempre traziam presentes diferentes para nós. Tudo muito simples, mas coisas que não existiam onde eu morava. Eu me lembro de ganhar um estojo completo que virou uma atração entre os meus colegas da escola.

Sempre fui uma aluna dedicada e que se destacava nos estudos. Quando eu era criança, sonhava em ser cabeleireira. Mas, conforme fui crescendo, minha cabeça começou a mudar e passei a imaginar como seria minha vida se eu fosse executiva de uma empresa, trabalhando no computador, falando de negócios e viajando por aí.

Nessa época, eu nem imaginava o que significava tudo aquilo. O que eu sabia é que, apesar de ter muito orgulho do lugar de onde eu vim e de ver valor no trabalho do campo, aquela não era a vida que eu queria.

Com essa convicção, fui atrás do meu sonho. Eu não tinha um propósito muito claro dentro de mim de onde eu desejava chegar. Mas sempre tive certeza de qual seria o meu próximo pequeno grande passo em direção aos meus objetivos. E esse primeiro passo foi conseguir uma bolsa de 100% no curso de Gestão Financeira.

De início, meus pais ficaram muito orgulhosos! Mas, ao mesmo tempo, tentaram me convencer a não ir, porque a faculdade ficava em outra cidade.

Minha família é toda polonesa, com uma cultura muito viva e uma criação rígida. Então, para você mudar essa chave, não é tão simples. Não é algo do tipo: "Ah, entrei na faculdade e, a partir de agora, vou conquistar tudo na vida".

Eu não sabia nem como pegar um ônibus ou comprar alguma coisa para mim sozinha. Não sabia como me comportar, o que era certo ou errado. Então é claro que eu tinha medo de não dar certo. Mas em nenhum momento eu considerei não fazer a faculdade por causa disso.

Sombra e ar-condicionado

Então eu me mudei para Jaraguá do Sul (SC). Apesar de ser uma cidade relativamente pequena, era bem maior do que Rio do Campo. Porém, para me manter sozinha em outra cidade, eu precisaria conseguir um emprego.

Para mim, carreira é todo e qualquer trabalho em que você aprende alguma coisa. Então, eu digo que a minha começou bem cedo, porque, com seis ou sete anos, eu já ajudava meus pais a cuidar dos meus irmãos, da casa e dos animais do sítio. Aprendi a ter responsabilidade desde muito cedo.

Meu primeiro emprego com carteira assinada foi como repositora em uma rede de supermercados. Muitas vezes, eu passava o final de semana trabalhando, enquanto meus colegas estavam passeando no shopping.

Apesar de a rotina de conciliar estudo e trabalho ser bastante cansativa, para mim também era muito satisfatória. Porque eu estava trabalhando na sombra e no ar-condicionado. Isso para uma menina que veio da roça e fazia um trabalho pesado embaixo do sol era um sonho.

Em pouco tempo, fui convidada para cobrir a licença-maternidade de uma funcionária que fazia os controles de estoque. Essa foi a minha porta de entrada para o mundo do *supply*. Fiquei ali durante toda a licença e mais um pouco. Aprendi muito com ela a me comunicar com as pessoas. Afinal, aquele era o meu primeiro trabalho que não era somente braçal.

Quando começou a se popularizar o uso de nota fiscal eletrônica, fui convidada a preencher uma vaga na área de logística. E eu sei que esse convite surgiu porque, enquanto os outros ficavam em dúvida, eu ia lá e fazia. Isso de certa forma me dava destaque.

E aí apareceu uma oportunidade de assistente de compras nessa mesma empresa e eu fui contratada. Assim começou a minha carreira na área de Compras: comprando máquinas e ferramentas para uma rede de varejo catarinense.

Comecei a amadurecer muito como profissional e a perceber um certo conflito de estilos de trabalho. Antigamente, o bom negociador era aquele que falava alto e deixava o fornecedor esperando na recepção. Mas a minha abordagem era diferente. Eu criava vínculos com eles. Pensava em ações que pudéssemos fazer em conjunto, ouvia o que o cliente e os vendedores tinham a dizer. Eu não tinha estudado nada disso, e fazia tudo muito por instinto. Mas, com o tempo, a minha estratégia começou a dar certo e eu comecei a crescer.

Criei relacionamentos muito sinceros com os meus gestores. Sempre soube ouvir *feedbacks*. Não só ficar escutando, mas de fato absorver o que eles tinham para me falar. Ao mesmo tempo, também sempre soube dar *feedback* para a liderança — e isso é algo raro. Aquele que sabe confrontar alguém acima dele com elegância tem um grande talento, porque existe muita politicagem nesse universo.

Eu sempre pude ter trocas ricas com os meus líderes, e isso foi importante para o meu crescimento como profissional, porque me ensinou a me comunicar da forma correta com diferentes pessoas. Com eles, eu aprendi muito da líder que eu mesma queria ser e entender o que eu não queria.

Um dos meus principais valores é tratar a todos de forma igual. Não importa a hierarquia, se eu estou conversando com o zelador ou o diretor da empresa. Eu acho que isso me fez criar muitos relacionamentos de confiança.

Então eu fui evoluindo na carreira: de assistente passei a compradora júnior e depois pleno. Foi aí que comecei a me questionar. Eu já estava ali há alguns anos. Mas será que era isso que eu queria para a minha vida?

E aí surgiu um convite para trabalhar com inteligência de mercado. Mesmo sem saber exatamente o que era isso, aceitei o desafio e pesquisei muito durante um bom tempo. Foi aí que a minha carreira começou a mudar, não mais de forma intuitiva, mas de forma planejada.

Mulheres em Compras®

Descobrindo o poder de uma ideia

Comecei a perceber que, trabalhando com inteligência de mercado, eu fazia mais parte da estratégia; em Compras, eu vivia na operação.

Então, surgiu um convite para trabalhar na empresa dos meus sonhos como analista de inteligência em Compras. Fiquei com muito medo, porque era um trabalho novo para mim. Conversando com um grande amigo, ele me falou: "Esquece o que vão achar. Se depender de você e do seu esforço, vai dar certo? Essa é a sua resposta".

E eu me lembrei mais uma vez que não preciso ter medo. Encarei esse desafio e foi uma das melhores escolhas da minha vida. Em pouco tempo, cresci profissionalmente e como ser humano de uma forma absurda.

Pela primeira vez, tive a oportunidade de participar de um evento de Compras em São Paulo. Fiquei maravilhada com todo o conhecimento que era trocado ali, e vi o quanto a gente, como empresa, ainda estava longe de tudo que estava disponível no mercado.

Quando voltei, minha missão era repassar o que tinha aprendido. Mas eu sabia que a equipe não ia se sentir engajada em certos temas só com o meu relato. Porque uma coisa é você falar como foi a sua experiência, outra é viver aquilo.

Ao mesmo tempo, era inviável financeiramente levar o time todo para São Paulo. Foi aí que surgiu a ideia de fazer um evento na região. Estava chegando o dia do comprador e inicialmente pensamos em organizar algo pequeno. Convidei duas empresas para participar e foi incrível. Cada uma apresentou os seus *cases* e fizemos algumas dinâmicas. Foi um dia de muitas trocas. Mal sabia eu que ali nascia o Conecta Sul.

As pessoas gostaram tanto que criamos o "Clube de Compras", e, todo mês, os responsáveis por um determinado tema se encontravam. Assim, podíamos replicar o que deu certo e nos esquivar do que deu errado.

A notícia se espalhou e cada vez mais empresas pediam para participar. O espaço que eu tinha disponível não comportava mais o grupo e precisávamos expandir. Então, meu gestor conversou com algumas pessoas que sugeriram fazermos um evento como o de São Paulo, se comprometendo inclusive a patrocinar e convidar outros fornecedores.

Por isso eu digo que grandes ideias têm poder e que, mesmo com medo, precisamos de coragem para compartilhá-las. Porque expô-las pode ser exatamente o que falta para impulsionar a sua carreira.

As pessoas acreditaram tanto que a minha ideia daria certo que ajudaram a viabilizar o evento, desde patrocinadores até uma agência de marketing. E foi um sucesso tão grande que mudou completamente a minha vida.

Furando a bolha

O terceiro ano de evento coincidiu com a pandemia. Um mês antes, meu pai faleceu e eu precisava de alguma coisa que me ocupasse. Então, mergulhei nisso de cabeça.

Seriam cinco dias de evento on-line e eu esperava algo em torno de 800-900 inscrições. Mas, cada vez que atualizava os números, eu ficava mais surpresa. Foram sete mil inscrições de todo o Brasil!

Logo em seguida, fui convidada para uma vaga de coordenação de *supply chain* em uma empresa no litoral de Santa Catarina. Morar perto do mar era um sonho antigo, e aquele era um desafio que eu queria encarar.

Na época, meu marido trabalhava há mais de dez anos na mesma empresa. Mesmo assim, ele topou ir comigo e esse apoio foi fundamental para que eu conseguisse seguir em frente.

Mulheres em Compras®

Senti muita diferença na forma de trabalho das pessoas ali e assumi novos desafios em áreas que eu não conhecia profundamente. Mas percebi que eu podia muito mais do que imaginava, e isso me deu mais força. Entendi melhor o que era a lealdade de uma equipe, e vi que era um reflexo do que um dia eu fui para os meus líderes anteriores.

Então, fui convidada para um trabalho que mudaria completamente a minha rotina, porque era em São Paulo. Eu teria que viver em ponte aérea para não precisar me mudar para lá. Inicialmente, eu iria assumir duas áreas e gerenciar uma equipe pequena.

Eu não sabia se daria conta de conciliar vida pessoal, o Conecta e o emprego com essa responsabilidade. Fiquei muito assustada. Contudo, mais uma vez, recebi o apoio do meu marido e, em um ano, eu liderava mais de 50 pessoas e diversas áreas.

Eu aprendi muita coisa na dor, errando. O Clube de Compras proporcionou que outras pessoas não precisassem passar por isso. Com ele, comecei a valorizar ainda mais os bons relacionamentos. Em 2018, o Conecta Sul era apenas um encontro entre três empresas. Hoje é um ecossistema de *networking* para descobrir as principais inovações e tendências no universo de compras. Chega a ser assustador ver como cresceu em tão pouco tempo e quanta gente acredita nessa ideia.

Comecei a aparecer um pouco mais para o mundo e ser convidada para *lives*. Então comecei a pensar... meu próximo passo seria o cargo de diretora. Mas será que era isso que eu queria?

Eu aprendi a equilibrar as várias demandas da minha vida, de ser esposa, empresária e funcionária de uma empresa. Mas comecei a pensar... se em algum momento eu tivesse que fazer escolhas, quais seriam minhas prioridades? Tudo aquilo estava dando certo, mas será que de fato me fazia feliz? Era assim que eu enxergava meu futuro?

Juliana Deoracki

Nem todos saem da mesma linha de partida

Eu sempre vivi em um universo profissional dominado por homens. E, muitas vezes, é difícil a gente se fazer ouvir e levar mérito pelas próprias realizações.

Quantas vezes não me levaram a sério porque eu, como mulher, era vista como a secretária e não a compradora, principalmente quando eu trabalhava com ferramentas e máquinas pesadas?

Também tive que enfrentar muito preconceito no mercado porque fiz a faculdade que eu pude, não tive a oportunidade de aprender inglês e computação quando era mais nova. Então tive que correr atrás das coisas muito depois do que as pessoas costumam fazer. Sei que ainda tenho meus *gaps*, mas também muita coisa boa para oferecer.

Por isso, até hoje, quando vou contratar um profissional, busco entender de que realidade ele vem. Porque, às vezes, não é falta de vontade. Ele só não teve oportunidade. Eu valorizo muito a caminhada de cada um, porque eu sei o esforço que precisei fazer para chegar aqui.

E valorizo muito as pessoas que cruzaram o meu caminho e quiseram me impulsionar, me ensinar. Quando eu olho para a profissional que sou hoje, vejo características de muitas pessoas que encontrei pelo caminho, desde o meu primeiro gerente lá do supermercado. A gente leva muito daqueles com quem convive.

O que vale a pena de fato

Quando eu comecei, não tinha noção de onde eu podia chegar. Eu vivi um passo de cada vez, em busca do que me fazia feliz. Primeiro, era trabalhar no ar-condicionado. Depois, com o computador. Então eu vi o valor de estar em um cargo em que as pessoas estavam interessadas em ouvir minha opinião e ter discussões produtivas comigo.

Mulheres em Compras®

E o que me fez feliz a partir disso? Ver a ideia do Clube de Compras e do Conecta crescendo e sendo valorizada. Saber que as pessoas querem fazer parte porque desejam ter com quem contar e com quem compartilhar seu conhecimento. Era isso que eu mesma queria quando comecei a trabalhar com inteligência em Compras. Porque eu não tinha com quem trocar experiências.

A maturidade me trouxe um novo tipo de filosofia. Eu sempre quis crescer na carreira. Mas, agora, valorizo mais o equilíbrio. Quero trabalhar com o que eu amo e me dedicar à minha carreira, mas também aproveitar a companhia do meu marido, dos amigos. Quando você consegue equilibrar o profissional e o pessoal, você vive bem de fato.

Eu sacrifiquei muitas coisas para chegar aonde estou. Mas há um momento em que a gente precisa refletir quais sacrifícios valem a pena. Não é ter medo de fazer o que é preciso para alcançar seus objetivos. Mas entender o contraponto daquilo. É tempo com a sua família? Uma estabilidade que você já conquistou?

Hoje, também sou sócia da Cadarn Consultoria, e posso compartilhar meu conhecimento com muito mais gente e fazer a diferença nas empresas, tanto através do meu trabalho como consultora quanto com a troca que temos no Clube de Compras e o Conecta.

Arrisco dizer que estou em um momento de ápice de satisfação pessoal. E aí você me pergunta: "E agora? Qual é o próximo pequeno grande passo?".

Nesse momento, meu desejo é poder levar o que eu estou vivendo para muito mais pessoas. E que elas possam enxergar no seu trabalho um meio para ter uma vida feliz, e não só um salário para ter uma vida ok. Mas, para isso, precisamos enfrentar nossos medos, desde os pequenos até os mais absurdos.

Juliana Deoracki

Livro indicado: "Equipes brilhantes", de Daniel Coyle.

Indico este livro porque, no fundo, tudo é sobre pessoas e a forma como criamos relacionamentos, como a gente ouve e se faz ouvir.

"Não confunda medo com crenças limitantes nem tenha receio de expor as suas ideias. Porque alguém pode acreditar e ajudar você a fazer acontecer."

O entusiasmo é a maior força da alma – *Napoleon Hill*

Leticia Magalhães

Formada em Administração de Empresas, com MBA em Gestão de Projetos pela Fundação Getulio Vargas (FGV). Sua carreira se desenvolveu na área de Compras, onde adquiriu expertise na metodologia do *Strategic Sourcing* e na execução de projetos de transformação em Compras para clientes de médio porte em diversos segmentos. Destaca-se sua contribuição na reestruturação da área de Inteligência de Compras em uma empresa de grande porte do setor de saúde, liderando atividades como gestão de fornecedores e de contratos, análise de riscos, otimização de processos e elaboração de indicadores de performance. Atualmente, assume a posição de liderança em Governança e Estratégia em um mercado altamente regulado. Nesse papel, é responsável por definir os processos, gerenciar os riscos associados às atividades de aquisição e desenvolver o planejamento estratégico do departamento, alinhando-o com as necessidades e diretrizes corporativas. Sua trajetória profissional destaca-se pela excelência técnica, capacidade de liderança e habilidade de adaptar-se a ambientes desafiadores e em constante evolução.

Foto: Davi Santana Magalhães Costa

LINKEDIN

Quando recebi o convite para este projeto foi uma grande surpresa. Senti-me honrada, mas, ao mesmo tempo pensei: falar da minha história? O que de tão valioso tenho para compartilhar? Conversei em casa, com meu marido, Patrick, e meu filho, Davi, que acharam a ideia magnífica. Ficaram orgulhosos e logo me encorajaram, como sempre fazem. Também compartilhei a possibilidade com amigos próximos que contribuíram com *insights* que me fizeram refletir e quero dividir com vocês: primeiro, toda história é importante, me fez perceber o quanto temos o mau hábito de minimizar nossas próprias conquistas, enquanto damos tanto valor para histórias alheias. Temos empatia pelo próximo, mas muitas vezes nos subestimamos. A segunda reflexão veio de um questionamento: "Esse projeto está alinhado com seu propósito de vida?" Uau, quantas vezes nos fazemos essa pergunta diante das oportunidades que surgem? E o quanto do que estamos fazendo corresponde ao nosso desejo íntimo? E, para essa pergunta, a resposta veio de imediato, sim, esse projeto corresponde ao meu propósito de compartilhar e contribuir mesmo que de forma mínima com a jornada daquele que procura ferramentas e meios para evolução, e acredito que este livro será um grande instrumento de inspiração para todos que buscarem por sua leitura.

Assim, aqui estou, de coração aberto, com simplicidade e

sem grandes pretensões, compartilhando um pouco da minha trajetória.

Sou paulista, filha de pai mineiro, Antônio, e mãe paranaense, Neide. Ambos migraram para São Paulo em busca de melhores oportunidades de vida quando eram jovens. Sou um ano e oito meses mais nova que minha irmã Angélica, e por 18 anos fui filha caçula, na véspera de completar 19 anos, recebi o grande presente que foi meu irmão mais novo, o Nathan.

Nasci em uma família muito humilde, sem nenhum luxo, tendo em casa apenas o essencial. Na juventude, muitas vezes lamentei pelas dificuldades financeiras passadas, mas há algo que não posso negar, a união familiar tornava tudo mais leve. Meus avós paternos eram os pilares dessa união, sempre fizeram questão de manter por perto seus 12 filhos. Embora acolhedores, meus avós impunham uma disciplina rígida e exigiam respeito, afinal, para manter a ordem em um ambiente com diversas crianças correndo pela casa era necessário mão firme. O almoço só era servido após uma oração em conjunto, e a sobremesa só chegava à mesa depois que todos haviam terminado de comer e a louça estivesse lavada.

Hoje, olhando para trás, percebo a bênção que foi crescer em um ambiente familiar tão unido, onde os valores eram tão fortes quanto os laços de sangue que nos uniam. Cada experiência vivida moldou a pessoa que sou hoje, e sou grata por cada momento.

Meu pai sempre nos ensinou a essência do trabalho com graça e dignidade. Não me recordo de vê-lo reclamar, mesmo nos momentos mais desafiadores. A cada bem conquistado, ele fazia questão de nos explicar que foi o dinheiro recebido por meio do seu trabalho que nos permitiu aquela conquista. Nos finais de semana em que era necessária sua presença no trabalho, meu pai sempre encontrava maneiras de nos incluir em sua jornada. Lembro-me vividamente de minha irmã e eu, ainda pequenas, correndo pelos corredores dos escritórios, brincando nas cadeiras giratórias, enquanto ele se dedicava às suas responsabilidades. Crescemos nesse ambiente, absorvendo não apenas a atmosfera de trabalho, mas também os valores que ele representava. Através desses exemplos, aprendi que o verdadeiro valor do trabalho vai além de ganhos materiais. É sobre o orgulho de contribuir, o respeito conquistado e o legado deixado para trás.

Enquanto meu pai nos transmitia os valores do trabalho, minha mãe desempenhava um papel igualmente crucial em nossa educação, moldando-nos com sua determinação, habilidades variadas e amor incondicional. Minha mãe dedicava-se incansavelmente ao lar e aos cuidados dos filhos. Apesar de sua ocupação doméstica, ela sempre encontrava maneiras de ter seu próprio dinheiro para os cuidados de mulher e contribuir com as despesas da casa. Com talento e criatividade, confeccionava tapetes de crochê e lindas roupinhas infantis, vendia marmita e sempre era requisitada para os cuidados ou ensino de alguma criança da família. Também não reclamava em acordar bem cedo para garantir um lugar na fila do leite distribuído pelo governo para famílias necessitadas. Sua determinação e disposição para enfrentar desafios demonstravam sua incrível força de vontade e compromisso com o bem-estar de nossa família.

Meus pais sempre nos incentivaram nos estudos para termos uma profissão e sermos independentes, também tiveram muita paciência e nos apoiavam quando, ainda crianças, minha irmã e eu decidíamos nos aventurar vendendo alguma coisa, e foi assim que muito cedo despertou em nós o que anos depois entendemos ser o espírito empreendedor.

Nossa jornada na busca por ganhos financeiros começou com entusiasmo e determinação. Ainda crianças, iniciamos a venda de bonecas de porcelana, que na época era objeto de decoração muito procurado pelas senhoras do bairro. Na sequência, vieram os bonequinhos de lã, ideia de uma vizinha muito querida. No entanto, nem todas as nossas iniciativas foram tão duradouras e bem-sucedidas. Tivemos uma curta passagem na venda de bebidas de porta em porta, como Yakult e Muppy, com uma prima que ganhava seu sustento com esse trabalho, parecia divertida a ideia de consumir esses itens de graça ao longo do trajeto, já que não tínhamos em casa, mas desistimos antes mesmo de completar uma semana, era exaustivo demais passar a tarde andando nas ruas e descobrimos que não podíamos beber tão à vontade quanto imaginávamos, pois minha prima tinha que pagar pelos itens consumidos.

Já um pouco mais velhas, por volta dos 12 e 13 anos, encontramos um negócio que floresceu de verdade: a confecção e venda de pulseiras e colares de missangas. Recebíamos inúmeros pedidos na escola, e minha mãe teve que entrar com participação na fabricação das peças, no controle dos pedidos e valores recebidos. Após alguns meses, muito empolgadas com as vendas e o dinheiro que entrava, minha mãe teve que intervir colocando fim ao nosso negócio para garantir que nossos estudos não fossem prejudicados pela empolgação empreendedora.

No entanto, nossa ânsia por independência financeira só crescia. Quando um centro de distribuição de roupas por catálogo abriu em nossa rua, vimos uma nova oportunidade de negócio. Desta vez, minha mãe nos deixou por conta própria, confiando em nossa capacidade de administrar as operações, desde a oferta dos produtos, emissão dos pedidos, retirada, conferência e entrega das peças. Foi um trabalho que exigiu muita organização da nossa parte, e que nos gerou algumas dores de cabeça também.

Essas experiências nos divertiram e ensinaram valiosas lições sobre empreendedorismo, responsabilidade e autonomia.

Foi durante esses anos de descoberta e aprendizado que percebi a complexidade e os desafios de ganhar dinheiro por conta própria. A incerteza e a imprevisibilidade financeira foram experiências reveladoras. Decidi então seguir os passos do meu pai na vida corporativa, levando comigo as valiosas lições e experiências que moldaram minha jornada até ali.

Mulheres em Compras®

Aos 15 anos, decidi que era hora de começar a trabalhar com carteira assinada. Naquela época, essa busca por oportunidades de emprego envolvia bater de porta em porta, na esperança de encontrar um porteiro receptivo que não descartasse seu currículo de imediato.

Após várias tentativas frustradas, começava a me sentir desanimada pela falta de resposta. No entanto, uma luz no fim do túnel surgiu através de um amigo comerciante de um dos meus tios. Ele precisava de auxílio no escritório de sua loja de produtos para piscina e me ofereceu uma oportunidade de entrevista. Emprestei uma roupa da minha vizinha e calcei um sapato da minha irmã, que era dois números maior que o meu. Lembro-me de sair ansiosa e muito empolgada com a possibilidade do meu primeiro trabalho, fiz a entrevista e já comecei a trabalhar no mesmo dia. A sensação de ter minha carteira de trabalho registrada aos 15 anos, com um salário de R$ 220,00, foi como um marco significativo em minha jornada profissional.

Concentrei o início da minha carreira na área financeira, especificamente no contas a pagar e controladoria, onde permaneci por aproximadamente oito anos, passando pelos segmentos do comércio, indústria metalúrgica e móveis de luxo. Como residente da região do ABC, considerado polo industrial das principais indústrias automobilísticas, sempre nutri o desejo de trabalhar em uma dessas gigantes da região.

Às vésperas do último ano da faculdade, decidi participar dos processos seletivos para estágios em três dessas grandes empresas, alcançando a fase final em duas delas e sendo selecionada em uma, um feito que celebrei com grande alegria. O período de estágio, embora um sonho realizado ao me permitir conhecer a fabricação de automóveis, foi também marcado por desafios significativos, incluindo a necessidade de adaptação à cultura da empresa e o enfrentamento de assédios morais, infelizmente presentes naquela época neste segmento.

Leticia Magalhães

À medida que o término do estágio se aproximava, era prática da empresa conduzir entrevistas para discutir as possibilidades de efetivação dos estagiários. Entretanto, para surpresa da coordenadora de estágio, manifestei minha não intenção de permanecer, um cenário incomum que gerou certo desconforto. Meu gestor, ao tomar conhecimento, solicitou uma conversa particular, cujas palavras ressoam vivamente em minha memória até hoje.

Ele me comparou com um modelo de veículo que tinha acabado de lançar, dizendo que na entrevista tinha me vendido como tal, mas que no final ele percebeu que eu não passava de um carro velho, há muito tempo fora de fabricação, e concluiu dizendo que eu estava fadada ao fracasso. Apesar da tentativa de conter as lágrimas naquele momento, desabei no trajeto de volta para casa no fretado, questionando minhas escolhas e me culpando por deixar para trás um emprego estável em uma área em que já tinha experiência consolidada.

No entanto, a experiência que tive nos 18 meses de estágio me ensinou valiosas lições. Acredito que tendemos a refletir para o mundo aquilo que temos dentro de nós mesmos, que cada pessoa que cruza nosso caminho tem algo a nos ensinar, e nas dificuldades encontramos os maiores aprendizados. Cada experiência, por mais desafiadora e dolorosa que seja, nos oferece a oportunidade de crescimento e autoconhecimento.

Após o término do meu contrato de estágio, dei meu primeiro passo na área de Compras um dia depois, ingressando em uma consultoria especializada em soluções tecnológicas e serviços para o setor de *Procurement*. Iniciei minha trajetória em Compras na área de *Strategic Sourcing*, integrando o PMO devido à minha habilidade com gestão de projetos. A cada novo projeto que acompanhava, crescia minha paixão pela área. O dinamismo do trabalho e a oportunidade de aprender constantemente me motivavam, pois cada novo projeto representava um mergulho em uma nova empresa, com culturas e pessoas distintas.

Mulheres em Compras®

Depois de um ano no PMO, transitei para a área de operações, onde pude realmente executar projetos de *Sourcing*. Foi uma experiência enriquecedora, marcada pelo encontro com colegas dispostos a compartilhar seus conhecimentos, fontes de inspiração que carrego com gratidão até hoje. Esse período consolidou minha certeza de que havia encontrado minha vocação profissional.

Após alguns anos dedicados aos projetos de *Sourcing*, surgiu uma nova oportunidade em outra consultoria especializada em *Procurement*, desta vez alocada em um cliente do segmento de varejo no ABC. Aqui, tive a chance de vivenciar o dia a dia de uma área de Compras, experiência de que sentia falta. Enfrentei desafios que me levaram a compreender a relação entre comprador, requisitante e fornecedor, bem como o impacto crucial da área de Compras na organização e na sociedade como um todo.

Tive negociações difíceis, exigindo muita ética, equilíbrio emocional e responsabilidade, tendo que lidar não apenas com o aspecto comercial, mas também com relações de longos anos entre empresa e fornecedores, alguns com alta dependência financeira, por isso tínhamos que elaborar de forma estratégica planos de continuidade que beneficiassem ambas as partes.

Outra vivência muito importante na consultoria foi a realização de projetos de transformação da área de Compras, atuando desde o diagnóstico, desenho futuro, implementação das iniciativas e mentoria na qualificação dos profissionais na metodologia do *Strategic Sourcing*. Poder contribuir no desenvolvimento das pessoas para atuação em uma área de Compras mais madura e estratégica era algo que me proporcionava grande motivação, perceber a empolgação das pessoas ao aprenderem algo novo, trazendo resultados expressivos e sendo reconhecidas por isso, me dava a certeza de que estava na profissão certa.

Trabalhar em consultoria foi uma experiência reveladora e fundamental em minha carreira, permitindo-me desenvolver habilidades que transcendem a negociação. O desafio de demonstrar a credibilidade do nosso trabalho e conquistar a confiança dos clientes em um curto espaço de tempo é uma responsabilidade que nos impulsiona a alcançar mudanças significativas e resultados tangíveis.

Após uma década de atuação em consultoria, retornei ao ambiente corporativo, em uma renomada empresa do segmento de saúde. Esta transição marcou uma mudança de cenário e também pela primeira vez iniciei em uma empresa já na posição de liderança. Percebi claramente a diferença entre ascender a um posto de liderança em uma empresa onde todos já me conheciam e assumir essa posição logo de início. Novas habilidades foram requeridas perante um desafio inesperado, tive que lidar com a falta de aceitação e insegurança da equipe, barreira que foi quebrada com transparência e clareza de propósitos.

Atualmente, estou no segmento bancário, gerenciando a área de Planejamento Estratégico e Governança em Compras. Os valores transmitidos pela minha família têm influência significativa na profissional que me tornei, mantenho-os vivos na educação do meu filho e procuro compartilhar esses princípios sempre que possível. Recordo-me das palavras do meu avô, que ainda carrego comigo:

"Seu nome é o que você tem de mais importante, e com ele vem sua palavra, honre com sua palavra, com seus compromissos. Quando você dá sua palavra a alguém, essa pessoa deposita sua confiança em você. Seja honesto e combine somente aquilo que você pode cumprir".

Esses ensinamentos fundamentais servem como guia em minha jornada profissional e pessoal, orientando-me a sempre agir com integridade, honestidade e respeito pelos outros.

Em minha jornada aprendi que o sucesso é uma construção íntima e subjetiva, moldada pelas escolhas e valores individuais de cada ser humano, não cabendo a nós julgarmos os caminhos trilhados pelos outros, pois cada um carrega consigo uma história única, repleta de desafios e aspirações singulares.

Mulheres em Compras®

Acredito que o trabalho, para além de mero sustento material, é uma via de autodescoberta e evolução pessoal. Com ele adquirimos recursos materiais e realizamos nossos sonhos mais profundos, mas também nos permite crescer e amadurecer como indivíduos. Somente ao perseguirmos aquilo que verdadeiramente nos motiva e nos preenche podemos permanecer resilientes diante dos desafios que inevitavelmente se apresentam em nosso caminho. Inspirada pela citação que dá nome a este capítulo, o entusiasmo é uma emoção positiva e poderosa, que nos impulsiona a realizar nossos objetivos e superar os obstáculos. O entusiasmo é uma forma de paixão, de encontrar prazer e amor no que fazemos, de confiança em nossas capacidades.

Encerro com uma frase de Viktor Frankl que sempre me inspirou: "Quem tem um porquê enfrenta qualquer como". Em última análise, é a clareza de nossos propósitos e objetivos que nos capacita a superar obstáculos e a encontrar significado em cada desafio que a vida nos apresenta.

Negociando com a vida: minha jornada pessoal e profissional em Compras

Lettícia Silva Copeiro

Com graduação em Administração de Empresas, pós-graduação em Gestão de Operações Logísticas e especialização em Liderança e Gestão de Equipes, possui 13 anos de experiência em compras e suprimentos em empresas nacionais e multinacionais nos setores de varejo, serviços e indústria. Destaca-se a vivência em *Strategic Sourcing*, gestão de contratos e projetos. Também foi professora no projeto Novotec do estado de São Paulo. Atualmente, atua como consultora de Compras, criando planos estratégicos, políticas para alcance de metas, negociações, contratos, eficiência financeira e tomada de decisões estratégicas no negócio.

LINKEDIN

"Temos que fazer com o dente para comermos com a gengiva." Anesia Melo da Silva – minha avó.

E assim começo, com uma frase marcante de minha avó que ainda ressoa em minha mente até hoje. Aos 91 anos, ela personifica uma fé inabalável e uma determinação incansável que a conduziram a inúmeras conquistas. Minha mãe, exemplo de inteligência e bondade, seguiu um caminho semelhante, escolhendo dedicar-se à família e aos filhos, enquanto sempre incentivava minha busca pela independência. Meu pai, um verdadeiro líder por natureza, me mostrou o valor da resiliência, da coragem e da determinação desde cedo.

Desde que me entendo por gente, ouço minha mãe enfatizar a importância de construir minha própria carreira e alcançar independência financeira. Ela sempre destacou o papel crucial de ser protagonista da minha própria vida. A meu pai, devo uma série de valores que carrego comigo: a curiosidade, o amor pelo aprendizado, a perseverança e o otimismo. Ele transmitiu aos filhos a coragem de enfrentar desafios, sempre nos guiando pelo caminho da ética, do estudo e da dedicação em tudo o que fazíamos.

Lembro-me vividamente do final do ensino médio no início dos anos 2000, quando ainda estava incerta sobre qual caminho seguir. Consciente da importância dessa decisão, compartilhei minhas dúvidas com meu pai, que na época era proprietário de uma escola de cursos profissionalizantes. Ele me aconselhou sabiamente a iniciar um desses cursos, sugerindo que isso poderia me ajudar a descobrir uma vocação e a tomar uma decisão mais assertiva. Decidi então cursar rotinas administrativas.

Ao longo de um ano de estudos, mergulhei em disciplinas como contabilidade, gestão de pessoas, rotinas fiscais e suprimentos, entre outras. Gradualmente, desenvolvi um interesse genuíno pela área. Influenciada também pelo exemplo de meu pai, que é administrador de formação, optei por seguir o curso de Administração de Empresas.

O início

Em 2003, dei o pontapé inicial na minha jornada universitária na Universidade São Francisco, em Bragança Paulista – SP, sentindo uma ansiedade palpável. Naquela época, eu não tinha certeza de que rumo meu curso tomaria, embora o tivesse escolhido por suas amplas possibilidades e pelo potencial de abrir portas em minha futura carreira profissional.

Apesar de o currículo do curso abranger diversas disciplinas, foi a gestão da produção que realmente me cativou. Naquela época, não havia cursos específicos para a cadeia de suprimentos, muito menos para a área de Compras. Portanto, a gestão da produção foi o mais próximo que cheguei, proporcionando uma visão preliminar desse universo fascinante. Minha paixão por esse campo foi tão grande que, em 2007, logo após me formar, decidi continuar meus estudos com uma pós-graduação em gestão de operações logísticas.

Independência financeira

Minha mãe sempre enfatizava a importância da independência financeira, ecoando em minha mente sempre que buscava algo. Inspirada por ela e pelo ditado de minha avó, comecei a trabalhar com meu pai antes mesmo da faculdade. Sem privilégios, fui uma funcionária como qualquer outra, e pude aplicar os ensinamentos da faculdade no negócio de meu pai. No entanto, a curiosidade e o desejo de explorar o mundo corporativo me levaram a mudar de rumo.

Decidi então buscar estágios fora e conhecer novos horizontes. Morava em Cambuí, Minas Gerais, e estudava em Bragança Paulista, interior de São Paulo, então procurei oportunidades nos dois locais. Com a ajuda de meu pai, que sempre foi meu parceiro, e devido à sua escola, tinha contatos nas empresas locais. Assim, consegui uma entrevista para um estágio na maior empresa da cidade na época, uma multinacional de peças automotivas.

Lembro-me vividamente da tensão do dia da entrevista, afinal, nunca havia passado por essa experiência antes. Após diversas etapas, entre testes e entrevistas, fui contratada para trabalhar na área de Compras. Esse foi meu primeiro contato com esse universo, uma experiência verdadeiramente enriquecedora.

Na área de Compras, mergulhei no mundo da negociação, aprendendo desde a arte da barganha até o processo completo, desde a identificação das necessidades até a finalização dos contratos. Naquela época, a tecnologia ainda não desempenhava o papel central que tem hoje; as propostas eram recebidas via fax e tudo era arquivado.

Conheci uma infinidade de fornecedores, cada um trazendo consigo uma oferta única e uma oportunidade de aprendizado. Esse mergulho no universo das Compras não apenas expandiu meus horizontes profissionais, mas também abriu um novo mundo de possibilidades e conexões para mim.

A virada

Após um ano de estágio nessa multinacional, vi-me diante de um novo capítulo quando a empresa decidiu se mudar para

Limeira, São Paulo. Naquela época, essa mudança não era uma opção viável para mim. Estava no segundo ano da faculdade e não desejava passar por toda a transição que isso acarretaria. Assim, retornei à busca por oportunidades.

Estagiei em uma multinacional de cadeiras, em outra especializada na produção de chapas para revelação, e em um escritório de contabilidade. Durante esse período, tive a chance de explorar diferentes áreas, incluindo recursos humanos, faturamento e contabilidade. No entanto, o interesse pela área de Compras já tinha sido despertado em mim, e, considerando que já havia iniciado minha pós-graduação em logística, decidi que era hora de alçar novos voos.

A cena permanece vívida em minha memória. Minha mãe me auxiliava a carregar uma cômoda e malas para dentro de um caminhão que eu e uma colega havíamos contratado para nos mudarmos para São Paulo. Decidimos morar juntas lá, e, no momento da despedida, ela me deu um beijo e disse: "Se cuida, estarei aqui, mas vá em busca da sua independência". Mesmo em um momento tão emotivo, ela reuniu forças para se demonstrar inabalável, desejando impulsionar minha jornada.

Ao chegar ao apartamento que havíamos alugado e arrumado, percebi que estava sozinha. Não teria mais minha família por perto, encontrava-me na imensidão da cidade grande, encarando a necessidade de me virar e correr atrás dos meus objetivos.

O ano de 2009 foi desafiador para mim. Sob pressão para garantir um emprego, pagar o aluguel e as contas, sem amigos ou familiares por perto, contava apenas com o apoio dessa colega, e enfrentávamos juntas as adversidades da vida na cidade grande.

Lembro-me dos desafios iniciais ao deixar uma cidade pequena e mergulhar na busca de emprego na movimentada capital. Enfrentei entrevistas, testes e avaliações, mas a concorrência era intensa. A falta de fluência em inglês, negligenciada durante minha trajetória escolar, custou algumas oportunidades. Apesar de buscar aprender o idioma, meu desejo verdadeiro era realizar um intercâmbio, um sonho que abordarei em breve. Após um mês de processos seletivos, conquistei meu primeiro emprego em São Paulo como assistente de Compras em uma distribuidora de medicamentos.

Como assistente de Compras, gerenciava a parte burocrática do processo, envolvendo planejamento, pesquisa de fornecedores, negociação de contratos e acompanhamento de pedidos. Buscando crescimento profissional, aprimorei minhas habilidades, participando de cursos específicos na área, como técnicas de negociação, tributação em compras e gestão de estoque, além de frequentar *workshops* para absorver conhecimento.

Naquele momento, percebi que precisava de mais, e na distribuidora onde trabalhava não encontrava novas opções de crescimento. Após algumas entrevistas, consegui uma oportunidade em uma das maiores siderúrgicas do Brasil. Iniciei como analista de compras júnior. Gradualmente, conquistei meu espaço, demonstrando meu valor, e fui promovida a analista de compras pleno.

Nessa posição, assumi a responsabilidade por grandes contratos. Lá as negociações eram mais agressivas, em um ambiente altamente competitivo, principalmente com a presença predominante de homens. Lidar com dinâmicas intensas, margens apertadas e volumes enormes tornou-se parte do meu cotidiano. Foi uma verdadeira escola, onde desenvolvi minhas habilidades de adaptação, aprendi a trabalhar sob pressão e a apresentar resultados significativos.

Ao longo dos anos na siderúrgica, meu objetivo persistia: realizar um intercâmbio. Com 28 anos e, naquela época, a idade limite para inscrição em um curso como intercambista era de 30 anos, decidi agir. Após décadas economizando, pesquisei escolas, países, passagens e acomodações para concretizar meu sonho. Essa empreitada significava mais que uma viagem; era a realização pessoal e a chance de aprimorar habilidades linguísticas e culturais internacionalmente.

Descobridora dos sete mares

Após pesquisa e negociações intensas, decidi partir para Dublin, na Irlanda, por um ano. Esse intercâmbio não era apenas sobre aprimorar meu inglês, mas também uma oportunidade única de mergulhar em uma cultura diferente e aprender coisas novas. Ao chegar ao aeroporto de Dublin em janeiro de 2013, fui tomada por uma onda de insegurança e dúvida. O frio intenso, e a dificuldade de compreender o idioma local, foram desafios iniciais. No entanto, lembrei-me da importância de ser independente e avançar. Apesar do arrependimento momentâneo, sabia que esse passo era essencial para meu crescimento pessoal e profissional. Com determinação, enfrentei o desafio do clima e me adaptei à vida em Dublin, contando com o caloroso apoio dos irlandeses. A cada dia, ganhava mais confiança em minha habilidade de me comunicar em inglês, transformando uma experiência inicialmente desafiadora em uma jornada emocionante e enriquecedora. Dublin tornou-se mais que um destino temporário, mas sim um lar onde fiz amizades duradouras e vivi momentos inesquecíveis.

O retorno e novos desafios

Após o intercâmbio, voltei para casa cheia de expectativas e dúvidas sobre meu futuro em São Paulo. Perguntava-me se meu inglês aprimorado renderia um emprego melhor, se as oportunidades seriam ampliadas e se o salário seria mais substancial. Planejei um mês inicial para estar com família e amigos e traçar meu próximo passo profissional. Contudo, ao iniciar a busca por emprego, deparei-me com ofertas escassas e poucas oportunidades de entrevista, o que me deixou desanimada.

Mulheres em Compras®

Em um dia de busca intensa por oportunidades, compartilhei minha situação com uma amiga próxima. Ela me indicou para outra amiga que era gerente de Compras em uma distribuidora de medicamentos - surpreendentemente, a mesma onde trabalhei anos atrás. Após a entrevista e testes, fui contratada, determinada a aproveitar essa nova chance. Encarregada de gerenciar o processo de *strategic sourcing* conduzido por uma consultoria, ganhei valiosos *insights* sobre o conceito, os passos envolvidos e melhores práticas de aplicação e análise.

Participei ativamente das negociações e decisões durante as etapas de RFI e RFP, colaborando com minha gerente e a diretoria. Destaco que, nesta empresa, encontrei uma liderança feminina presente e engajada, especialmente a gerente de Compras, que apoiava nossos projetos e incentivava nossos objetivos, promovendo nosso desenvolvimento profissional com cursos, delegando responsabilidades, fornecendo *feedback* construtivo, sempre oferecendo sua mentoria.

Essa jornada de aprendizado me permitiu adquirir conhecimentos abrangentes e diversificados, tornando-me experiente na arte da negociação e na gestão eficiente dos recursos disponíveis. Através de experiências práticas e imersão constante no universo das compras, aprendi a negociar uma variedade de produtos e serviços, ampliando minha compreensão sobre as nuances do mercado e os melhores métodos para obter o máximo valor em cada transação.

Após anos atuando na distribuidora, e uma promessa de cargo de gestão, a vida dá suas reviravoltas, e o depósito da distribuidora pegou fogo, um prejuízo altíssimo, o que levou a alta gestão a decidir vender a empresa, e manter apenas sua matriz em Goiânia. O convite para ir a Goiânia era tentador, mas as oportunidades escassas, então optei por ficar e mais uma vez estava em busca de oportunidades no mercado de trabalho.

Lettícia Silva Copeiro

Nos bastidores do fast food: minha vivência nas empresas de varejo

Quando entrei para a equipe do McDonald's, jamais poderia imaginar o impacto que meu trabalho teria no funcionamento diário das lojas. O ambiente dinâmico e acelerado me desafiou a aplicar todas as habilidades que adquiri em *strategic sourcing* e negociação em um contexto completamente novo. Cada negociação que conduzi teve um impacto direto na eficiência operacional das lojas e na satisfação dos clientes. Foi uma conquista excepcional ter recebido o prêmio Bravo, destacando minha contribuição para a redução significativa do tempo operacional no caixa, além de ter gerado economias na casa dos dois dígitos.

Em resumo, minha experiência no McDonald's foi muito além do que eu esperava inicialmente. Foi uma oportunidade única de aprender, crescer e fazer uma diferença tangível no ambiente de trabalho. Minhas negociações e projetos foram essenciais para tornar as lojas mais eficientes, inovadoras e centradas no cliente.

Após minha experiência desafiadora e enriquecedora no McDonald's, uma nova jornada se apresentou diante de mim, desta vez no Subway, outra renomada empresa de *fast food*. Com a bagagem adquirida em negociações estratégicas e projetos de grande impacto, eu estava preparada para assumir o papel de gerente de compras, uma oportunidade que me permitiria expandir ainda mais meus horizontes profissionais.

Sempre encontrei pessoas inspiradoras ao longo da minha jornada, mas foi lá que encontrei alguém que verdadeiramente me inspirou. Sua paixão pelo aprendizado constante abriu novos horizontes para mim, mostrando que eu poderia ir além e alcançar mais do que imaginava. Sua orientação proporcionou acesso a oportunidades que, inicialmente, não eram óbvias para mim.

Mulheres em Compras®

Mulheres em Supply Chain

Após trabalhar no Subway, enfrentei um período de desemprego. Nesse desafio, o apoio e contato com uma pessoa muito especial, minha terapeuta, foram essenciais. Sou imensamente grata pela presença dela em minha vida e por me ajudar a descobrir uma força interior que antes não reconhecia. Foi graças a ela que percebi minha criatividade e a capacidade de pensar além do óbvio. Inspirada por esse novo entendimento criei o grupo "Mulheres em Supply Chain" no LinkedIn. Este projeto visa fornecer um espaço onde outras mulheres na área de suprimentos possam encontrar apoio, orientação e inspiração para alcançar seu pleno potencial.

À medida que avanço nesta jornada, reflito sobre as lições aprendidas e os desafios superados, e que contribuiu para moldar quem sou hoje e me fortalecer para o futuro. Encorajo todas as mulheres a nunca subestimarem seu potencial e persistirem em seus objetivos, mesmo diante das adversidades. Com humildade, compartilho princípios importantes que aprendi:

- Nunca duvide do seu valor e da sua capacidade de fazer a diferença;
- Esteja disposta a aprender constantemente e a se adaptar às mudanças;
- Aproveite as oportunidades de mentoria e orientação sempre que possível;
- Não tenha medo de assumir desafios e de sair da sua zona de conforto;
- Lembre-se de que cada obstáculo é uma oportunidade de crescimento;
- Mantenha-se firme em sua determinação e não desista, mesmo quando as coisas parecerem difíceis;
- Celebre suas conquistas, por menores que sejam, e reconheça o progresso que você faz a cada passo;

- Esteja sempre aberta a ajudar e apoiar outras mulheres em sua jornada.

Ao seguir esses princípios e permanecer fiel a si mesma, você estará pavimentando o caminho para o sucesso e contribuindo para a construção de um ambiente mais inclusivo e diversificado. Lembre-se sempre: você é capaz de alcançar grandes coisas, e sua voz e sua presença são essenciais para criar um futuro mais brilhante e igualitário.

> "O poder das mulheres não conhece limites quando unem sua determinação, inteligência e compaixão para transformar o mundo."

Andando mais uma milha

Lidia Araujo

Graduada em Administração de Empresas pela USJT, Engenharia Civil pela UAM, tecnóloga em Controle de Obras e Tecnóloga Construção de Edifícios pela Fatec, MBA em Gestão e Economia pela FGV e Gestão Estratégica de Compras pela Ibecorp. Carreira consolidada com mais de 20 anos de experiência em áreas Estratégicas de Negócios, Planejamento, Processos e Projetos, sendo 17 na área de Compras e Suprimentos. Consultora e professora afiliada leciona cursos In Company de Gestão de Riscos, Técnicas de Negociação Estratégicas, Strategic Sourcing, Gestão da Demanda e Gestão de Projetos. Mentora de Carreiras para Mulheres com foco em Desenvolvimento Profissional, Aceleração de Carreira, Transição de Carreira e Liderança.

LINKEDIN

Filha de pais nordestinos, que trabalhavam na roça para ajudar no sustento de suas famílias e que não tiveram a figura paterna em suas criações, na década de 70 deixaram suas cidades de origem em busca de melhores condições de vida e trabalho; minha mãe, Maria Amélia, saiu de Sergipe e chegou aos 15 anos em São Paulo, onde começou a trabalhar fazendo limpeza em casas de família e cuidando de crianças; meu pai, Solon, saiu do Piauí aos 17 anos para morar em uma pensão, também na capital paulista, e começou a trabalhar fazendo limpeza até se tornar motorista. Eles se conheceram na igreja que frequentavam e em 1982 se casaram.

    Nasci em 1985, a segunda de cinco irmãos. Tive uma infância simples, estudando em escola pública e enfrentando dificuldades, mas guardo boas lembranças, minha mãe priorizou o cuidado dos filhos não trabalhando fora, porém ao longo de toda a vida sempre estava fazendo algo para gerar renda, vendia produtos cosméticos e itens de enxoval, ela era boa nas vendas. Tenho a lembrança de quando ela fazia pão caseiro e a parte que eu mais gostava era esperar a bolinha de massa flutuar na água, sinalizando que a massa tinha crescido o bastante e estava pronta para assar. Minha mãe gostava muito de cantar enquanto fazia as tarefas de casa, herdei isso dela; a educação dos filhos sempre foi uma prioridade, ela não teve tanto acesso aos estudos, só até a quinta série do fundamental, então esse desejo ela priorizou em nós de garantir o acesso aos estudos. Tenho a memória dela falando "estude, minha filha", e sempre carreguei isso comigo, mais tarde na fase da adolescência entendi que aquele conselho era o que me ajudaria a furar as bolhas para acessar um futuro próspero.

Meu pai, um homem admirável, íntegro, trabalhador, tenho lembranças lindas dele, a preguiça não fazia parte de sua vida, nossos aniversários ele sempre celebrava trazendo um vaso de flores com cartão dedicado àquela data; pai zeloso e cuidadoso, sempre reforçava para mim e minhas irmãs que éramos princesas, um exemplo de prática de fé e espiritualidade que me ensinou o caminho de devoção e encontro com Deus, esse é o maior legado e herança que meu pai me deixou, conhecer a Deus não só de ouvir falar, mas com Deus andar, essa fé e confiança que pratico é o que move minha vida, sonhos, planos, objetivos e decisões.

A crise chegou

Em 1994, a crise econômica atingiu minha família quando meu pai perdeu o emprego, nessa época frequentávamos uma pequena igreja na Favela Zachi Narchi, onde meus pais atuavam em um trabalho com os jovens da comunidade, mas era muito conhecido por várias outros moradores pela sua simplicidade, forma acessível e humana de ser, além de sempre levar uma palavra de fé e ânimo para as pessoas. A favela nos acolheu, eu tinha nove anos quando fomos morar lá, meus pais estavam vivendo um momento financeiro muito escasso e essa foi a alternativa para aquele período das nossas vidas, mas estávamos todos juntos e unidos, mudamos de escola e fomos viver uma realidade diferente. Havia um projeto da prefeitura de transformar a favela em conjunto habitacional, moramos por um tempo em um barraco, depois passamos por dois alojamentos enquanto o local ia se transformando, até recebermos a chave do apartamento.

Na adolescência, vivi na Comunidade Zachi Narchi, onde

conheci pessoas admiráveis, mas também enfrentei pobreza e um ambiente de violência, muitas vezes viver na pele o preconceito por morar em uma comunidade, e mesmo assim, ao redor de tudo isso, me sentir privilegiada por ter uma família, eu tinha pai e mãe, o que não era realidade de muitos colegas dali.

Meus 15 anos, a grande virada!

Em 2000, antes de completar 15 anos, me lembro de estar desanimada e sem grandes objetivos, meu pai me disse: "Filha, leia esse livro, vai te ajudar!" Era um livro pequeno, título "Quarta dimensão", autor Paul Yonggi Cho, que li no mesmo dia, aquela leitura mexeu comigo, me animou a querer estabelecer objetivos claros, eu estava decidida a ter uma vida diferente, estava no ensino médio e comecei mudando minha postura na escola, sentando mais na frente, estando mais atenta às aulas, com planos de fazer um curso e trabalhar.

Nesse mesmo ano conheci meu esposo, Ezequias, começamos a namorar, sempre digo que na vida uma das decisões mais importantes é definir quem vai percorrer com você a jornada.

Permaneci firme nos estudos e em 2001 ingressei em um curso profissionalizante na Unibes (União Brasileiro-Israelita do Bem-Estar Social), para uma adolescente de comunidade sem recursos e com pouco acesso este curso foi um divisor de águas para minha realidade. Fazia o ensino médio à noite e o curso durante o dia e em 2002, ao finalizá-lo, fui encaminhada para ingressar no mercado de trabalho como estagiária em um escritório de advocacia. Eu estava feliz em ver minha realidade mudando, com o dinheiro do estágio ajudava meus pais e pagava meu curso de informática, que cursava aos fins de semana. No trabalho fazia serviços administrativos e externos, aprendi muito e principalmente a ser uma profissional proativa e organizada, me tornei uma pessoa articulada e ágil para resolver problemas. Após o período de estágio, fui para o mercado em busca de nova oportunidade e em 2003 comecei a trabalhar em uma administradora de condomínios, meu primeiro registro na carteira, aos 18 anos; cuidava da gestão administrativa, que experiência incrível e quanto aprendizado, comecei a fazer curso técnico em administração enquanto não realizava meu sonho de ingressar na universidade e senti a necessidade de ter novas experiências profissionais, aprender novas atividades.

Em 2005 me casei e meu esposo sempre apoiou minha jornada de estudos e carreira; passados alguns meses saí do trabalho na administradora de condomínios, em 2006 fui para o mercado novamente, surgiu uma oportunidade de estágio, para receber metade do que eu ganhava, mas aceitei e assim começava minha jornada na área de Compras.

Não escolhi a área de Compras

Eu nunca pensei em atuar na área de Compras, mas fui apresentada pela vida profissional a esta área com a qual me identifiquei muito desde o início e já são 18 anos de experiência, comecei como estagiária em uma indústria chamada Luft Brasil, onde eu fazia as compras de materiais diretos e indiretos. Ali comecei a ter contato com a prática e habilidades de negociação, contratos, categorias, tributação e indicadores, estava no fim do curso técnico de administração e sonhava em entrar na universidade. O dono da empresa na época, Marcelo Willian, me chamou e propôs renovar meu contrato, porém, eu precisaria fazer um curso superior, falei que não tinha dinheiro para pagar uma faculdade e lembro dele dizer para eu pesquisar o curso e a faculdade e voltar a falar com ele. Conversei com meu esposo e ele prontamente me apoiou, voltei para falar com o dono da empresa e apresentar os valores do curso, tinha decidido cursar Administração, ele me fez uma proposta que cobria a mensalidade da faculdade e sobrava um valor para pequenas despesas. Em 2007 ingressei na faculdade, passados alguns meses recebi

Mulheres em Compras®

uma proposta para estagiar em uma indústria multinacional, a Johnson Controls, eu estava vendo minha carreira deslanchar, furando bolhas, aquele passo atrás que eu dei em aceitar ganhar metade do salário valeu a pena.

Cheguei em um ambiente corporativo diferente de tudo que já tinha vivido desde que comecei a trabalhar, eu estava em uma empresa global, mesmo sendo estagiária me coloquei à disposição para fazer e assumir atividades que me fizessem desenvolver-me, rapidamente fui assumindo a negociação de algumas categorias de diretos e indiretos, *backlog* de demandas transacionais, eu queria me destacar e ser promovida, me tornar uma compradora, seguia firme conciliando estudos e trabalho, no fim do meu estágio fui promovida para assistente de Supply Chain. Mas eu era ousada, queria ser compradora, tive oportunidade de ir me profissionalizando no universo de compras, conhecendo mais sobre as estratégias e metodologias de negociação, importância das relações no ambiente corporativo, mas também entender que o trabalhar demais ou fazer longas jornadas não fazia de mim uma profissional produtiva, eu precisava atuar com estratégia e dar visibilidade ao meu trabalho.

Em 2008 vivenciei o reflexo e impacto de uma crise econômica mundial dentro da organização e área, vi amigos indo embora após a reestruturação, contudo, foi onde novamente me prontifiquei a assumir mais demandas como assistente. Meu pai dizia: "Filha, sempre trabalhe e se comporte como se já estivesse no cargo que almeja", e em 2010 foi hora de tomar uma nova decisão, recebi o convite para me tornar compradora na Omni, uma empresa menor, e enfrentei o paradoxo da escolha: será que devo sair de uma empresa global, com um cargo menor e uma área de compras mais estruturada, para ir para uma empresa menor, com cargo maior, onde seria a única compradora? Coloquei na balança e aceitei o desafio, o meu desejo foi realizado, me tornei compradora, tive oportunidade de transitar negociando diversas categorias, RH, Marketing, TI, Obras e Manutenção, e no mesmo ano recebi o convite para ser compradora no GPA (Grupo Pão de Açúcar), segmento do Varejo.

A dinâmica do varejo

Em 2010 aceitei esse convite do GPA (Grupo Pão de Açúcar), a empresa estava passando por uma fase de fusão com o Ponto Frio e Casas Bahia e eu cheguei no olho do furacão, me lembro de ir fazer a entrevista no prédio da avenida Brigadeiro Luis Antonio e ao sentir aquela atmosfera do varejo eu disse "vou trabalhar nesta empresa e crescer aqui". Dito e feito, tive a grande oportunidade de pegar o período em que Abilio Diniz atuava no grupo, de longe eu observava um líder que era uma referência de profissional e ser humano. Após um ano e meio na estrutura de Compras do GPA, fui transferida para a estrutura de Engenharia da Via Varejo, com foco de centralização das demandas.

Tive oportunidade de fazer uma jornada ascendente no período de cinco anos, entrei como compradora para cuidar das negociações das categorias de Obras com foco em expansão de lojas físicas das bandeiras Ponto Frio e Casas Bahia, foram anos intensos de um enorme aprendizado e de ganho de musculatura profissional. Durante esse período tudo era tão dinâmico que passei por sete líderes imediatos e seis diretorias, foram necessárias muita resiliência, adaptabilidade e flexibilidade, mas me mantinha focada no meu objetivo de crescer no grupo. Levo de aprendizado desse período a importância de ser intencional a todo momento e executar um trabalho que gere valor para atender a dor ou o desejo da área de negócio e para organização.

Primeira liderança

Em 2012 surgiu a oportunidade de uma vaga de coordenação para a área em que eu atuava, mas senti insegurança, bateu o sabotador, a síndrome da impostora. Após incentivo de uma amiga de trabalho criei coragem e demonstrei interesse ao meu líder, e aqui está um aprendizado: se você não disser o que deseja como próximo passo de carreira dificilmente seu líder saberá e poderá apoiar, ninguém faz nada sozinho, entenda se seu gestor pode ser uma rede de apoio e patrocinador da sua carreira. Fui considerada para o processo seletivo, mas por mudanças, devido à dinâmica do varejo, a vaga foi congelada. Ocorreram mais mudanças nesse período, mas permaneci firme no meu objetivo, por isso, tenha clareza de onde quer chegar, para que nas horas difíceis seja possível lembrar porque os desafios valem a pena.

Resolvi nesse período fazer um MBA Compras, aos 27 anos, em 2013, fui convidada para assumir a liderança da área de Compras de Obras da Via Varejo em um momento de grande expansão da empresa, inicialmente com um *report* gerencial e depois para diretoria de expansão, sendo e única mulher com *report* direto. Participei, conduzi e liderei negociações de grandes projetos diretamente ligados ao plano estratégico da organização, tive oportunidade de transitar em diversos temas relevantes, estar no varejo me trouxe uma experiência de não viver somente o mundo de Compras, mas buscar conhecer sobre o mercado, comportamento de consumo e tendências, ter uma visão holística, entender a importância da pluralidade, ou seja, trabalhar com pessoas diferentes de mim que poderiam complementar o meu perfil, lidar com as objeções, enfim, esta experiência me forjou, para ser protagonista da história da minha carreira, e também sempre respeitar a minha essência e identidade feminina, não ceder aos rótulos, buscar autenticidade para fugir do efeito manada e o mais importante: trazer a minha espiritualidade como aliado no processo de liderar. Em 2015, depois de uma reestruturação no grupo, fui demitida.

Período sabático

Após a demissão, resolvi dar uma pausa para focar alguns

projetos pessoais, e em paralelo passei por um *outplacement*, mergulhei no autoconhecimento, finalizei meu MBA na FGV, que havia iniciado em 2014, e resolvi aos 31 anos, em 2016, prestar vestibular para fazer outra faculdade. Lá vou eu viver uma experiência diferente, fui estudar Construção de Edifícios pela Fatec no período vespertino, onde fui apelidada de Tia Lidia, pois estudava com uma turma jovem e foi enriquecedor, quanto aprendizado ao estar aberto e se colocar à disposição para aprender com pessoas mais jovens.

A volta ao mercado

Em 2018 retornei ao mercado, para assumir a coordenação de Compras de Obras no varejo farmacêutico, momento significativo de expansão da empresa com negociações relevantes, e hora de sentir novamente a dinâmica do varejo, experiência incrível, muitos acertos e alguns tombos e erros também durante minha jornada, mas posso dizer que o extrato foi muito mais positivo do legado que pude deixar na construção do meu trabalho, muita resiliência e foco em colocar em prática o que eu sabia e amava fazer, liderar e entregar grandes resultados.

Maternidade e Carreira

Sempre desejei ser mãe, mas protelei por 14 anos esse sonho focando nos estudos e carreira, e em 2019 com meu esposo decidi que era a hora, tudo saía como planejado, chega aquele momento tenso de avisar que está gestante. Em um momento tão especial na vida de uma mulher, não devíamos ter receio de comunicar a empresa e a gestão, mas eu senti, resolvi aguardar o momento certo, como a maior parte das mulheres, aos três meses. Infelizmente pude ouvir somente uma vez o coração do meu bebê e tive que criar fôlego para dar a notícia a minha gestão, já que eu me afastaria por alguns dias. Posso dizer que foi

Mulheres em Compras®

um dos momentos mais difíceis da minha vida, a hora de voltar ao trabalho, seguir a vida e com aquela dor. O caminhar com Deus me ajudou muito nesta fase, eu estava disposta a percorrer mais uma milha e entendendo que era hora de desenvolver virtudes, passando alguns meses do mesmo ano engravidei novamente, desta vez ouvi duas vezes o coração do meu segundo bebê, então me tornei mãe de dois anjos. Em 2020, procurei novos médicos e após muitos exames descobri uma condição chamada trombofilia que pode provocar abortos de repetição, andei mais uma milha e engravidei pela terceira vez, fiz todo o tratamento durante a gestação com anticoagulantes e nasceu minha bebê arco-íris, Ana Clara. Antes de retornar da licença-maternidade recebi uma proposta para assumir a Gerência de Compras na Mobly, nesse meio-tempo recebi nova proposta, outra cadeira de Gerência na Vivara; após passar pelas duas cadeiras e estar justamente aonde sempre almejei, meu coração gritava, algo em mim tinha mudado, eu queria me dedicar à minha filha, resolvi dar uma pausa na carreira em 2022 e desde então tenho me dedicado à minha família, fui sendo apresentada a novas rotas profissionais, hoje atuo como mentora de carreira para mulheres e consultora, ministro cursos *in company* voltados para a área de Compras, nesse período andei mais uma milha e em 30 de março de 2024 nasceu a Maria Luisa.

Finalizo este capítulo deixando uma frase que carrego no meu coração: "Quero ser uma das mulheres com quem Deus pode contar aqui na Terra, eis me aqui".

Sim eu posso!

Lisley Severiano Pólvora

Empresária, jornalista, formada pela Universidade São Judas Tadeu e pós-graduada em Marketing e Gestão de Clientes pela Universidade Municipal de São Caetano do Sul/SP (USCS). Ao longo de mais de 30 anos de experiência profissional, atuou em posições executivas nas áreas de vendas, comercial e compras em grandes empresas em São Paulo. Fundadora do IBCEC Treinamentos é presidente do Conselho Brasileiro dos Executivos de Compras – CBEC, organização que promove a integração entre os compradores visando o desenvolvimento dos profissionais das áreas de compras e suprimentos. É responsável direta pela administração e gestão de todos os processos.

LINKEDIN

O início de tudo

Nasci em uma pequena cidade de Minas Gerais chamada Conselheiro Lafaiete, em 13 de junho. Como o hospital é ao lado de uma igreja, e nessa data se comemora o dia de Santo Antônio, tinha festa no templo. Acho que por isso sou essa pessoa sempre festeira e alegre, tudo me motiva a reunir pessoas e festejar. Venho de uma família de pessoas simples, estudiosas e comprometidas com as questões sociais da cidade. Meu avô trabalhava numa mineradora, e todos os filhos dos funcionários estudavam na escola da empresa. Minha mãe, Ângela Maria, era estudiosa e curiosa e todos os professores gostavam muito dela. Aos 18 anos ela engravidou e parou os estudos por um tempo. Isso a deixou muito infeliz. Meu pai, Armando Eugênio, era muito ciumento, não queria que ela continuasse estudando ou conversasse com amigos, por isso o casamento não durou um ano. Ela voltou para a casa dos meus avós comigo e foram anos de muita luta para conseguir o divórcio, pois antigamente esse processo era extremamente complicado.

Tenho ótimas lembranças de Natal e Ano Novo com a família toda reunida, meus primos e primas, minhas tias, que trabalhavam e moravam fora da cidade todos juntos, sempre foram momentos de imensa alegria. Minha família tem ótimas histórias de passagens importantes do Brasil, das quais eles participaram.

Lisley Severiano Pólvora

A casa dos meus avós, José Severiano e Maria de Carvalho, era frequentada por pessoas que lutavam por liberdade, contra atitudes racistas, pelos direitos dos operários, enfim, por justiça. Meu avô e seus irmãos sempre trabalharam em prol da comunidade da cidade. Ele foi um dos escolhidos pela empresa para participar de uma viagem de navio para a Europa, juntamente com outros profissionais, para se atualizar nas fábricas de diversos países e, posteriormente, transmitir este conhecimento aos demais operários. Temos fotos, cartões portais e cartas dessa época que são verdadeiras relíquias, guardamos com muito orgulho e carinho. Neste período, minha avó, cuidava dos filhos sozinha. Fico imaginando a força dela para suportar todas as dificuldades de uma mulher em plena década de 40. Mas ela, como todas as mulheres da minha família, sobreviveu forte. Um de seus irmãos, Nelson Severiano, falecido em 2020, também foi muito ativo na cidade, era um incentivador do esporte e carnaval locais. Tanto que seu nome foi dado a uma quadra de esportes em Lafaiete e a família recebe diversas homenagens e segue os mesmos passos de incentivo à cultura e esporte na cidade. Infelizmente meus avós morreram cedo, não os tive em minha infância. Vejo nos meus antepassados uma fonte inesgotável de conhecimento, resiliência e força.

Minha mãe, minha maior inspiração

Dona Ângela começou a trabalhar cedo, para assim conseguir vislumbrar uma vida melhor para nós. Trabalhou como doméstica em Minas e posteriormente conseguiu uma oportunidade como copeira em uma outra casa em São Paulo, onde minha tia já trabalhava como babá. Eu era pequena e essa rotina, sem tempo para nada, morando num quartinho nos fundos da casa dos patrões e tendo que me deixar aos cuidados de outras pessoas era um sofrimento e muito cansativo. Sorte que elas trabalhavam na casa de pessoas ligadas às artes e cultura, com bastante sensibilidade, isso aliviava bastante, pois era um ambiente acolhedor. Lembro-me de passar horas ouvindo um dos donos tocando piano juntamente com as crianças da casa, eram pessoas boas e a convivência com música e arte era sempre agradável.

Mais tarde ela conseguiu trabalhar num hospital e assim iniciou-se uma outra fase da nossa vida, tive que voltar para Minas Gerais e morar com meus tios, pois eu não poderia ficar sozinha em casa enquanto minha mãe estudava e trabalhava à noite no plantão do hospital. Foram anos difíceis para nós duas, a distância era muito ruim, mas em todas as oportunidades que havia ela enfrentava 12 horas de estrada de ônibus para ficar um pouco comigo. Tenho uma lembrança da minha primeira comunhão em que ela chegou de madrugada com o vestido que eu usaria. Tomamos café da manhã juntas, fomos para a igreja e ela assistiu o início da missa comigo. Ficou até o momento da minha primeira comunhão e de lá foi para a rodoviária para retornar ao plantão noturno. Sua vida sempre foi assim, de muitos sacrifícios para estudar e com muito trabalho conseguiu fazer faculdade. Aprendeu a dirigir aos 50 anos, fez duas pós-graduações, ministrou aulas, foi coordenadora, diretora e hoje, aos 72 anos, depois de parar por três enfartos, irá se aposentar.

Dona Ângela é uma mulher de garra, admirável, de quem tenho muito orgulho de ser filha, todas as pessoas que a conhecem sempre têm uma palavra positiva para falar dela, é um incentivo de vida não só para mim, mas para todos que cruzam seu caminho. Ela me ensina todos os dias a ser perseverante, estudar e aproveitar o melhor que a vida possa nos oferecer.

Pulando barreiras

Comecei a trabalhar por volta dos 17 anos como assistente comercial. Tinha o sonho de ser jornalista de moda, música ou artes, por isso cursei jornalismo, mas na época as oportunidades para pessoas negras não eram como hoje em dia, havia muito mais preconceito. Participei de diversos processos seletivos onde sempre havia uma pessoa com uma "melhor qualificação" ou eu não tinha a "aparência" necessária para a vaga. Isso me frustrou bastante e não tive forças para lutar contra o sistema.

Nesta época eu já trabalhava na área comercial, num jornal de grande circulação no país, mas sempre com o foco em um dia conseguir uma vaga na redação. E isso foi um grande empecilho para meu crescimento profissional na empresa, pois eu me dedicava muito a todas as funções da área comercial, porém todos sabiam que meu foco era a redação, assim as oportunidades de crescimento no comercial não chegavam até a mim. Trabalhei nesse jornal por aproximadamente seis anos e no período do surgimento da internet os jornais físicos perderam espaço para os on-line, assim, entrei na lista dos milhares de profissionais de comunicação demitidos no Brasil. Foi um baque gigante para mim. Pois neste mesmo momento estava me formando e iria me casar. Importante citar que neste período eu estava emocionalmente muito bem amparada por meu marido, Eriveldo Pólvora, que, contrariando todas as estatísticas que rodeiam um homem muito mais jovem, sempre foi um rapaz extremamente responsável, companheiro e cuidadoso comigo, com seus familiares e amigos. Temos uma diferença de idade de sete anos, isso sempre foi um ponto negativo em vários relacionamentos, mas para nós não.

Depois de três anos de casamento, com a vida mais estável, decidimos dar o próximo passo, os filhos. O primeiro foi o Pedro, foi tudo lindo, perfeito e três anos depois veio o Jorge, também com planejamento. São dois meninos lindos e totalmente diferentes um do outro, tanto na personalidade quanto no físico, ao ver um ao lado do outro ninguém jamais diz que são irmãos. Pedro, negro como eu, é mais extrovertido, ligado aos jogos online, filmes e músicas e tem o sonho de estudar no Canadá, acabou de se formar em Design de Animação e já está fazendo outro curso na área. O Jorge, branco como o pai, é um esportista que adora futebol, basquete, samba e viagens, mas por outro lado é o mais grudado nos pais. Teve muitas oportunidades de se tornar um jogador de futebol em outros estados, mas não conseguiu ficar distante da família. São duas joias que Deus me deu, temos problemas, como todas as famílias, mas contornamos tudo com bastante diálogo e respeito. Somos uma família bastante estruturada, tenho o prazer de conviver com um cara que não mede esforços para tornar nossa vida mais tranquila. Eriveldo é um ser humano como poucos, pois teve uma infância bastante turbulenta e fez do limão uma doce limonada. Superou muitas barreiras e decidiu contrariar as previsões de ser um "perdido no mundo", porque foi criado sem a mãe e com um pai bastante ausente. Hoje tem sua empresa, uma casa aconchegante e podemos fazer planos juntos. É um pai amoroso e compreensivo e meu maior incentivador em todas as ocasiões.

Chegando ao mundo de Compras

Em 2004 fui contratada por uma empresa que fazia eventos e cursos para a área de logística onde atuei por muitos anos no atendimento aos clientes, organização das feiras e cursos. Neste período conheci muita gente da área de logística e *supply chain*, participei de muitas feiras e congressos, foi quando eu comecei a interagir mais com os profissionais de Compras. Fiquei nesta empresa até ser convidada para trabalhar como executiva comercial no Conselho Brasileiro dos Executivos de Compras (CBEC). Na época eles estavam iniciando o 1º Congresso Internacional de Compras e minha tarefa seria trazer patrocínios para sua realização. Foi um ano muito bom, fizemos um lindo evento, com profissionais de Compras de todo o mundo e foi aí que ampliei minha rede de contatos com compradores. Segui organizando mais eventos em Compras, formamos várias turmas em novos cursos e fortalecemos nossa parceria com a International Federation of Purchasing and Supply Management (IFPSM). O CBEC é o único representante no Brasil da International Federation of Purchasing and Supply Management (IFPSM), que congrega entidades de 45 países, com mais de 250.000 profissionais de compras.

Como não sou uma compradora tive que aprender aos poucos como funciona o mundo desses profissionais. Participei de muitos treinamentos, conversei com muitos especialistas que atuam comigo até hoje, os quais me deram suporte para interagir melhor com esse público. Aos poucos a minha rede foi fortalecendo-se, o que me proporcionou um crescimento profissional no CBEC. Como gerente comercial comecei a interagir mais com meus clientes, ampliando as possibilidades de novos treinamentos, pois minha visão comercial me possibilitou analisar outras necessidades da área, como a comunicação em compras, tributos, marketing pessoal e sustentabilidade. São necessidades que muitos compradores não observam, mas são fundamentais no processo de compras.

Neste período tivemos muitas mudanças na organização, entradas e saídas de diretorias, muitos altos e baixos. Sempre apostei muito nos ideais do CBEC e tive o apoio dos fundadores, Fernando Moura, José Eduardo Barros, João Paulo Monetti, Martha Verçosa e Laerte Farina.

Ao lançar a *Revista Inteligência em Compras* consegui colocar em prática diversos temas selecionados através de pesquisas feitas com compradores, uni mais minha rede com entrevistas e este projeto é um dos mais importantes para mim, pois tive muitos aprendizados. Em 2015, após diversas mudanças na diretoria, fizemos um acordo e assumi a VP Executiva, tornando-me daí em diante responsável pela gestão da organização através da minha empresa, IBCEC Treinamentos. Durante este período entendi que precisava retornar aos estudos para compreender melhor a gestão de todos esses novos processos, optei pela Universidade Municipal de São Caetano do Sul/SP (USCS) para fazer meu MBA em Marketing e Gestão de Clientes.

Foi um período bastante conturbado, pois apesar de uma

imensa rede de relacionamento com profissionais de Compras eu não estava sendo bem aceita como gestora da organização pelas empresas parceiras, patrocinadores e até mesmo por pessoas próximas a mim. Áreas como logística e suprimentos são em sua maioria masculinas, como diretora de uma organização passei por situações bem complicadas de muito machismo, claramente empresas que sempre nos patrocinaram simplesmente nem se davam ao trabalho de ouvir minhas ideias. Ao colocar um diretor para falar pela organização, as mesmas empresas que não abriram as portas para mim abriram para eles. Sim, isso aconteceu e me deixou e deixa ainda bastante chateada. A gestão de todos os processos continuou sob minha responsabilidade, porém, as reuniões, apresentações e assinaturas eram de um homem. Uma pessoa bastante arrogante, nada simpático, muitas vezes até agressivo em suas falas, e mesmo assim era bem aceito pelo mercado.

Convivi a vida toda com situações de machismo e racismo, sempre tive que provar minha capacidade, inteligência e mérito para alcançar meus objetivos. Infelizmente até hoje é assim. Apesar de toda luta, ainda somos minoria para o enfrentamento diário. Por fim, os fundadores do CBEC chegaram à conclusão de que esse caminho não daria certo, arrogância, falta de limites e educação não fazem parte do perfil da empresa, foi aí que assumi de vez todo o controle da organização. A partir deste momento eu me tornaria a presidente, cara e voz da empresa, minha função era seguir com os meus projetos com total responsabilidade quanto a sucesso ou fracasso.

Até pouco tempo, a área de Compras envolvia apenas tarefas básicas e rotineiras, como negociar o pedido do fornecedor e buscar o menor preço. Atualmente, as responsabilidades desse setor têm muito mais amplitude e um peso importante no sucesso do negócio. Por este motivo entendi que os profissionais necessitavam de uma qualificação mais robusta, os nossos cursos básicos e eventos não estavam suprindo essas necessidades. Foi aí que montamos a Certified Purchasing Professional (CPP), curso este validado pelas demais organizações da International Federation of Purchasing and Supply Management (IFPSM), com validade LATAM.

Um bom gerenciamento de compras tem como objetivo reduzir perdas financeiras; maximizar os investimentos feitos em matérias-primas e serviços; contribuir para aumentar a lucratividade da empresa. Durante estes anos lidando com diversos profissionais que participavam de nossos treinamentos, percebi que muitos não tinham essa visão, algumas pessoas ficaram muito "engessadas" nos processos das empresas e não expandiam sua visão para o macro, desperdiçando assim muito tempo em rotinas desnecessárias, por isso o CPP foi um sucesso. Este foi sem dúvida uma grande e boa novidade para os compradores em geral e com isso conseguimos seguir como referência em compras no Brasil.

A minha aposentadoria está próxima, são mais de 30 anos de trabalho e cada dia é um aprendizado, não sei se vou parar, pois tenho uma cabeça cheia de ideias, me sinto jovem e disposta a sempre recomeçar. São muitos anos entre vendas e compras, lidando com ambos os lados, e percebo que no final todos trabalham em direção ao mesmo propósito. Todos precisam atingir suas metas, seja buscando o maior lucro em vendas ou conseguindo o menor desconto em compras, mas as técnicas de negociação, os conceitos de gestão de fornecedores as habilidades necessárias são as mesmas.

Ainda tenho muitas barreiras para saltar e conseguir alcançar meu objetivo que é promover e consolidar a participação de mulheres em Compras, mas graças a Deus tenho alguns anjos a meu redor que não me deixam desistir. Deixei aqui um pouco da minha história e espero que você que esteja lendo sinta-se incentivada(o) a sempre buscar algo diferente e recomeçar, se necessário. Não existe tempo, idade ou forma adequada para iniciar um sonho. O meu pensamento diário ao me levantar é sempre "sim, eu posso".

A mulher em Compras que habita em mim

Luciana Lora

Gerente de Compras em Operadora Brasileira na Indústria de Petróleo e Gás. Pós-graduanda em Transição Energética: Novos Negócios e o Futuro da Energia e Gestão de Pessoas, Carreiras, Liderança e Coaching pela PUC-RS. Atua há 21 anos na cadeia de suprimentos na indústria de exploração, produção, transporte e comercialização de Petróleo e Gás e seus derivados. Atualmente atua como gestora para aquisições de suprimentos, bens e contratação de serviços para operações (OPEX) e investimentos (CAPEX) para campos de produção *onshore*. Gosta tanto de reggae quanto de samba; prefere os livros pela casa aos digitais; agnóstica, mas com muita fé; sensível às questões sociais e racional quanto aos negócios. Mãe do Pedro e da Vitória, tutora do Rengar e da Khaleesi, seus felinos, e casada há mais de 25 anos com o namorado da adolescência e melhor amigo.

LINKEDIN

Era 2002, ainda existiam os aparelhos de fax. Minha trajetória em compras começou em uma multinacional no segmento de brocas de perfuração, que hoje faz parte do grupo Schlumberger. Tive a sorte e o privilégio de ser notada como potencial compradora três meses depois de ter iniciado como recepcionista bilíngue. Meus conhecimentos em Letras abriram portas, não fui professora de português, como planejei. Esta preparação, no entanto, me subsidiou como boa comunicadora e, consequentemente, "negociadora".

Dois anos nessa primeira empresa coincidiram com minha segunda graduação em Gestão para Indústrias de Petróleo e Gás. Precisava de uma formação específica na área, integrei a primeira turma de formandos na cidade de Macaé.

Se você quer continuar em Compras precisa ser resiliente

Aos 23 anos fui mãe pela primeira vez. Foi uma gravidez não planejada. Na época ainda havia aquela pressão social familiar por dedicação exclusiva aos filhos e ao lar. Estava certa de que não me encaixaria neste modelo. Valorizo muito as mulheres que ocuparam e ainda ocupam este espaço exclusivo da maternidade, mas eu estava obstinada a encontrar um jeito de ser "tudo" ao mesmo tempo. A meta era ser a inspiração de vida daqueles que amo.

Um pouco do antes

Iniciei muito cedo no mercado de trabalho. Aos 15 anos trabalhei como secretária do jornal *Maré de Angra*. No período noturno cursava o ensino médio técnico em Processamento de Dados (computadores e internet eram a novidade do momento). Pouco tempo depois trabalhei em um curso de inglês para ter uma bolsa e recursos próprios para atravessar a serra que dividia minha cidade da localidade mais próxima com universidade. Iniciei cursando Administração, no segundo semestre mudei para Letras. No segundo ano decidi que precisava morar na capital do estado. Consegui um emprego melhor em uma seguradora e finalmente, aos 17 anos, já podia me considerar independente.

A carreira de Compras me escolheu

Minha primeira conquista como compradora foi a automatização dos processos de compras através dos recursos tecnológicos disponíveis à época. Ser técnica em processamento de dados ajudou. Foi uma experiência de primeiro contato com a área e forte identificação. Não fazia ideia, no entanto, do quão longa seria esta jornada.

É o seu nome que você leva para onde você for

Dois anos na empresa e cinco meses depois do nascimento do meu filho, fui demitida! Precisava olhar com otimismo para o acontecido. Quando nos tornamos mães, parece que a nossa fé aumenta na mesma proporção que a preocupação, deve ser instinto de sobrevivência. Felizmente meu *networking* tinha aumentado consideravelmente e a gentileza que fiz de ter indicado e referenciado um amigo para trabalhar em Macaé retornou para mim através dele mesmo. Obrigada, Sérgio Fonchaz! Ali começava uma história a qual tenho imensa satisfação em compartilhar! Destaco aqui a importância de cultivarmos relacionamentos que podem nos referenciar, Sérgio e eu fomos colegas de trabalho em uma seguradora no Rio.

Apenas uma semana depois comecei a trabalhar na Transocean, com o dobro do salário. Ao longo de muitos anos nesta empresa tive a feliz oportunidade de evoluir. Comecei como diligenciadora terceirizada, fui contratada como compradora sênior e encerrei meu capítulo desta história como coordenadora. Minha última missão era negociar e monitorar, até a conclusão e pagamento, todas as contratações de serviços realizados por terceiros nas plataformas e navios da empresa. Foi pela empresa que fiz minha primeira viagem internacional, para a cidade de Houston (EUA), onde ficava nossa sede. Quase me mudei para a cidade, se não fosse uma pequena e importante celebração da vida! Estando lá, em treinamento, descobri que seria mãe pela segunda vez, aos 30 anos! Novamente uma mudança de planos.

Ninguém é um profissional de excelência ao se contentar com padrões gerados por repetições que sempre trazem o mesmo resultado, ou com o que dizem sobre você e o "lugar" que deveria ocupar. Era hora de ajustar as velas para navegar por outros mares. Coragem sempre foi o valor que mais agreguei das experiências que tive, usei sem moderação ao fazer escolhas. Logo, ser mãe novamente era só mais uma oportunidade de provar a mim mesma.

Quando minha filha nasceu, já estava cursando uma terceira graduação, agora em uma universidade federal, surfando na onda da responsabilidade social e dos trabalhos voluntários que fazia pela empresa. Serviço Social aprimorou minhas visões sociais de mundo. Nenhum profissional é completo se não entender de "gente" e das múltiplas determinações históricas, culturais, familiares e sociais que formam uma "pessoa". O *upgrade* desta experiência é a constante evolução humana, me tornei mais consciente das vulnerabilidades, próprias e alheias.

Compras estratégicas (*Strategic Sourcing*)

Foi neste capítulo da vida que entendi o significado de estratégia na prática. Comecei a estudar por conta própria "Strategic Sourcing" e foi assim que um novo capítulo e empresa entraram no meu currículo. Motivada por novos e atualizados conhecimentos conquistei uma oportunidade de trabalhar com contratos estratégicos na Halliburton.

Transformando conhecimento em resultados

Fiquei tão entusiasmada em ser mais estratégica que transacional que transformei em pouco menos de um ano uma volumosa carteira de contratos na categoria de serviços prestados nas instalações da empresa, na América Latina, em uma carteira reduzida, com parceiros que atuavam como sócios e apresentaram soluções diversas para os negócios. Também contribuí para que os contratos desta categoria estivessem em total conformidade com a legislação trabalhista, mitigando riscos possíveis. Foram dois anos trabalhando na Halliburton. Muita gratidão por esta experiência, pela oportunidade e pelos amigos. Faço um parêntese aqui para lembrar que as empresas onde trabalhamos são as nossas melhores universidades e onde conquistamos, através da convivência, amizades cujas lembranças levaremos por toda a vida. Tenho uma especial, que define "amizade". No ano de 2013 minha única irmã, Ana Paula Lora, faleceu após uma cirurgia para retirada de tumor cancerígeno no estômago. Eu estava em viagem para a Argentina quando aconteceu. Pablo Waghabi, meu líder na época, deu todo o suporte que minha mãe precisava naquele evento, até meu retorno para a despedida. Em todo momento de dor há quem nos faça ter pelo menos uma lembrança boa, por mais difícil que seja.

Quando a liderança muda as perspectivas

O mercado de Petróleo e Gás é um oceano de oportunidades e precisa de talentos forjados nestes reservatórios da natureza. Reconheço a sorte de estar nesta indústria. Uma empresa do Reino Unido, especializada em equipamentos subsea (águas profundas), buscava no Brasil alguém que reunisse múltiplas experiências na cadeia de suprimentos para coordenar um projeto *startup* em Macaé. Troquei de empresa, pela remuneração, bem mais atrativa, e pela missão que seria.

Era para começar literalmente do "zero", a *startup* mal tinha comprado os móveis do escritório. Nossa base ficava em uma área industrial isolada da cidade. Escrevi os procedimentos. Comprei os materiais e contratei todos os serviços essenciais para o início. Entregamos o que esperavam e estávamos prontos para um mercado aquecido pela onda do Pré-Sal, anunciada pela Petrobrás um pouco antes, em 2006. No entanto, uma grande crise fez parte deste capítulo da minha vida. O preço do barril do petróleo despencou em 2015. Isto significou prejuízos enormes para diversas empresas do segmento, especialmente para a que havia me contratado com tão boas expectativas. Fomos demitidos todos no mesmo dia.

"Cair é normal, levantar mais forte é opção." (Gabi Batista)

Esta é aquela parte da nossa história que é boa para compartilhar, mas que não queremos viver novamente. A área de Compras no mercado de Petróleo e Gás é conhecida pelo potencial de empregabilidade. Mas, no meu caso e de muitos outros, estávamos disputando oportunidades escassas e com a necessidade de dar alguns passos para trás, não somente pela posição, quanto pela remuneração. Foram quase 14 meses sem um emprego fixo e uma coleção de entrevistas. Neste ínterim, minha experiência em Compras trouxe oportunidades diversas em trabalhos alternativos. Fui de representante comercial a coordenadora de eventos para um festival de teatro, tradutora técnica e instrutora. Escrevi o material "Compras Estratégicas, TCO e Inteligência de Mercado aplicada a Compras" e ministrei treinamentos corporativos para diversas turmas em Macaé.

Um feliz recomeço, mesmo recuando alguns passos

Felizmente tive a oportunidade de voltar ao mercado como compradora sênior, na antiga Odebrecht Óleo e Gás. Uma área de compras a ser estruturada, uma equipe pequena que cuidaria deste projeto e eu, uma mulher em Compras hipermotivada pela oportunidade e pela missão de categorizar uma grande base de materiais para destacar quais seriam as oportunidades de contratos estratégicos e transformar compradores transacionais (os quais chamamos SPOT) em especialistas e "donos" de categorias. Meus amigos, à época, são testemunhas do entusiasmo que foi viver este capítulo.

As primeiras experiências em operadoras de petróleo e gás

Como dizia o Capitão Nascimento em Tropa de Elite, "missão dada é missão cumprida". Cumpri minha missão, era hora de ter outras. Eu queria conquistar novos territórios e tinha bagagem para isto. Foi assim que aceitei um trabalho temporário na primeira operadora, a Maha Energy, como especialista em Compras na categoria de perfuração em campos *onshore*. Depois deste projeto tive a sorte de ser convidada para a posição de coordenadora de Compras, agora com uma equipe de quatro pessoas, para uma outra operadora de campos *offshore*, a antiga Dommo Energia (ex-OGX). Lamento que tenha sido por tão pouco tempo. Um ano depois a empresa vendeu seu principal ativo e parte da concessão de exploração do campo *offshore* para uma outra operadora nacional. Era hora de ter um plano B e como sou adepta da Psicologia Positiva associada a altas doses de coragem, outra oportunidade surgiu, desta vez em uma operadora *offshore* multinacional, a TotalEnergies. Fui contratada como engenheira de contratos.

O que eu aprendi trabalhando em uma multinacional francesa durante a pandemia

Este capítulo eu chamo de "Pós-graduação prática intensiva". Conheci uma parceira de trabalho que me ensinou o valor de compartilhar nossos erros, se erramos, por que não compartilhar com os pares para que não os cometam também, já que estamos fazendo a mesma coisa e temos os mesmos objetivos? Aprendi que os franceses também falam inglês como segunda língua, ou seja, inglês com sotaque francês. Logo, nós, brasileiros, falamos inglês com o sotaque brasileiro. Também descobri que os franceses são supersinceros e que não "levam nada para o coração". Trabalhei nesta empresa durante a pandemia. Era desafiador defender, de forma remota e no idioma alheio, contratações complexas para uma comissão de concorrências liderada pelo presidente da companhia no Brasil e todo o *boarding* de diretores técnicos e administrativos. O legado: salvei alguns milhões em negociações bem-sucedidas.

As oportunidades não escolhem você aleatoriamente, a coragem amparada por estratégia pode mudar significantemente sua vida.

Voltei a ser coordenadora de uma equipe maior, mista

entre compradores e especialistas estratégicos e transacionais, para uma operadora nacional com uma história especialmente parecida com a minha. A empresa começou o "capítulo um" durante a pandemia, aproveitando as oportunidades abertas pelo processo de desinvestimento nos campos de petróleo e gás da região nordeste do País. Como eu poderia ajudar esta empresa a me ajudar a crescer se ela estava crescendo também? Sabe quando você tem medo, mas vai com medo mesmo e se arrisca a pular de paraquedas porque sabe que fez os treinamentos e está ciente dos riscos, mas quer pagar o preço da aventura? Foi esta a sensação que tive quando aceitei a proposta para trabalhar na 3R Petroleum, minha atual empregadora. Não conhecia ninguém em suprimentos. Não foi fácil passar pelos primeiros três meses. Mas eu me sentia "pronta". Minha paixão por Compras e tudo o que eu aprendi com as experiências que tive me forjaram para ser uma líder especialmente entusiasmada e dedicada ao desenvolvimento de processos e principalmente de pessoas. Que cenário fantástico para colocar em prática tudo o que eu pude trazer dos meus capítulos anteriores. Começar uma história junto com uma empresa é uma oportunidade ímpar. A gente comemora cada barril a mais de petróleo produzido, cada negócio fechado, cada contrato assinado, cada pessoa nova contratada. Também sofremos com as oscilações e incertezas, com os ajustes necessários, com as curvas de aprendizado, mas somos especialmente orgulhosos e felizes com o que fazemos.

Sobretudo, ser uma mulher em compras, com um currículo forjado por "escolas" tão importantes, me colocou no caminho, e não há nada mais especial do que reconhecer que estamos no "caminho". E que o caminho não é uma parte do processo, é "o processo"; que não somos os títulos das assinaturas de e-mail, apenas "estamos" estes títulos. Somos muito mais que isto.

Cada pessoa que conheci e que me prestou mentoria, cada liderança que confiou no meu potencial e cada vez que precisei buscar uma fé inabalável para vencer meus próprios fantasmas me conduziram na direção em que estou hoje.

Competência se constrói com experiências, não vem em DNA de gênero

Não poderia concluir minha participação neste livro sem destacar a condição histórica de gênero, cujo cenário, especialmente para nós, mulheres, ainda exige anos de ressignificação. Não fomos educadas para liderar, fomos educadas para servir. Minha geração cresceu com mensagens subliminares sobre objetificação sexista e de gênero. Confesso que ainda tenho estas vozes ecoando no subconsciente, impondo limitações e espaços, atuando como impostoras. Por vezes eu disse a mesma coisa que um colega homem disse, mas não fui ouvida. Por vezes eu precisei dedicar bem mais horas de trabalho, administrar múltiplas tarefas e responsabilidades, lidar com minhas questões mais íntimas e frágeis para provar que eu não precisava ser "homem" para ter o DNA de uma pessoa humana competente e conquistadora. Para romper limites imaginários e reais estudei mulheres históricas com grandes feitos, criei meus arquétipos, modelei meu comportamento nestas mulheres e busco me conectar com elas no dia a dia.

Como uma mulher em Compras sempre estive atenta às pessoas que me inspiraram a continuar neste "caminho"; vivo tentando descobrir o que nem sei que ainda "não sei"; não tenho medo de reconhecer minhas vulnerabilidades; me esforço bastante para construir uma personalidade antifrágil; sou uma negociadora ganha-ganha, buscando fazer "mais" com "menos"; gosto de simplificar, mas também me preocupo em garantir segurança, valor que considero tão importante quanto a ética, para qualquer pessoa e empresa.

Luciana Lora

Tudo é culpa de Compras, incluindo as soluções

Costumo brincar que "tudo é culpa de Compras", porque é este o jargão dos nossos principais requisitantes. Mas o que prezo e incentivo é que somos protagonistas em encontrar soluções. Vamos muito além do que atender demandas, recomendamos a contratação dos melhores parceiros, os que viabilizarão em conjunto com o nosso pessoal técnico e demais áreas, o sucesso do negócio e da empresa. E como mulheres em Compras que somos, usamos e abusamos da nossa alta performance em intuir e perceber, sempre achando o "melhor jeito" de fazer as coisas darem certo.

"Não há no mundo exagero mais belo que a gratidão."
(Jean de la Bruyee)

A carreira em Compras me escolheu, não foi um sonho que eu tive quando criança e fui atrás deste destino. Vejo as amizades que ficaram para a vida. Vejo as inúmeras oportunidades que tive e ainda terei. Também vejo a importância dos fornecedores, eles são especialistas no que fazem. Logo, se você está nesta área e nunca tem tempo para uma apresentação comercial, precisa repensar isto. Foram os fornecedores que me ajudaram a resolver problemas complexos, me atenderam muitas vezes de madrugada (quem trabalha no *offshore* e no petróleo vai entender) e propuseram soluções que economizaram muito dinheiro para a empresa.

Também sou muito grata aos requisitantes técnicos. São estes profissionais e gestores que validam nosso trabalho. Referenciam-nos onde quer que estejamos. A transferência do conhecimento técnico de vocês é o que nos permite evoluir na recomendação comercial mais assertiva e nos tornam mais especialistas.

Aos gestores e líderes que testemunharam, e testemunham, minha evolução profissional de recepcionista a gerente

Mulheres em Compras®

de compras, ao longo destes 23 anos, muito obrigada pela oportunidade e por terem sido fontes de inspiração e aprendizado.

Aos liderados, familiares e amigos, que eu possa ser para vocês uma fonte de inspiração renovada e que a cada dia eu consiga transferir, de um jeito melhor, tudo aquilo que aprendi com os melhores, com os erros e com a humildade de quem reconhece que "nós não somos os nossos títulos profissionais e certificados de conclusão, nós "estamos" isto! O que somos é aquilo que conseguimos plantar nas pessoas pelo caminho, as boas práticas, a relação de confiança, as emoções positivas que são capazes de transformar uma vida.

Concluo agradecendo demais a oportunidade de compartilhar minha história neste livro. Obrigada pelo interesse e pela leitura. Espero que de alguma forma eu tenha motivado você em sua carreira e vida assim como outras pessoas me motivaram na minha. Somos empreendedores do CNPJ alheio. Que o seu nome, sua "marca", seja a parte mais importante e significativa do seu currículo.

O Caminho de sucesso e felicidade é seu. O poder de se reinventar e seguir!

Margot Cohn

Casada com Armando, mãe da Valentina e do José Gabriel. Formada em Economia pela Universidade Federal do Ceará. MBA em gestão de negócios no setor elétrico pelo IBMEC. Atuou por mais de 23 anos na área de Procurement e Supply Chain, coordenando operação no Brasil e Latino-América sempre dentro do setor elétrico. Acredita em um mundo mais sustentável e é convicta de que a área de Compras é um motor dentro das empresas para que isso aconteça, através do desenvolvimento de fornecedores e fomentando sempre a economia circular. Atua como mentora. Apaixonada pelo mundo das negociações e pelo desenvolvimento de pessoas.

LINKEDIN

Sou nascida em Fortaleza, filha única, e perdi meu pai muito cedo, aos cinco anos de idade. Minha mãe me criou sozinha, nunca me faltou nada, mas ela sempre trabalhou muito, estudei em boas escolas e desde pequena apreciava a força de minha mãe, que para mim sempre foi como uma super-heroína, ela saiu do interior do Ceará e chegou a gerente de multinacional, e eu sempre a admirei e pensava que quando crescesse ia ser assim, forte, batalhadora e queria ser uma grande executiva.

Ingressei na universidade no curso de Economia, mas não tinha claro ao certo que caminho trilhar, estagiei em dois bancos e não me identifiquei com o ambiente, então tinha certeza que banco não era uma área em que eu gostaria de trabalhar; depois ingressei em uma fábrica de transformadores na área comercial e também não me identifiquei com o local, foi quando aos 23 anos apareceu a oportunidade de trabalhar em uma grande empresa do setor de elétrico na área de Compras; na primeira semana, eu já sabia que queria fazer minha carreira nessa área, me identifiquei de imediato e lembro-me de chegar em casa e dizer para minha mãe: "Descobri aonde quero fazer minha carreira". Provavelmente ela se sentiu feliz e aliviada, porque até então eu não tinha claro o que queria fazer. Quando vamos escolher uma carreira, há uma pressão e uma expectativa muito grande do que fazer, de que carreira escolher, e na verdade aos 17 anos ainda somos indecisos.

Margot Cohn

Não sei nem dizer ao certo o que mais me encantou, mas gostei do dinamismo da área, do contato com pessoas internas e externas e com a possibilidade de me sentir importante na resolução dos problemas e busca de soluções, sentir que o meu trabalho fazia a diferença.

Na época em que iniciei a área de Compras era uma área pouco reconhecida nas empresas, e muito operacional, transacional, emissão de pedido, e a negociação basicamente era pedir para baixar preços.

Nela fui me desenvolvendo, no ano de 2003 fui convidada a fazer uma unificação de processos e transferida para o Rio de Janeiro. Apesar de estar no mesmo país, a cultura do carioca e do cearense é completamente diferente, não tem certo nem errado, é simplesmente diferente.

Foi uma adaptação difícil, mulher, nordestina, gerenciando uma área no Sudeste e em uma empresa predominantemente masculina, porém posso dizer que foi uma fase de grande crescimento, pessoal e profissional, porque quando você chega em um lugar novo precisa entender, escutar e não pode querer que as pessoas mudem, então aprendi que eu precisava me inserir na cultura local, e buscar a colaboração das pessoas, motivá-las da maneira correta. Assumi uma área de compras de materiais e dois anos depois toda a gerência de suprimentos, onde administrava materiais, serviços, logística e gestão de frota de veículos.

Muitos temas diferentes e muitos desafios durante uma transição de empresa antes estatal para privada. Aprendi a lidar com diferentes problemas e pressões por resultados, a empresa precisava se transformar rápido, e ao mesmo tempo os processos e sistemas não estavam prontos para essa transformação. Aprendi a trocar a roda do carro com ele andando.

Mulheres em Compras®

Meu mundo particular

Um capítulo diferente da minha vida se iniciou quando começou o desejo de ser mãe, para nós, mulheres, sempre focadas em carreira o pensar em ter filhos é como ter que dar um *reset*, parar no tempo, ficava pensando em como seria. Casei aos 35 anos e o relógio biológico começa a contar e pesar, tive o privilégio de encontrar o grande amor da minha vida, meu marido, companheiro que sempre me apoia em tudo e com ele eu sabia que queria ter uma família, então era um desejo dentro de mim que crescia mais que qualquer coisa.

Quando comecei a tentar ter filhos veio a angústia de não conseguir engravidar e nesse caminho foram dois anos e cinco fertilizações *in vitro* até minha filha chegar. E foi como completar um ciclo, e iniciar uma nova fase, uma nova mulher. Todos os medos passam, será que vou conseguir ser boa mãe e seguir sendo uma boa profissional? Como vou equilibrar esse papel? Acredito que em muitas mulheres passa esse sentimento na cabeça, e podem acreditar, nasce uma força que nem sabemos de onde ela sai, porque ser mãe para mim é o papel mais importante que tenho, mas a minha vida profissional é algo que me realiza e completa, então adotei um ditado para mim: pais felizes têm filhos felizes, parei de me cobrar e passei a entender que entregar a melhor qualidade do meu tempo para os meus filhos os faria felizes e manter minha realização profissional me faz feliz, então decidir parar com a culpa e me dedicar a ser feliz. Voltei a trabalhar mais rápido do que havia planejado após o nascimento de minha filha, e fazer o equilíbrio entre vida pessoal e profissional é mais importante ainda, porque a vida pessoal não é mais só sua, precisa dividir com um serzinho que precisa de muita atenção e não é fácil aprender, mas é possível. Quando a vida estava se ajustando, Deus me surpreendeu com um segundo filho, de repente e de forma natural me tornei mãe pela segunda vez, e o jogo muda de fase, assim como nos videogames as fases vão ficando mais difíceis, mas nós temos a capacidade de encontrar a maneira certa de ir passando de fase e melhorando em cada uma.

Sobre minha vida em Compras

Trabalhar em Compras, assim como em qualquer outra profissão, tem a ver com amar o que se faz e se tem uma certeza, um dia nunca será igual ao outro. Eu costumo dizer que a área de Compras é como luz em casa, as pessoas só percebem quando falta. Enfim, se tudo funciona bem, os materiais chegam a tempo, as empresas contratadas não têm problemas, a logística funciona como um relógio, tudo acontece naturalmente, é como uma mão invisível que faz tudo funcionar.

Mas, se algum planejamento falha, começa o conflito, Compras atrasou, não entregou, não contratou direito.

O importante em uma área de Compras é ter agilidade para mudar de rota, e entender o que é importante para a empresa naquele momento. Hora pode ser prazo, hora pode ser custo, depende do contexto. O importante é ter o remédio certo no momento certo para a necessidade que existe.

Passei por muitos desafios nos meus anos em Compras, e em cada momento, cada dia pude aproveitar e aprender o que fazer e o que não fazer.

É fundamental para uma área de Compras entender o que cada projeto precisa, para que possa buscar o melhor resultado. Muitas pessoas pensam que comprar é só pedir preço, negociar e fechar, mas não é sobre isso, porque o preço nem sempre é o mais importante. Às vezes é o prazo, às vezes é qualidade, enfim é necessário dar a importância para cada compra que se vai fazer. Deve ter atenção em conhecer o mercado fornecedor, que opções existem no mercado, entender o custo do que está comprando, ter a inteligência de avaliar e ter claro que um preço muito abaixo pode ser um erro, vale a frase "não existe almoço grátis". Um comprador tem que avaliar e trabalhar nas alianças estratégicas, dar prioridades, às vezes o mais barato não tem o prazo e se o material não chegar a tempo ou o serviço não for contratado a tempo, já se perdeu o projeto, vale também a frase "não adianta o remédio chegar depois que o paciente se foi" Todas essas nuances têm que estar no ângulo de visão de um bom comprador.

Outro ponto que sempre tive comigo é que o desenvolvimento de alianças estratégicas é fundamental para alcançar os objetivos, pensar na cadeia de suprimentos como um todo, a sustentabilidade é um pilar que não podemos esquecer nunca, ESG é mais que uma sigla, deve estar dentro do processo de Compras, guiando a tomada de decisão, as grandes empresas devem ter no radar que são vetores de desenvolvimento, uma cadeia de suprimentos que fomente economia circular, o desenvolvimento da sociedade, crescimento do emprego. Sinto orgulho de todos os projetos que fomos capazes de fomentar dentro de nossos processos, criando oportunidades dentro das sociedades.

É primordial entender o que seu usuário precisa, para que precisa e quando precisa, e buscar as melhores alternativas, ser flexível e saber ouvir. O escutar genuinamente é importante e assim poder ter claras as necessidades de todos os *stakeholders*, seja o seu cliente interno na empresa, o fornecedor, os colegas de trabalho para fazer com que tudo funcione bem.

Acredito que um dos grandes aprendizados que levo comigo e que somente a maturidade nos faz ver é que a escuta é primordial para tudo, escutar os filhos, escutar os fornecedores, escutar os pais, enfim, quando paramos para escutar podemos entender o que vem do outro lado, sempre fui muito ansiosa e uma das minhas maiores dificuldades era escutar. Eu sempre queria falar primeiro, colocar minha opinião muitas vezes antes de escutar as outras pessoas. O tempo e a maturidade me ensinaram que a aprendizagem vem muito da escuta ativa, que é ouvir com atenção o que estão nos dizendo.

Liderança

A liderança, para mim, sempre foi algo que me realizou, obviamente durante minha carreira cometi vários equívocos, sempre tentei dar o meu melhor, pensar no que realiza as pessoas que estão ao meu redor, entender o momento que estão passando, empatia sempre.

Empatia para mim é pré-requisito para liderança, uma pessoa que não consegue ser empática não poderia ser líder. Porque para liderar pessoas precisamos entender as necessidades de cada membro que faz parte da equipe, as motivações que cada um tem e entender os diferentes momentos que vivem e saber se colocar no lugar do outro para trabalhar a motivação correta.

Motivação, na minha opinião é o segredo simples de uma equipe de alta performance, ter a pessoa certa, com a motivação correta, na posição certa, traz muito resultado.

E por serem pessoas diferentes as motivações são diferentes, alguns se motivam por promoções, outros por desafios, outros por mais salários, outros por projetos e um bom líder deve ter a empatia de entender as diferentes motivações da equipe e trabalhar cada uma delas.

O estilo de liderança cada pessoas desenvolve, o meu estilo é estar próxima, procuro conhecer as pessoas, cuidar, entender o que as move e entregar o que precisam para o desempenho das atividades e a realização profissional. Por outro lado cobro os resultados e sou exigente com a qualidade das entregas e cumprimentos de prazos, acredito que através de *feedbacks* constantes construímos uma equipe de alta performance, procuro direcionar e escutar, sempre busco ser flexível, mas os prazos devem ser respeitados ou negociados previamente.

Eu me orgulho de muitos líderes que ajudei a formar ao longo da minha carreira, me sinto orgulhosa de cada pessoa que fez parte da minha equipe e que se tornou um líder admirado.

Também tive o privilégio de ser liderada por pessoas incríveis que me ajudaram a crescer e aprender, souberam me direcionar e sou quem sou hoje me espelhando nesses líderes que cruzaram meu caminho.

Onde me encontro hoje

Como eu comentei quando conheci Compras, foi paixão ao primeiro dia, em todos os meus 23 anos nessa área, não teve um dia sequer que levantei triste para trabalhar, óbvio que tem dias felizes e dias não tão felizes, mas sempre fui trabalhar com prazer e alegria, o que considero um privilégio que nem todos podem ter. No entanto, em 2021, na empresa em que trabalhei esses 23 anos fui desafiada a mudar de área, não foi uma decisão fácil de tomar, mas também não sou de dizer não a novos desafios e entendo que quando estamos em uma organização devemos estar onde a organização precisa, então aceitei o desafio de mudar radicalmente de área, deixando minha paixão diária para me aventurar em uma área de operações, muito mais técnica. E tem sido um desafio interessante, porque tudo que aprendi nos meus anos de Compras entendi que posso aplicar em qualquer área, porque a de Compras nos ensina a ter uma visão crítica sobre os processos, a buscar saídas para as dificuldades que aparecem e a encontrar o melhor caminho em cada necessidade. Meu aprendizado sobre pessoas e entendimento para escolher as pessoas certas para o time, a habilidade de negociação para buscar novas formas de construir um novo processo e entender as necessidades, a escuta para entender como tudo funciona, a crítica para fazer as perguntas certas quando não se conhece o processo profundamente, tudo isso tenho aplicado diariamente nos últimos dois anos, e pude com a ajuda de um time espetacular transformar os resultados.

Eu concluo este capítulo com a frase que não é minha, mas adotei no meu dia a dia: "***Mais do que se fazer o que se gosta o*** *importante em nossa vida é gostar do que se faz"*, porque isso nos traz plenitude como profissionais, a maior parte de nossas vidas estamos no ambiente de trabalho, então seja o que for que decidimos fazer, temos que estar confortáveis em fazer e sermos felizes com nossas decisões.

Os caminhos que trilhamos devem nos levar aonde queremos, mas muitas vezes as rotas são alteradas, o principal na minha visão é termos claro onde queremos chegar e se precisar recalcular a rota não se intimidar, ter a resiliência suficiente para recalcular e seguir em frente.

Em um outro livro quem sabe conto para vocês como seguiu minha nova trajetória.

ALÉM DOS DESAFIOS:
Resiliência e Crescimento em Cada Passo

Mariana Sotier

Engenheira Química formada pela Universidade Federal do Paraná, pós-graduada em Gestão Empresarial pela Universidade Gama Filho e especialista em Supply Chain e Logística pela Unicamp. Apaixonada por gestão de pessoas e processos de transformação, construiu a carreira sempre em indústrias iniciando em Manufatura, passando por Planejamento e finalmente por Compras, onde há mais de uma década pode aprender e contribuir sobre todas as diferentes carteiras de Compras. Primeiros 12 anos da carreira foram na Procter & Gamble, em diferentes países (Brasil, EUA) e unidades. Em seguida assumiu a Diretoria de Compras Latam da Fareva, multinacional francesa com mais de 40 unidades fabris. Liderou uma grande transformação na área de Compras da Alpargatas, redefinindo processos e procedimentos, digitalizando e elevando o nível de maturidade de Procurement. Atualmente faz parte do time de Compras da Klabin como Gerente Geral.

LINKEDIN

Jornada, uma palavra que eu adoro, mas que só a maturidade me trouxe o real significado.

O Início....

Como falar da Mariana em Compras sem contar um pouquinho da minha história antes de uma carreira profissional? Eu sou filha mais velha e por isso carrego um pouco do perfil de responsabilidade e exemplo, "role model" para minha irmã caçula. Meus pais sempre foram muito amorosos e exigentes, mas eu fui mais exigente ainda. Na escola sempre busquei por ser uma das melhores alunas e me cobrava muito por isso. Quando decidi aos 16 anos sair de casa para estudar na Capital do Estado, onde o ensino era melhor e me prepararia para melhores universidades, eu vi que o meu mundo de referência era muito pequeno. Em uma cidade maior, com mais possibilidades, eu era só mais uma na multidão. Minha visão se abriu e eu deixei de me cobrar para ser a melhor para apenas conseguir o objetivo de passar em um vestibular de uma universidade pública e morar fora de casa, ou seja, começar minha independência.

Mariana Sotier

Primeira decepção, primeira grande lição

Conquistada a tão desejada vaga em universidade pública, eu vi a dificuldade de conciliar grandes projetos ou demandas quando resolvi que queria fazer intercâmbio nos EUA, visando uma nova experiência cultural e aprimoramento da língua. Como todo programa de expatriação, são inúmeras papeladas, burocracias e uma preparação psicológica grande, ainda mais com 20 anos de idade. Perdi o foco nos estudos, que sempre foram meu grande diferencial, e acabei reprovando em três matérias na faculdade. Isso representava para mim uma enorme decepção, significava que eu não me formaria com a minha turma original, além de escancarar a minha ineficiência em conciliar os estudos nessa nova etapa da vida universitária. Chorei muito, fiz o intercâmbio no período de férias de verão e, quando voltei, peguei toda a grade de matérias e mais as que eu havia reprovado. Eu precisava então ser 130% mais eficiente nos estudos que os demais colegas, para conseguir retomar o que deixei para trás. Agora eu não estava exigindo ser uma das melhores da turma, simplesmente passar de ano já atendia ao meu objetivo. E assim foi, estudei muito as matérias e consegui passar, acabei até sendo professora da Escola Técnica da Federal do Paraná de uma das disciplinas em que eu havia reprovado.

Aprendi que escolhas são necessárias, não é possível fazer tudo e tudo com qualidade!

Início da carreira, muitas dúvidas

Terminada a faculdade, objetivo de se formar com a turma cumprido, e agora? Onde buscar uma colocação profissional que oferecesse oportunidade de desenvolvimento e crescimento? Resolvi que eu queria ser *trainee* e me inscrevi em uns 30 programas, alguns nem da primeira etapa eu passei, mas foi na multinacional Procter & Gamble que eu consegui uma vaga de *trainee* de manufatura em Manaus. Trabalhar em uma multinacional tão organizada como a P&G nos primeiros 12 anos da minha vida profissional fez muita diferença na minha carreira. Pude morar em locais diferentes, tive muitos treinamentos corporativos os quais uso o conhecimento até hoje, conheci profissionais fantásticos e tive grandes líderes. Entre transições para diferentes funções, desde manufatura, planejamento, controles internos e compras... acabei me estabelecendo no que chamo de "Mundo Maravilhoso de Compras".

Por que Compras?

Todo mundo tem um pouco de comprador, fazemos isso no nosso dia a dia nas nossas vidas pessoais e muitos nas empresas acham que isso basta para fazer boas compras, mas não é verdade! Fazer uma carreira em compras significa que você precisa aprimorar algumas habilidades, suas e do time, para que possa alcançar seu objetivo e da empresa. Quando me indicaram a vaga em Compras, ela era no corporativo e significava sair da área fabril e ir a um escritório, com novas formalidades, mais preparo para lidar com os fornecedores e estar perto de onde as grandes decisões da empresa são tomadas... topei!

Minha primeira carteira em Compras foi MRO, isso significa *zilhões* de itens, BIDs de milhares de linhas, especificações obsoletas, peças que nem são fabricadas mais, erros de cadastro, time de manufatura ligando que a peça não chegou, foi um grande aprendizado e tive o time que reportava para mim e meus colegas como meus grandes professores. Eu nem sabia o que era um BID quando comecei, mas a P&G tem um programa de capacitação muito forte para compras, boas ferramentas, o que ajudava a se preparar e estruturar as informações para boas negociações e gestão da carteira.

Mariana Sotier

Além de compradora, agora um novo papel: mãe

Carreira, vida profissional, a energia de ter desafios e superá-los sempre foi algo muito importante para mim, mas família também, e com isso tomamos a decisão, eu e meu esposo, de aumentar nossa família. Minha primeira filha nasceu quando eu já tinha mais de 30 anos de idade, não era mais uma menina e a maioria dos meus colegas de trabalho ainda não tinha tido filhos, então foi algo novo para mim e também para o time de Compras que trabalhava comigo. Passados pouco mais de dois anos, tive minha segunda filha, e com isso meu papel de mãe ganhava ainda mais importância na minha vida. São duas personalidades diferentes, duas necessidades e ainda é preciso equilibrar as demandas de dona de casa, esposa, filha, irmã, profissional, mulher e mais importante de tudo, sono!

Quando sonhamos em ter filhos não conseguimos mensurar as grandes mudanças que irão acontecer, existem grandes desafios (sono para mim sempre foi o maior), culpa, dúvidas, mas ganhamos com eles muita maturidade, experiência, resiliência, alegrias, risadas e amor. Sinto que como mulher carregamos de certa forma uma responsabilidade maior nesse papel, mas conseguir dividir com pessoas ao nosso redor um pouco de toda a nova demanda que o papel de mãe traz é fundamental para equilíbrio e saúde mental.

Minha decisão: maternidade não pode afetar minha carreira.

Imagino que a dúvida de se dedicar aos filhos integralmente sempre existe quando os temos, a dependência deles e a necessidade de cuidados nos faz repensar e repesar as prioridades. Minha mãe, avós e tias, exemplos para mim, sempre cuidaram de seus filhos, educaram e criaram, mas sempre tiveram atividades de onde tiraram uma remuneração para elas, sem depender exclusivamente de seus parceiros. Eu decidi, então, que não seria diferente, e meu esposo sempre me incentivou muito a seguir me desenvolvendo profissionalmente.

Qual o próximo desafio?

Durante esse período mais curto entre licenças-maternidade, eu acabei tendo a oportunidade de gerir mais carteiras de compras em menor tempo, o que me permitiu aprender sobre categorias de serviços, controles internos (de compras) para todas as categorias, embalagem e projetos. Isso me abriu um leque de conhecimento e eu senti que todo o aprendizado que eu havia adquirido na P&G poderia ser ainda mais útil em uma outra empresa, então tomei a decisão de sair de onde iniciei minha carreira há mais de uma década para um desafio regional de compras.

Na Fareva, uma grande empresa familiar com mais de 40 unidades fabris, o time era maior e o primeiro desafio era integrar uma nova unidade fabril ao processo de compras (M&A) e em seguida influenciar as decisões estratégicas de compras nas unidades da América Latina. Foi uma experiência de pouco menos de dois anos, muito intensa, que trouxe a vivência de trabalhar em uma empresa de capital fechado e também conhecimento sobre o ramo farmacêutico. Fiz a integração das áreas de Indiretos e Diretos regionalmente, trouxemos resultados financeiros expressivos para as unidades que atendia, fomos protagonistas e eu queria mais. Por que não ter um sistema que integrasse todas as compras e pudesse criar alavancas de volume, dados para análise e melhores negociações? Entendi que era a hora de buscar alguma oportunidade que me desse essa experiência, e foi quando surgiu a Alpargatas, dona da amada marca Havaianas. Essa jornada na Alpa foi incrível!

Mariana Sotier

A grande transformação pessoal e profissional

Minha mudança para a Alpargatas foi no meio da pandemia, demorei mais de um ano para conhecer pessoalmente o time que trabalhava comigo. Tive muita sorte de encontrar um time maduro, que sabia bastante do que comprava, mas que sofria com as áreas de negócio envolvendo Compras só no final do processo, especialmente nas carteiras de indiretos. Faltava mostrar às áreas de negócio o benefício de ter o time de compras envolvido nos processos desde o princípio, trazendo informações de mercado, de fornecedores, para então discutir a melhor estratégia para a empresa. Faltavam também ferramentas, relatório e uma unificação dos processos de compras nas diferentes macrocategorias. Iniciei a jornada, junto com o time, e nossa liderança, fazendo um diagnóstico de pessoas, processos e procedimento. Desenhamos então uma nova estrutura, um "roadmap" de atividades de transformação e aprovamos um "business case" para investirmos em uma ferramenta de compras, que traria benefícios financeiros e mais maturidade ao processo. Contamos com suporte de grandes empresas de mercado para a transformação, ao longo de três anos demos uma posição mais estratégica de Compras dentro da empresa. A relação com as áreas internas melhorou muito, as negociações ficaram cada vez mais complexas e eficientes, e os números mostraram isso. Reduções de inventários de materiais com novas políticas de estoque com mais de 40% de melhoria, centralizações de carteiras de indiretos de mais de 20 pontos percentuais, "strategic sourcings" e projetos de *savings* com maior foco e participação multifuncional das áreas internas, avaliação de risco com mais disciplina e estrutura. O time de Compras elevou o nível de maturidade do processo de compras da Alpargatas e concluiu a implementação de uma ferramenta, trazendo mais modernidade à forma de contratação e compras, além de números e KPIs para melhor análise e acompanhamento dos resultados.

Mulheres em Compras®

Mas toda essa mudança não foi fácil, pessoalmente passei por momentos difíceis durante esse período. Como durante a pandemia trabalhamos remoto, pude ficar períodos mais longos na casa dos meus pais, aproveitar a família e o suporte deles para cuidar das crianças, porém, no início das vacinações, meu pai pegou Covid e não resistiu. Meu sogro havia falecido há menos de duas semanas, minha mãe e esposo isolados com Covid, eu trabalhando e cuidando de todos, com as crianças em casa e sem aula. Durante esses dias difíceis, eu nem sabia o que estava acontecendo, eu só olhava para frente e fazia o que era preciso, sem parar, o trabalho me distraía dos problemas pessoais e os problemas pessoais dos desafios do trabalho. Quando tudo se acalmou olhei para trás e vi como cresci e amadureci, como o autoconhecimento é fundamental e como é importante estarmos cercados de pessoas que possam nos ajudar e com quem possamos contar.

Depois de implementada a ferramenta, os procedimentos atualizados, processos mais robustos, estava na hora de buscar ainda mais eficiência e custo para contribuir com os resultados da companhia, que naquele momento precisava muito segurar gastos para ter uma saúde financeira melhor. A empresa passou por muitas mudanças de liderança e ter o time de Compras com alta eficiência, conhecimento, treinado e os processos bem estabelecidos, ajudou muito a contribuir nesse momento. As interações com outros colegas de área em fóruns e treinamentos trouxe a mim e ao time a oportunidade de aprender com quem já passou por desafios parecidos com o que estávamos vivendo e nesse espírito fomos criando uma rede de colaboração que contribuiu ainda mais para essa estabilização dos nossos processos e mais modernidade, como robôs e automatização.

Lição final: Voltando à jornada...

Algo que aprendi ao longo desses anos em Compras é que cada empresa é diferente, cada time é diferente, cada negócio é diferente e que mudar e melhorar é uma jornada, não tem fim. É preciso tirar o melhor de cada experiência vivida. Tem coisas que vão dar errado, e como consertamos? Como colaboramos com as pessoas certas para melhorar os processos e influenciar as decisões? Como nos mantermos atualizados no mercado e sabendo o que vem de novo? A cada novo passo, devemos nos perguntar qual é o próximo, e não parar. Movida por desafios, eu sempre estou buscando deixar meu legado e contribuição por onde passo, sem deixar minha essência e sendo grata por cada novo aprendizado. Encerro minha jornada na Alpargatas com muita gratidão e saio em busca de novos desafios e oportunidade de contribuir para o protagonismo de Compras. Essa área há uma década era outra, hoje ela é mais estratégica e cada valor que gera contribui com o resultado da empresa diretamente. Estar em Compras neste momento é uma sorte para os profissionais deste meio.

Superando Limites: Descobertas e Crescimento no Setor de Compras

Marlene Diaz

Graduada em Ciências Contábeis pela Universidade Mackenzie, pós-graduada em Gestão e Controle Empresarial pela FAAP e MBA em Gestão Estratégica e Econômica de Negócios pela FGV. Atualmente é CEO da Faciles Tecnologia e Serviços Colaborativos. Trabalhou em empresas pioneiras em seus ramos de atuação, sendo COO na Smarkets Inteligência de Negócios, gerente de Strategic Sourcing na GRSA, gerente de Sourcing e BPO no Mercado Eletrônico S.A., compradora no UOL e Lucent Technologies. Possui experiência de mais de 20 anos na área de Suprimentos, atuando na implementação de projetos de Sourcing e BPO de Compras utilizando soluções de e-procurement (RFX, Leilão Reverso, SRM e Catálogos Eletrônicos). Compartilha conhecimento adquirido através de palestras e treinamentos voltados para a área de Compras.

LINKEDIN

Agradecimentos

Agradeço a Cilene Bim e Andréia Roma pelo convite de participar desta série "Mulheres", algo inédito e que emociona por dar voz a mulheres de todos os setores, deixando um legado e honrando a presença feminina no trabalho. A todas as lideranças que tive, sejam homens ou mulheres, todos me inspiraram e me fizeram chegar até aqui. A todos os profissionais, sejam da minha equipe ou clientes internos que me apoiaram na jornada. A meus pais, imigrantes uruguaios, que apesar das dificuldades sempre me apoiaram a estudar e alcançar meus objetivos.

Lidando com crenças limitantes

O ambiente de Compras é um ambiente de negócios e por muito tempo foi dominado por homens, portanto, a primeira imagem que me vinha à cabeça é de um homem de terno e gravata, mas me dei conta que isso é um viés inconsciente, parando de perpetuar essa imagem.

Outro dia li um artigo que dizia "homem de negócios" entre vários outros atributos para definir o perfil do comprador profissional moderno. Achei estranha essa definição sendo usada ainda nos dias atuais e na mídia profissional. Pensei: qual seria a frase ideal para substituir o tal "homem de negócios"? Essa frase me incomoda, pois mantém viva a crença limitante e acredito que outras mulheres que leram sentiram o mesmo; assim, fica a reflexão para a comunidade de compradores, pois o gênero não é determinante para o sucesso de uma boa negociação.

Outra crença limitante que impacta na carreira é a síndrome da impostora. Por um tempo acreditei nisso e, como muitas fazem, dediquei horas e horas em garantir que eu sabia tudo sobre um determinado tema e mesmo assim o sentimento era que em algum momento alguém iria me desmascarar e que eu não merecia estar ali.

Tomar consciência de vieses inconscientes e crenças limitantes me ajudaram a entender e evitar a autossabotagem.

Aprendi a identificar meus pontos fortes e colocar minhas ideias sem medo das críticas que viriam, até porque muitas críticas são de fato construtivas e ao entender isso meu crescimento foi muito maior.

Meus valores

Acredito que gostar do que se faz é fundamental para ser feliz, e tão importante quanto gostar é entender que todo trabalho tem a parte que não é tão divertida, porém necessária para sua completa execução. Sinto-me realizada quando cumpro a missão do dia a dia. O resultado de todos esses dias, com seus altos e baixos, me fazem crescer e continuar.

Fazer bem-feita qualquer atividade, da menos importante até a de maior relevância. Coloco muita presença no que faço para entregar o melhor que eu puder, dada as condições que se apresentem.

Senso de urgência, se algo precisa ser feito, uma decisão precisa ser tomada, um desafio precisa ser superado, para mim o quanto antes resolver melhor. Procrastinar me deixa ansiosa.

Ser transparente nas minhas relações: nem sempre expressei da melhor maneira, mas ciente disso vou me desenvolvendo.

Sair da zona de conforto, me desafiar sempre que me percebo na calmaria.

Agradecer sempre e celebrar as conquistas.

Como cheguei em Compras

Estudava Ciências Contábeis na universidade, meu desejo era trabalhar na área financeira. Uma amiga de sala de aula me indicou para a empresa onde ela trabalhava, na área financeira, mas a oportunidade apareceu em Compras e fui aceita para estagiar na Lucent Technologies (atual Nokia), seria uma boa porta de entrada para depois me encaminhar para a área vizinha.

Agradeço à minha amiga Karla Alo pelo pontapé inicial na minha carreira corporativa. Ser indicada por uma profissional de carreira internacional de alto nível é motivo de orgulho para mim.

Durante dois anos de estágio percebi que meu perfil se encaixava muito bem na área de Compras, pela dinâmica de análises, técnicas de negociação, velocidade para solucionar as demandas e alta necessidade de relações interpessoais internas e externas. Percebi que eu tinha muita energia para queimar e o ambiente de Compras correspondia com muita dinâmica, não tem um dia igual ao outro.

Habilidades desenvolvidas

A carreira em Compras possibilita que um profissional se desenvolva em várias dimensões. Meu desejo era crescer na carreira e ocupar posições de liderança, o clássico plano de carreira Y.

No começo precisei dominar o uso de *softwares* e sistemas importantes para desempenhar a função no âmbito operacional e tático, tais como ERP, Excel, PowerPoint e depois vieram os sistemas de e-Procurement, no ano de 2001.

Mostrando domínio em sistemas e *softwares*, vem um interesse natural das lideranças em desenvolver seus compradores nas técnicas de negociação e gestão de contratos, passei por isso à medida que avançava para níveis pleno e sênior.

Quando cheguei no nível de coordenação, era importante desenvolver processos para garantir que todos da equipe pudessem atingir a performance esperada seguindo padrões. Aprendi a desenhar fluxos e orientações de trabalho.

Em 2006 cheguei ao nível gerencial. Novos desafios, o cargo pede desenvolvimento em gestão de pessoas. Aqui a gente sofre bastante até entender como funciona, tive muito acompanhamento de RH para ajustar a rota. Agradeço demais a Adriana Oliveira, hoje diretora de RH do Mercado Eletrônico, por me desenvolver nesse quesito tão importante.

À medida que a quantidade de projetos crescia, aumentava o desafio da entrega no prazo, com a qualidade e dentro do custo planejado. Conhecer e aplicar as metodologias de gestão de projetos seria mais uma competência a ser desenvolvida para completar o perfil de gestora. Fui buscar conhecimento e pessoas para incorporar ao time de compradores e instalar um novo processo de gestão das operações. O aprendizado e vivência em gestão de projetos me abriu novas oportunidades de atuação fora da área de Compras, principalmente durante a pandemia, em 2020 e 2021, pois naquele momento a empresa teve que fazer movimentos e precisava desse perfil.

Como profissional de Compras com formação financeira, sempre considerei importante ampliar minha atuação para níveis mais estratégicos na própria carreira em Compras; nesse momento me desenvolver na função com apoio acadêmico era chave para o sucesso e perenidade. Estudei gestão empresarial e depois gestão estratégica e econômica de negócios em cursos de pós-graduação e MBA. Tive oportunidade de ser responsável pelo desenvolvimento e gestão de unidades de negócio focadas na prestação de serviço em Compras, dos mais operacionais ao mais estratégico, com qualidade para atender às maiores e melhores empresas do país (Estratégia de negócios).

Temas em Compras nos quais me especializei

Comecei de baixo, fazendo compras *spot* da curva C, isso significa muitas requisições de baixo valor, de diversas subcategorias, de diversas áreas requisitantes, alta quantidade de fornecedores e pouco prazo de execução. Nessa época já trabalhava com ERPs, mas não tinha o *e-procurement* para otimizar o trabalho. Lembro bem que solicitava cotações por e-mail e também por fax, quando fechava o pedido tinha que imprimir e enviar por fax. Para completar, tinha que fazer *follow up* por telefone. Devido a tantas ligações usava *headset* e tinha um aparelho da Lucent com quatro linhas, essa era a melhor tecnologia à minha disposição.

Percebi que o melhor seria crescer logo e sair dessa vida de comprador *spot*. Meus líderes apontavam que o melhor caminho seria gerar contratos e automatizar as compras recorrentes. A pergunta era: como fazer isso e ao mesmo tempo cuidar do *backlog*? O jeito é começar fazendo a primeira categoria e depois outra e assim vai. Quando me dei conta já estava num patamar entre o tático e o estratégico.

Se tem uma coisa que aprendi foi tirar trabalho operacional da frente implementando conceitos, metodologias e ferramentas de automatização das compras. Em 2001 tive contato com as primeiras soluções de *e-procurement* aqui no Brasil, o que fez a diferença na minha carreira. Percebo que hoje esse tema ainda é um desafio para muitos compradores.

Avançando um passo para o patamar estratégico, trabalhei numa célula de negociações via leilão reverso para oferecer a clientes a ferramenta e o serviço de apoio operacional e estratégico para conduzir um leilão reverso bem-sucedido. Essa unidade de negócio foi crescendo e abraçando novos serviços, como elaboração de RFQ e avaliação de fornecedores antes da etapa de negociação. O crescimento do portfólio de serviços em sua maioria veio das solicitações de clientes, assim, atuei, com meu líder na época, Sr. Alexandre Moreno, na configuração de BPOs para atender à necessidade de terceirização a partir de 2005.

Avançando mais um passo rumo ao estratégico, cheguei na trilha do Strategic Sourcing em 2009, tive a oportunidade de trabalhar ao lado de Cilene Bim, uma grande profissional e professora, e pude aprender muito sobre conduzir processos com olhar estratégico e consultivo.

A trajetória completa desde compras *spot* da curva C, passando pelas automatizações com uso de ferramentas de *e-procurement*, gerenciando operações de BPO, implementação de projetos de *strategic sourcing* e inteligência de compras, monitorando indicadores de performance de operações e projetos, posso resumir como minha experiência na área de Compras.

A vivência em operações e consultoria de Compras tem me proporcionado atuar à frente de negócios em cargos C-level. Com a Monica Granzo, uma líder incrível encabeçando uma *startup*, atuei como COO e tive a oportunidade de observar e aprender lições de gestão de negócios no ecossistema de *startups*.

Atualmente no cargo de CEO de uma empresa, faço uso de tudo o que aprendi na carreira de Compras, sobretudo o contexto de ESG como base de negócios.

Recomendo para quem está na carreira que observe todas as oportunidades que aparecem devido à exposição numa área de alta visibilidade e faça um ótimo trabalho para que seja percebido pela diretoria e se torne uma potencial candidata a cargos de liderança. Meninas, vão para frente, participem ativamente nas reuniões, apresentem seus trabalhos e suas ideias, no mínimo você vai ficar feliz consigo mesma pelo seu desenvolvimento, mas eu acredito que você vai conquistar algo além do que imagina.

Rede de relacionamentos

Ao longo da carreira ajudei a desenvolver profissionais iniciantes na carreira corporativa, desde ensinar a redigir um e-mail ou usar plenamente o Excel para aperfeiçoar análises necessárias ao dia a dia de Compras. Como eu gosto de aprender "fazendo", essa era a minha forma de ensinar.

Cheguei a cargos de liderança, ensinando o que eu fazia para preparar sucessores, então todo colaborador é um potencial sucessor. Treinar pessoas considero como minha atividade principal, pois com uma equipe que sabe o que fazer e tem motor próprio o crescimento é garantido.

Minha rede de relacionamentos cresceu com cada colaborador que passou pelas minhas equipes, com cada cliente que vivenciou a minha entrega, com cada fornecedor que interagiu comigo. A rede continua crescendo através da hiperconectividade das redes sociais com propósito e carreira em Compras.

A contribuição de novos saberes que ganhei nas minhas conexões é até maior do que a minha contribuição em ensinar. Vejo agora muitos "bebezinhos" já crescidos e bem-posicionados, fico feliz e me sinto bem amparada, porque o mundo dá voltas e um ajuda o outro.

Sendo adulta na infância

Michele Santos

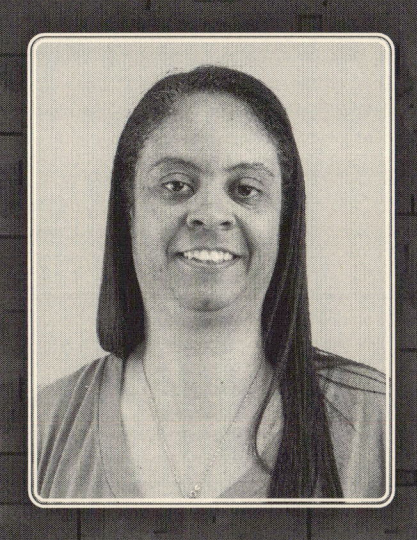

Mãe da Julia, em aprendizado contínuo. Bacharel em Administração de Empresas pela UNIP (Universidade Paulista). Pós-graduada em Comércio Exterior e Relações Internacionais pela FGV (Fundação Getulio Vargas). Atua no segmento de materiais para construção há 23 anos. Atualmente na Gerência de Compras, responde pelas negociações, desenvolvimento de novos fornecedores, aquisição de produtos para revenda, suprimentos para consumo e responsável pela importação da marca própria, cadastros de produtos, estudo de mercado e *pricing*, além de contribuir na estratégia e desenvolvimento de ações para vendas.

LINKEDIN

Nascida em São Paulo, no dia 17 dezembro de 1982, agradecida pelas pessoas que tem em seu caminho, privilegiada por Deus pelos pais (José Carlos, *in memoriam*, e Iraci) e padrinhos (Hildebrando, *in memoriam*, e Jaci), estes são base para a formação dos valores inegociáveis na minha vida. Casada com Claudio, mãe da Julia e irmã da Camila, orgulhosa da família que tenho. Gratidão eterna aos meus mentores da vida profissional (Luiz Colantuono e Carlos Braga).

Minha infância foi um grande aprendizado, conquistas e perdas, sendo preparada para driblar as barreiras que estavam por surgir, uma menina que gosta de esporte, apaixonada pelo basquete, Fórmula 1 na era Senna e com olhar atento no futebol. Meu treinador e inspirador, meu pai, era meu maior incentivador, me acompanhava nos jogos de basquete, era companheiro nos domingos de manhã assistindo às corridas e não perdíamos um jogo do nosso time de futebol. Minha mãe, uma mulher forte que cedo precisou ter resiliência, aos 37 anos ficou viúva, com duas filhas menores, minha irmã com seis anos e eu com 12. A morte do meu pai me fez desistir do basquete e colocar em prática os ensinamentos da vida adulta.

Sendo adulta na infância

Aos 12 anos precisei aprender como lidar com a vida adulta,

tudo perdeu o sentido, abandonei o esporte, não saía de casa e me dedicava aos estudos porque havia prometido aos meus pais que estes estariam em primeiro lugar e eu iria me formar. Passei a me dedicar em resolver os problemas burocráticos e cuidados com minha mãe e minha irmã, agora éramos três mulheres e eu precisava ter forças para colocar em prática uma frase que meu pai me dizia e eu não tinha compreendido, *"Faça tudo o que quiser, desde que não prejudique ninguém, seja o que quiser e dê sempre o seu melhor"*. Eu não via muito sentido talvez por ser uma criança e ter meus pais sempre por perto me protegendo. Mas aos meus 16 anos descobri o significado da palavra machismo, custei a entender porque diziam que era errado eu jogar bola, era errado eu ir ao estádio assistir um jogo de futebol, foi aí que a frase começou a fazer todo sentido. Deixar de fazer o que eu gostava estaria prejudicando a mim, então optei por trocar um curso de inglês para ir aprender a tocar violão, contrariando muita gente novamente.

Virando a página!

Minha mãe começou a me incentivar a ter um bom currículo, ela acreditava que eu poderia ser uma executiva, bem-sucedida, então investiu em cursos, datilografia, computação.

Passei a ter ocupações o dia todo, da escola para os cursos e nos tempos vagos, tentava ajudar com algum reparo na casa, trocar uma lâmpada que queimou, trocar a torneira que estava vazando, sempre algum reparo que não tinha sentido contratar alguém para fazer, porque algumas coisas eu aprendi com meu pai.

Ironia do Destino ou Deus com seus caprichos?

Finalizei o meu ensino médio no ano de 2000, nas férias escolares, minha mãe me pediu para ver o que poderíamos fazer com uma telha que estava vazando no jardim de inverno, então resolvemos ir até o depósito que meu pai frequentava e enquanto eu escolhia a telha fui abordada por um senhor que era um dos donos do depósito e me fez alguns questionamentos, praticamente uma entrevista no balcão, me orientou a emitir minha carteira profissional e meu título de eleitor, até porque eu acabara de completar 18 anos. Este senhor, meu mentor e amigo, Sr. Luiz, que me ajuda a ser a profissional que sou hoje e uma pessoa melhor a cada dia com seus ensinamentos.

Fiz um currículo e deixei no balcão da loja e fui curtir minhas férias escolares, mas fui surpreendida com um colega que estudou comigo dizendo que eu precisava comparecer urgente para conversar com o Sr. Luiz. Chegando na empresa fui informada de que não receberia pelos dias que não fui trabalhar, neste momento eu estava sendo contratada e tive que interromper minhas férias.

Fui para casa pensando como uma menina iria trabalhar em um depósito de material para construção? Se jogar bola era quase um crime, imagine lidar com materiais de construção? Quando falei para minha mãe, ela ficou toda feliz, já queria sair para comprar roupas e que eu precisaria estar bem-vestida, eu só queria minha calça jeans, minha camiseta e minha chuteira, para mim estava ótimo.

Iniciei minha vida profissional no balcão, aprendendo a fazer cálculo de telhados e tudo sobre tubos e conexões aos olhares do Sr. Luiz, um grande aprendizado, até que precisei cobrir férias de uma moça que trabalhava no escritório como atendente de telemarketing, foi o primeiro desafio profissional, falar com o cliente por telefone, no balcão eu levava o cliente até o produto e ele dizia se era o que queria ou não; por telefone, tinha que adivinhar o que ele queria para poder enviar. Neste processo, me aproximei de Carlos Braga, que tem papel fundamental na minha carreira profissional, amigo e mentor, mas eu já havia declarado paixão pelo balcão e não queria estar no escritório, os dias se passaram e foi então que percebi que Deus havia me presenteado com dois mentores que sem saber repetiam frases que meu pai falava diariamente para mim. Com valores alinhados, passei a me dedicar a tudo o que era possível aprender, o desafio era fazer dar certo e seguir carreira na empresa.

Mais uma vez me encontrava em um ambiente masculino, estar atrás do balcão era legal, mas a mágica estava em aprender os produtos descarregando caminhão, sou privilegiada, sempre tive pessoas do meu lado que me ensinavam e nos divertíamos muito com os erros no aprendizado. Achei que para crescer no meio dos meninos eu tinha que brigar com todo mundo, arrumava confusão todo dia, até que fui convidada a deixar o balcão e assumir a coordenação de vendas no telemarketing, meio contrariada aceitei, aprendi muito com os representantes comerciais e clientes, a equipe era engajada e nos divertíamos com as metas diárias de vendas.

Meu maior presente!

Em 2003, há dois anos na empresa e dois de namoro, estava trabalhando tranquilamente no retorno das festividades de dezembro e passei mal, todos preocupados, iniciei uma bateria de exames e o primeiro diagnóstico veio apontando que eu tinha uma bactéria e ela não poderia sair do estômago porque poderia ficar mais grave, comecei a procurar médicos especialistas em bactéria e encontrei um gastro que estranhamente me pediu todos os exames de sangue possíveis e todos com urgência, o laboratório coletou no mesmo dia e no dia seguinte retornei com os resultados.

Achando que já tinha poucos dias de vida, o médico abriu o envelope e me disse que não poderia fazer muita coisa por mim, olhou nos meus olhos e disse que era para eu ficar tranquila porque a bactéria do estômago iria se desenvolver e quando estivesse na hora certa, seria possível retirar, abriu um sorriso e me deu os parabéns, por estar grávida.

Mulheres em Compras®

Não há explicação para o que senti, um sonho sendo realizado e o sentimento de não perder a vida, mas, sim, dar a vida a alguém, é minha maior alegria e agradeço a Deus todos os dias por ser mãe, embora ela seja mais apegada ao pai, mas não há amor maior na vida. Trabalhei até a véspera do parto, fiquei longe da empresa no período da licença- maternidade, mas chegou o tão temido dia do retorno, deixar o meu bebê, como seria?

Aquela manhã me levantei entusiasmada, mas com uma sensação diferente, quero ir, mas quero ficar, amamentei antes de sair de casa, cheguei na empresa e uma colega de trabalho me recepcionou dizendo que já tínhamos outra coordenadora de vendas e eu deveria aguardar na recepção para saber o que fariam comigo; neste momento eu imaginava "vou voltar para casa e ver meu bebê", estava tranquila. Até que chegou Carlos Braga, me deu bom-dia e perguntou o que eu fazia do lado de fora da sala, expliquei o que tinha ouvido e ele me pediu para ir trabalhar imediatamente, porque eu ficara muito tempo fora da empresa.

Pouco mais de meia hora trabalhando, fui informada que deveria comparecer imediatamente na sala do dono, porque acreditavam que ele me dispensaria, o que ninguém imaginava é que eu começaria uma nova história, nunca me esqueço, olhando em meus olhos ele me perguntou: "Você tem medo de mim?" Eu respondi que não tinha motivos para ter medo dele, então ele me convidou para sair de vendas e ir trabalhar em compras, seríamos somente os dois no setor e teríamos muito trabalho; com frio na barriga, disse que aceitava e então iniciamos um relacionamento de muito respeito e grandes aprendizados.

Ganhei uma nova sala, e no mesmo dia já iniciei os trabalhos auxiliando nas compras. Um novo universo, falar com fornecedores, cobrar entregas, passar pedidos, as metas eram outras e mais um degrau conquistado.

Para alçar voos maiores, seria necessária uma graduação, fui convidada a estudar, um convite sutil de Carlos Braga, *"olha, se você gosta de trabalhar na minha empresa, vai estudar, aqui só fica quem estuda*", com este empurrãozinho, retomei os estudos, fui fazer Administração de Empresas e por longos quatro anos dividia o tempo entre empresa, escola e casa e ao final, quando peguei o diploma, cheguei na empresa toda feliz e disse que havia acabado o estudo, para minha surpresa a resposta foi "você não acabou, você terminou a graduação, o estudo nunca acaba!" De alguma forma eu via razão na fala, mas naquele momento eu só queria descansar, passaram-se dois anos e me vi na necessidade de fazer uma pós-graduação, no início eu havia optado por gestão empresarial, quando estava quase tudo pronto para iniciar, o meu mentor Carlos Braga me disse que eu deveria voltar a estudar e quando eu achei que iria surpreendê-lo dizendo que só faltava assinar a matrícula ele me perguntou o que eu faria, disse que estava iniciando gestão empresarial, então ele disse para trocar o curso e fazer Comércio Exterior, porque a empresa em breve precisaria de alguém para exercer a função.

Achei um absurdo, além de me exigir o estudo ainda escolheria o que eu queria estudar, enfim, mais uma vez segui o mestre, e fiz a matrícula do meu MBA em Comércio Exterior e Relações Internacionais pela FGV. Um salto na carreira, setor de compras crescendo e fui promovida a compradora sênior, novas atribuições e maiores responsabilidades, agora no setor éramos em cinco pessoas.

Iniciei o MBA, comecei a gostar do que via e passei a me dedicar, a ponto de iniciar o curso de inglês que sempre relutei em fazer, desenvolvendo as habilidades no momento em que a empresa iniciou a importação, eu sempre curiosa, olhava os documentos e tentava entender, até que me pediram para acompanhar um processo do início ao fim, foi paixão à primeira vista. Desafio dado, desafio aceito, vamos trabalhar para aumentar a importação. Entre um processo e outro, apareciam consultorias para ajudar a empresa a se desenvolver e crescer.

Até que uma das consultorias começou a me questionar o que faltava para estar na gerência de Compras, eu, direta como sempre, disse que era só mandar Carlos Braga embora, não me via no cargo nem pensava na possibilidade de a pessoa que me ensinou com tanto brilho nos olhos a arte de negociar deixar o cargo que exerce tão bem. No início de 2019, fui surpreendida com uma pergunta: quem eu indicaria para o cargo de gerente de Compras na empresa? Eu prontamente respondi que não havia necessidade da troca de gerência, mas, se de fato isso precisasse acontecer, teríamos que buscar alguém no mercado. A consultoria ficou indignada com a minha resposta, mas era a que eu tinha com toda sinceridade naquele momento.

Duas semanas depois, conversando com o Carlos Braga, ele me perguntou se eu aceitaria ser a gerente de Compras, eu disse que não me via no cargo e não era a melhor pessoa para a função, imediatamente ele falou que eu não estaria sozinha, ele me acompanharia na jornada e me daria de presente um curso com um *coach.*

No primeiro momento achei que era bobagem, mas aceitei, e após oito meses fui chamada para apresentar alguns indicadores e, antes da apresentação, recebi a carta de promoção de gerente de Compras.

Este ano completei 21 anos na área de Compras e 23 de Construjá, primeiro emprego e uma trajetória de que me orgulho muito, por cada degrau superado. Hoje tenho uma equipe de dez pessoas em Compras, entre compradores, administrativo e *price*, um time que faz a diferença, meu desafio é transmitir a eles tudo o que aprendi, com um diferencial da tecnologia a nosso favor. Os *cases* de pessoas que não aceitavam falar comigo anos atrás porque não acreditavam que uma mulher poderia dar conta de uma negociação no ramo da construção e que hoje se tornaram grandes amigos. A profissão me ensinou muito, sobre pessoas e valores, o que fazer e o que não fazer, me deu grandes amigos que guardo no coração e na lembrança com a saudade da partida e outros que estão diariamente em contato, muitas vezes, o telefone toca somente para um oi. A parte divertida é que as esposas dos fornecedores às vezes me ligam pedindo para puxar a orelha dos maridos delas porque eles me ouvem, quem diria...

Michele Santos

Sou grata aos meus colegas de trabalho que também ajudam a escrever a história a cada dia, os que passaram pela empresa e se estendem para as amizades da vida e outros que passam em nosso caminho para mostrar o que não devemos ser. Tenho respeito por todos, porque sem eles não seria possível ter traçado esta jornada.

Aos que duvidam se têm chance nas realizações, acreditem em si, eu realizei sonhos que não havia sonhado e alguns que imaginava serem impossíveis, quebrei barreiras, sorri na cara do preconceito e hoje sou feliz e orgulhosa pela minha trajetória até aqui! Como dizia meu pai: *"Faça tudo o que quiser, desde que não prejudique ninguém, seja o que quiser e dê sempre o seu melhor"*.

Agradeço a Deus diariamente por ter colocado pessoas tão importantes no meu caminho e amigos com que posso contar a qualquer hora, a minha família, que sempre está perto e me incentiva diariamente a alçar voos mais altos.

Minha filha, que me mostra que a mudança começa no primeiro passo, não ter medo do novo e traçar objetivos que o(a) fazem feliz. Coragem e fé, vamos em frente que tudo dará certo se o pensamento for positivo.

Fazer uma retrospectiva da vida não foi fácil, até cheguei a acreditar que não conseguiria passar para o papel, mas, quando fui convidada para este projeto, Deus já havia definido as pessoas que estariam no caminho para que se tornasse possível, meu agradecimento a Cilene Bin e Andréia Roma.

Gratidão eterna aos meus familiares e meus mentores, Sr. Luiz e Carlos Braga!

"Há um grande desejo em mim de sempre melhorar. Melhorar. É o que me faz feliz." Ayrton Senna

O medo me impediu de desistir

Mônica Granzo

Formada em Ciências Contábeis, Master pela Fundação Getulio Vargas e especialista pela Universidade da Virgínia, é entusiasta da tecnologia, da transformação e do desenvolvimento contínuo como instrumentos para um mundo melhor e mais colaborativo. É empreendedora por vocação e CEO da Smarkets, empresa que fundou em 2014, considerado o primeiro marketplace colaborativo B2B do país. Tem mais de 20 anos de experiência no mercado de compras corporativas e esteve à frente de dezenas de projetos em parceria com Bradesco, Itaú, Hospital Sírio-Libanês, Gerdau e Grupo Ultra. Sob sua liderança, a Smarkets já ganhou os prêmios 100 Open Startups, como 4.º marketplace mais inovador do Brasil, INBRASC/Live University, três vezes melhor BPO, além de ter sido selecionada como Scale-Up Endeavor e receber o aporte de R$ 9,6 milhões dos fundos de venture capital UVC Investimentos, do Grupo Ultra e WE Ventures, iniciativa da Microsoft. Como empreendedora e CEO, foi uma catalisadora de numerosas narrativas de sucesso em projetos tanto nacionais quanto internacionais, resultando na simplificação das operações e no aumento da eficiência em compras corporativas. Esses feitos já renderam economias que ultrapassam a marca de R$ 1 bilhão para os clientes da Smarkets. Participou do programa de mentoria da EY Entrepreneurial Winning Women Brasil e é Membro & Investidora da GV Angels.

LINKEDIN

Filha de mãe solteira e adicta, cresci em uma família muito humilde e desajustada. Por causa do alcoolismo, era comum minha mãe sumir de tempos em tempos, o que fez com que eu morasse com meus avós até os 18 anos. Olhando para trás, as perspectivas daquela criança pobre, nascida na periferia de Limeira, cidade do interior de São Paulo, não eram as melhores. No entanto, durante essa trajetória que me trouxe até aqui, a vida me presenteou com situações e o encontro de pessoas que apareceram no momento que eu mais precisava de um conselho, de uma nova perspectiva, de uma oportunidade. Esses encontros, junto com uma vontade absurda de criar uma realidade completamente diferente, mudaram para sempre a minha vida.

Do escambo ao empreendedorismo

Aos oito anos, como toda criança, eu adorava doces. Minha tia, que morava comigo na casa dos meus avós, era costureira profissional de luvas industriais. Ela sempre comprava doces deliciosos e é claro que eu dava um jeito de pegar alguns escondido. Até o dia que fui descoberta e ela decidiu que para ter acesso aos doces eu deveria trabalhar para ela. Minha função era encaixotar as luvas industriais que seriam retiradas no final do dia. Como remuneração, minha tia me dava algum dinheiro, ou chocolate.

Mônica Granzo

Eu digo que este foi o primeiro escambo que eu fiz na vida. E, apesar de não ser formalmente remunerada, eu considero como meu primeiro trabalho também, porque eu tinha responsabilidades e precisava esperar o chefe da minha tia todos os dias para entregar as caixas. O curioso é que ele me via tão pequena, tão jovem e comprometida que certa vez ele disse: "Quando você fizer 14 anos, quero que venha trabalhar pra mim". Ele tinha uma linha de produção, uma fábrica, e minha tia era a única costureira que trabalhava em casa.

Assim, aos 14 anos, aceitei seu convite para meu primeiro emprego formal, porém, logo percebi que não me adequava ao ambiente industrial de uma fábrica. Não demorou muito, eu comecei a trabalhar em uma loja como vendedora e passei a dividir meu tempo entre a escola, pela manhã, o trabalho no comércio, à tarde, e aos fins de semana, e, em épocas festivas, como a Páscoa, eu fazia ovos de chocolate para vender – sempre conciliando trabalhos formais com alguma atividade empreendedora – como uma forma de compor renda.

À medida que eu conquistava mais independência financeira, mais responsabilidades eu assumia. Essa experiência da infância e adolescência foi fundamental para estabelecer as bases de quem eu me tornaria no futuro. Movida pela ambição, no sentido positivo da palavra, de mudar a minha realidade e a realidade da minha família.

Os presentes do destino

De repente me vi com 18 anos e havia chegado o momento de escolher o curso que estudaria na faculdade. Embora tenha conquistado uma vaga em uma universidade federal, as despesas para estudar em outra cidade eram impraticáveis. Assim, optei por Ciências Contábeis numa das faculdades mais prestigiadas da região de Limeira. Conquistei o 5º lugar no vestibular, porém não tinha recursos para a matrícula. Então, generosamente meu avô me deu seu 13.º, mas esse dinheiro só cobria metade do valor. A outra metade veio da venda de minha coleção de semijoias a uma única pessoa, numa ocasião inédita e incrível. Ela simplesmente apareceu à minha porta e fez uma encomenda que possibilitou meu ingresso no curso superior.

Tempos depois, fui contratada para trabalhar na Santa Casa de Limeira. Entrei como recepcionista, mas não demorou muito e já estava cuidando da agenda dos médicos, fiscalizando a limpeza do espaço, orientando funcionários de uma das clínicas do hospital e essa proatividade chamou a atenção de um dos médicos do hospital, Dr. Luiz Gubolino. A oportunidade de expansão do negócio surgiu, e ele precisava de uma gerente para liderar o serviço de hemodinâmica. Para minha surpresa, ele sugeriu que eu assumisse essa responsabilidade. Esse encontro foi um daqueles momentos decisivos que mudam o curso do destino.

Isso me leva a uma divagação filosófica sobre os intrincados caminhos que a vida segue. Percebo que, apesar da ausência de uma base familiar estável, existe uma força invisível que nos orienta e essa força parece ter me recompensado ao apresentar pessoas que se tornaram mentores e guias em minha jornada.

Fiz o processo seletivo, passei e meu mundo começou a se expandir a partir dessa oportunidade. Eu, que praticamente não havia saído de Limeira, comecei a viajar para outras cidades, a liderar outros profissionais e, com apenas seis meses de trabalho, a operação já havia atingido o ponto de equilíbrio. Na época, tinha apenas 21 anos. Apliquei todos os conhecimentos adquiridos nos dois anos de faculdade, implementando conceitos como gestão de custos em cada área da empresa, o que me destacou como líder e contribuiu para impulsionar o negócio. Foi nesse período que alcancei minha primeira grande conquista: aluguei um apartamento e tirei minha família da periferia.

Mônica Granzo

Descobrindo o universo de Compras

O contato com Compras, como tantas outras oportunidades em minha vida, ocorreu por acaso. O diretor do hospital mencionou uma área que, segundo ele, seria o próximo *hype*: o setor de *supply chain* na saúde. Para assumir o cargo, eu precisaria fazer um MBA, como parte do programa de desenvolvimento de lideranças, e lá fui eu embarcar nessa jornada.

Realizei o MBA na Fundação Getulio Vargas (FGV), onde tive o privilégio de conhecer pessoas incríveis e profundamente inspiradoras em seus respectivos campos de atuação. Esse momento ampliou consideravelmente minha visão de mundo e carreira.

Próximo ao término do MBA, fui convidada para assumir a gerência de um hospital em Altamira, no Pará. Não aceitei o cargo de gerente, mas concordei em prestar uma consultoria por um mês durante as minhas férias, após três anos sem uma pausa. Brinco que tirei esse tempo para continuar trabalhando, mas essa situação reflete 1. minha natureza workaholic; 2. uma realidade presente na vida de muitas mulheres que trabalham arduamente para provar a própria competência.

De volta a São Paulo, entendi que meu ciclo na Santa Casa de Limeira havia terminado, já não me conectava mais. Pedi demissão, vendi o pouco que tinha e mudei para a capital, seguindo o chamado das minhas três mentes – a consciente, a inconsciente e a superior.

Novos rumos

A Pró-Saúde, empresa que me contratou para a consultoria em Altamira, ofereceu uma vaga de consultora no projeto de implementação de farmácia popular, com uma proposta que representava apenas um terço do que eu almejava como pretensão salarial. Mesmo assim, decidi aceitar o desafio. Trabalhei nesse projeto por cerca de três meses e, durante uma visita ao HCor, sugeri à gerente de operações da Pró-Saúde a implementação de um serviço de central de compras para melhorar a eficiência, a governança e otimizar os fluxos. Para minha surpresa, ela era esposa do diretor de operações da Pró-Saúde.

Esse diretor de operações me convidou para desenvolver um projeto de central de compras em saúde que seria implementado em todo o território nacional. O projeto foi aprovado e fui contratada como gerente central de compras, em uma das maiores entidades de gestão hospitalar do país. Nos oito anos seguintes, tive a oportunidade de viajar por quase todos os estados do Brasil, conhecer regiões remotas e até mesmo realizar consultorias internacionais, como na Sonangol, uma indústria petrolífera em Angola.

Meu setor havia recebido prêmios e alcançado uma certa maturidade profissional. Como um novo desafio, tive a iniciativa de montar um projeto de *spinoff* no braço filantrópico da organização, com o objetivo de criar uma unidade de receita. E nessa mesma época, inclusive, eu estava grávida da minha filha, Laura. Empolgada com o projeto, trabalhei até o penúltimo dia antes do nascimento dela. O departamento de Recursos Humanos praticamente me proibiu de entrar na empresa, porque eu estava em vias de dar à luz. Meu último dia de trabalho, antes da licença-maternidade, foi em uma sexta-feira. Laura veio ao mundo no sábado.

Após um tempo de implementação do projeto, senti que mais um ciclo estava se encerrando. Era como se o tempo estivesse sinalizando o fim de uma era, e eu já não me encaixava mais no mesmo espaço. Entendi que era hora de seguir minha carreira solo.

Smarkets: minha segunda gestação

A Smarkets é como minha segunda filha. Eu havia acabado de passar pela experiência de gestar e dar à luz uma criança quando senti que estava gestando novamente, mas dessa vez era uma ideia que estava prestes a nascer. A ideia de inovar e criar uma empresa a partir do zero. Assim, em 2014 a Smarkets nasceu.

Sem CNPJ e sem escritório físico. Com apenas um cliente. O que eu tinha era pouco mais de 100 mil reais e o suporte de uma equipe composta por Ludmila Costa, farmacêutica que assumiria como coordenadora, Evelyn Santos, na função de assistente de Compras, e por André Damasceno, na função de comprador.

Iniciamos como uma empresa de serviços no segmento de saúde e, a partir daí, começamos a buscar clientes, enfrentando muitas dificuldades para penetrar nesse mercado. Naquela época, já discutíamos sobre compras colaborativas, algo ainda novo, porém o mercado não respondia tão rapidamente quanto minha necessidade de fazer o negócio crescer. Além disso, questões de gênero foram uma constante nesse começo. Como uma mulher jovem, com apenas 32 anos, era impressionante a quantidade de reuniões de que eu participava. No entanto, eram poucos os contratos que conseguíamos fechar. Percebi que, no mundo corporativo, havia uma empatia maior entre homens e uma falta de confiança no gênero feminino. Culturalmente, muitos ainda não enxergam as mulheres como líderes empresariais.

Para superar esses desafios, desenvolvi uma estratégia: trouxe para as mesas de negociação um profissional de renome e posição sênior como meu conselheiro. Em algumas reuniões, ele me acompanhava. Era comum as pessoas se dirigirem a ele e ignorarem minha presença. No entanto, ele sempre fazia questão de destacar: "A grande mente por trás da Smarkets é Mônica, que, aliás, é minha chefe". A segunda estratégia para destacar a Smarkets era trabalhar com margens mais baixas, mesmo oferecendo serviços de qualidade superior aos concorrentes internacionais.

Nesse período, enfrentei um momento repleto de dificuldades: acesso limitado aos clientes, obstáculos operacionais e o constante fantasma da dificuldade financeira. Embora nunca tenha retornado ao patamar de privação da minha infância, lembro-me de um fim de semana em que minha conta estava zerada, e tudo que tinha era o limite do cheque especial.

Abandonar uma carreira estável para empreender no Brasil, com recursos financeiros limitados e uma filha pequena, foi uma decisão que exigiu coragem e determinação. Naquele momento, percebi que só havia duas opções: vencer ou vencer. Investi todas as minhas fichas na Smarkets. Minha alternativa foi entrar em meu modo operacional *workaholic* e canalizar toda energia para o sucesso do negócio, apesar do medo, da dúvida e do cansaço extremo.

Já me perguntaram algumas vezes se pensei em desistir, mas naquela época o medo era tão grande que desistir não era uma opção. Acredito que há dois tipos de medo: aquele que paralisa e aquele que nos impulsiona a agir. Para não voltar à minha antiga realidade e não desapontar minha família, escolhi correr sem olhar para trás.

Após dois anos de operação, Mary Albuquerque entra como diretora de estratégias e nova sócia, trazendo consigo o objetivo de nos apoiar na expansão para outros segmentos. Assim, deixamos o setor de saúde e nos conectamos com o executivo Marcelo Zalberg, que mais tarde se tornou nosso conselheiro. Ele sugeriu a ideia de desenvolvermos nossa própria tecnologia, o que nos levou ao *hub* de inovação do Bradesco, onde uma nova fase da Smarkets começou a ser escrita.

Novos desafios e a virada de jogo

A Smarkets evolui de uma empresa de serviços para se consolidar como uma empresa de tecnologia. Como uma *startup*, enfrentamos duas rodadas de investimento, em 2021 e 2022. No entanto, em meio à pandemia, sentimos uma enorme pressão para impulsionar o crescimento da empresa. No final de 2022, nos deparamos com outra situação desafiadora: a necessidade de reestruturar a Smarkets devido à decisão estratégica de retomarmos o crescimento autossustentável. O plano inicial era captar novos investimentos, mas o mercado de capital de risco enfrentava grande turbulência, assim assumimos o compromisso com o time Smarkets, clientes e parceiros de continuarmos crescendo e gerando inovação com capital próprio.

Foi um período especialmente desafiador para o cenário de *startups*, com muitas empresas promissoras fechando as portas. Então, tive que tomar uma das decisões mais difíceis da minha vida: optar por um *layoff* para garantir o futuro da Smarkets. Como líder, senti uma enorme responsabilidade pelas pessoas da equipe, e considero esse momento um dos maiores fracassos pessoais.

Apesar das incertezas, conseguimos implementar uma estratégia de reestruturação bem-sucedida e, no primeiro semestre de 2023, a gente continuava no jogo, apesar de viver um período marcado pelo medo constante de qualquer erro nos tirar da arena, dada a nossa difícil estratégia. Depois de toda turbulência, fechamos o ano com resultados sólidos e superamos nossas expectativas iniciais. Nos últimos anos, a empresa tem recebido reconhecimento e despertado interesse de investidores, parceiros e importantes clientes, o que me enche de felicidade e confiança em relação ao futuro.

Uma mulher puxa a outra

A modelo Gisele Bündchen é uma fonte constante de inspiração para mim. Sua disciplina, comprometimento e excelência profissional fizeram com que ela fosse reconhecida mundialmente em seu trabalho. Além disso, admiro sua capacidade de reinvenção, que vai muito além da moda. Uma de suas frases ressoa profundamente em mim: "Definir claramente o que você quer lhe dá direcionamento e desperta a chama interior que traz motivação".

Mulheres em Compras®

Ao olhar para trás, percebo o quão longe cheguei. A menina Mônica, que deu início a tudo isso, certamente estaria orgulhosa da mulher que sou hoje. Um dos grandes contentamentos que sinto com a Smarkets é a diversidade presente em nossa equipe, que tem mais da metade do seu quadro de mulheres em posição de liderança. Apesar de tantas conquistas, sinto que minha jornada não acabou; ainda desejo vivenciar novos ciclos e inspirar outras mulheres a descobrirem seu potencial e acreditarem em si mesmas. Quero que as mulheres da próxima geração – a geração da minha filha, hoje com 11 anos – cresçam em um mundo que as acolha e possibilite que sejam quem desejarem ser, com respeito e admiração.

Portanto, meu conselho para as mulheres que leem este livro é que encontrem sua motivação interior. Pergunte-se: "o que me move?" Essa reflexão certamente vai conduzi-lo(a) para mais perto de uma vida que faça sentido para você.

A Arte de Desenvolver Pessoas como Leader Coach através da Abordagem de Psicologia Positiva e o Poder da Neuroplasticidade

Patrícia Freitas

Bacharela em Administração com Ênfase em Comércio Exterior, MBA em Negócios Internacionais, Gerenciamento de Projetos, ambas pela FGV, MBA em Strategic Sourcing pela Universidade Candido Mendes, pós-graduada em Gestão Empresarial, Gestão de Pessoas e Psicologia Positiva, Master Coach, Business e Master PNL pelo IBC. Empreendedora, mentora profissional e treinadora, 18 anos de experiência em Gestão de Compras, Pessoas, Comércio Exterior e Strategic Sourcing (www.consultoriacss360.com). Atuou em multinacionais de grande porte nos segmentos de TI, Datacenter, Engenharia, Educacional e Seguradora.

LINKEDIN

Qual história você conta da sua história?

Começo minha história me apresentando, nasci em São Paulo, capital, em uma comunidade muito simples chamada Capão Redondo, vim de uma família muito humilde com uma história de vida com muita luta, integridade e esperança, nunca passei necessidades, mas tudo era contado para não faltar. Minha mãe me ensinou desde cedo a importância de poupar para nunca faltar.

Comecei a trabalhar com 12 anos de idade em *buffet* infantil, fazia meus cursos de inglês e espanhol e estudava no colégio. Desde cedo tinha a ambição de conquistar minhas coisas e como sabia que minha família não tinha recursos caberia a mim correr atrás dos meus sonhos. Acredito que uma das lições mais importantes que aprendi ao longo da minha vida é que não podemos terceirizar nossas dores, anseios e sonhos, lógico que com 12 anos não tinha a maturidade que tenho hoje e como uma boa executora e comunicadora saía fazendo sem pensar e como é bom ter esse conhecimento e evoluir. Essa trajetória durou até meus 18 anos e sou muito grata por esse período, pois amadureci, aprendi e construí meu caráter, e entendi que através do trabalho e estudo podemos chegar aonde queremos.

Minha mãe me dá muito apoio até hoje, entretanto, com meu pai tive diversos atritos, marcas que já machucaram muito e após uma jornada de autoconhecimento ressignifiquei toda a minha história, nem tudo são flores e aprender desde cedo a ter a habilidade de resiliência me transformou na mulher que sou hoje, por esse motivo sou grata ao meu pai por todo ensinamento.

Aos 18 anos, engravidei e foi aquele choque, pois nenhuma jovem deseja engravidar no início da vida adulta, nesse momento vêm inúmeras preocupações e questionamentos, me perguntei se conseguiria dar sequência aos meus sonhos de continuar meus estudos, minha mãe sempre me apoiando, tive apoio do pai do meu filho e seus familiares aos quais sou grata. Só parei de trabalhar para ganhar meu bebê, concluí meus cursos no período da gravidez e tranquei a faculdade.

Quando meu bebê nasceu foi que entendi um dos propósitos da minha vida, amar e cuidar daquele anjinho que eu tenho o privilégio de chamar de meu filho. Minha mãe não tinha recursos para me ajudar na faculdade, mas me deu todo apoio ao ficar com meu filho para que eu pudesse trabalhar e entrar na faculdade. Foi neste momento que a profissão de compras entrou na minha vida para nunca mais sair. Entrei na Universidade Nove de Julho, conhecida como Uninove e no primeiro dia de faculdade consegui meu estágio em uma empresa de TI.

Era puxado trabalhar, fazer a faculdade e ser mãe, neste período colocava uma cobrança muito forte em mim no sentido de que não poderia errar, pois meu filho dependia de mim, muitos duvidavam que eu iria dar conta, algumas vezes pessoas que amava diziam que eu tinha estragado minha vida e iria morrer em uma lojinha de R$ 1,99. Sei que a cada vez que tinha uma dúvida sobre mim ressignificava e dava mais força para meu propósito, não foi fácil, mas hoje vejo que tudo valeu a pena.

Nessa empresa foram cinco anos maravilhosos, tenho diversos ensinamentos e uma frase que me marcou foi: "Tudo que precisa ser feito é digno de ser bem feito". E foi com essa frase que até hoje quando vou iniciar um novo projeto levo comigo como um mantra. Após cinco anos decidi que seria o momento de agradecer pelas lições aprendidas e seguir minha trajetória, entrei em uma empresa de construção e implantação de datacenter. Entrei como compradora júnior e minha experiência foi tão significativa na empresa anterior que em quatro meses já havia sido promovida para compradora sênior.

Essa empresa de engenharia foi uma grande escola, além de grandes negociais, implementei projetos a nível latam, era responsável por todo comércio exterior e fui reconhecida pelos clientes internos pelas minhas entregas. Durante esse período realizei o sonho de fazer meu MBA de negócios internacionais pela FGV. Senti-me orgulhosa, pois, mesmo sendo de família humilde, ter sido mãe adolescente, consegui concluir a graduação e seguir adiante com o MBA na FGV.

No decorrer da minha trajetória na empresa fui compradora direta no projeto de um grande cliente de datacenter e fui convidada por eles para fazer parte do time como especialista de infraestrutura. Após cinco anos me despedi da construtora para ingressar nesse novo projeto.

Ao entrar nessa nova empresa, fui responsável pela negociação do maior datacenter da América Latina, foi um grande marco na minha trajetória. Neste período fiquei noiva e durante um ano planejando o casamento eu tive uma trombose venosa cerebral, foi um choque, pois não tinha vícios e uma vida ativa, foi um momento muito difícil e somente depois fui descobrir que o motivo foi o uso de anticoncepcional. Após 15 dias na UTI tive alta, entretanto, precisei continuar por seis meses o tratamento para não ter sequelas, em paralelo continuei com a programação do casamento e trabalhando, afinal, o carrossel nunca para de girar e precisamos seguir com a vida e com nossos propósitos.

Não sabia que os próximos 12 meses seriam os mais desafiadores da minha vida. Colocarei de forma resumida, mas hoje vejo que esse período me ensinou não só a colocar em prática

Patrícia Freitas

minha resiliência, mas transbordar e potencializar a neuroplasticidade em minha vida. A resiliência foca em como nos adaptamos e respondemos a adversidades em um nível comportamental e emocional. A neuroplasticidade lida com a maneira que nossas experiências e aprendizados alteram a estrutura e função do cérebro, ou seja, aprendemos através das experiências.

Em 12 meses fiquei noiva, tive a trombose venosa cerebral, planejei um casamento e a lua de mel na Europa, após quatro meses de casamento aconteceu meu divórcio; já ouviu falar sobre complexo de Édipo? É um termo psicanalítico criado por Sigmund Freud para explicar o vínculo triangular entre mãe, pai e filho, nesse caso, minha ex-sogra tinha com o filho. Conclusão, me divorciei, comprei meu apartamento e fui morar sozinha até meu filho terminar o ensino fundamental na casa da minha mãe. Para completar fui assaltada duas vezes em 15 dias com arma na cabeça e os assaltantes levaram dois carros, troquei de emprego e com ele vieram novos desafios e para acalentar meu coração comprei duas Yorkshire que são minhas companheiras até hoje.

Foi um momento muito turbulento, sonhos que vi se desfazerem como se fossem um castelo de areia na praia e uma grande onda derrubasse, por esse motivo digo que a resiliência e a neuroplasticidade foram grandes aliadas em minha vida. Minha trajetória nessa empresa de datacenter foi um grande aprendizado para conseguir manter o equilíbrio da minha vida profissional e pessoal, acabei não me permitindo viver o luto de todos os sonhos interrompidos, isso me fez refletir quando a maré se acalmou e pude revisitar a minha história.

Assumi a posição de coordenadora de compras em uma seguradora e foi interessante, pois a gerente para a qual iria reportar se desligou para novos desafios e eu acabei assumindo a posição em três semanas de gerente de compras "interina", a qual durou um ano. Neste momento refleti sobre a minha trajetória profissional. "Como quero ser lembrada como gestora? Serei chefe ou líder? Como posso ajudar as pessoas pelas quais serei responsável por se desenvolverem como seres humanos e profissionais?"

Decidi contratar um *coach* e este me proporcionou revisitar toda minha vida pessoal e profissional, ressignificar minhas dores com meu pai, com o pai do meu filho, com meu ex-marido, e sobre minha própria essência, afinal, quanto mais nos conhecemos mais nos curamos e mais podemos transcender nossos resultados, pois creio muito no poder da transformação.

Obtive inúmeros *insights* com o processo que colocava em prática com a minha equipe e foi um ano incrível, tendo *feedback* sobre essa evolução; nessa empresa participei da reestruturação do departamento de Compras, implementei acordos comerciais e melhores práticas de *strategic sourcing*. Com o fim do meu processo de Coaching decidi aprimorar meus conhecimentos nesse campo de estudo, busquei uma instituição para esse processo de autoconhecimento, me tornar *coach*, me desenvolver como pessoa e poder apoiar meus liderados. Iniciei meu segundo MBA na FGV, de Gerenciamento de Projetos.

Após um ano a empresa perdeu um grande cliente, um outro gerente assumiu a minha posição e após dez anos de experiência fui desligada pela primeira vez. Um outro susto e mais um momento de trabalhar a resiliência, autodisciplina e autoconhecimento, levei dois meses para me recolocar e assumi a posição de líder de Compras em um grupo educacional bem no início da pandemia de Covid.

Aquele momento foi desafiador para todos, novo modelo de trabalho, ainda mais para quem tinha acabado de ser contratada. Foi grande o desafio, pois precisávamos manter as aulas em cinco escolas no Brasil, globalmente eram mais de 60 escolas, e não poderíamos afetar a qualidade do ensino para nossos clientes.

Sempre busquei em minha vida ser estratégica e aproveitar os momentos, mesmo sendo eles difíceis, parar, refletir e analisar o que posso aprender, evoluir e crescer como indivíduo. No período da pandemia, um ano e meio em casa, estava na metade do meu segundo MBA e foi quando decidi fazer outros dois MBAs, após a carga horária de trabalho: de segunda e quarta, MBA de Gerenciamento de Projetos; de terça e quinta, MBA de Strategic Sourcing e sexta e sábado, MBA de Gestão de Pessoas (*confesso que foi loucura*).

Sempre acreditei na importância entre criar um tripé na minha trajetória profissional: de gerenciar pessoas, processos e projetos. E neste momento brinco dizendo que foi um caminho sem fim pelo autoconhecimento e inúmeras formações em Leader, Business & Executive Coaching, PNL (programação Neurolinguística) e Psicologia Positiva.

Após um ano de muito trabalho no grupo educacional identifiquei que os pais buscavam descontos nas mensalidades assim como trocas por instituições com menor custo financeiro e foi nesse momento que decidi buscar uma nova oportunidade em um segmento que estava em expansão mesmo na pandemia e em que tinha experiência, o da construção civil.

Tive a oportunidade de entrar na empresa de engenharia, uma empresa familiar na qual me identifiquei muito, pois era um segmento em que tinha muito domínio e particularmente adorava. Essa empresa foi uma escola, pois me permiti não só ser gestora de compras, mas também cuidar de outras cinco posições, sendo: compras, estoque, logística, contas a pagar de fornecedores, qualidade de materiais e *facilities*. Foram seis carteiras, 35 pessoas. Foi um grande prazer estruturar os departamentos, realizar as melhorias, participar de projetos de saneamento de itens no ERP, fazer gestão direta das pessoas, conseguir resultados maravilhosos e não tem nada mais gratificante do que receber o *feedback* das pessoas da sua equipe, ouvi frases como: "Você fez a diferença na minha vida", "obrigada por se preocupar e defender nossos interesses", "obrigada por me ensinar a ser mais estratégico em minhas tomadas de decisões", "tenho orgulho em ter você como minha líder", gestos como esses fazem você parar e refletir que a gestão humanizada utilizando princípios de Coaching e Psicologia Positiva faz toda diferença no mundo corporativo.

Após 16 anos de experiência em Compras, decidi abrir minha própria empresa de consultoria na área, treinamentos corporativos e mentoria, como todo empreendedor em que acontece a famosa "eu-empresa", tive altos e baixos. Precisamos expandir nosso *mindset* e mostrar nosso conhecimento em gestão de Compras, assim como desenvolver habilidades de *soft skills* e *hard skills* que se fazem necessárias para a pessoa que pensa em empreender inclusive em vendas.

Permitir a mim mesma desbravar um novo cenário na minha vida me fez amadurecer, fui consultora de compras para empresas do segmento de TI, engenharia e agronegócio, realizei diversos treinamentos corporativos e além disso atendi mais de 120 pessoas como mentora profissional e pessoal, o que consolida meu trabalho, respeito e dedicação para as pessoas e empresas.

Após esse período fui convidada a retornar ao mundo corporativo e assumi recentemente o time de Compras no segmento de seguros, hoje cuido do time de *procurement*, e tenho sete pessoas na minha equipe. O que quero explanar com este capítulo além de apresentar minha história e trajetória de vida pessoal e profissional é poder inspirar pessoas com a frase que escutei há muitos anos e que inclusive já mencionei aqui, "Tudo que precisa ser feito é digno de ser bem feito", quando se propuser a sentar em uma posição de liderança, o importante é se perguntar e analisar que pessoa você quer ser lembrada quando não estiver mais naquela posição? O mundo é feito de *networking* e qual seria o *feedback* que seus líderes, liderados e pares dariam a seu respeito?

Seja uma pessoa melhor a cada dia, acredito verdadeiramente que para sermos melhores a cada dia é fundamental darmos um passo para trás e identificarmos através do autoconhecimento quem somos, como podemos nos aprofundar em nossos pontos positivos e pontos de melhoria para que assim possamos nos desenvolver e transbordar nosso sucesso e apoiar as pessoas que nos cercam.

Todo líder tem o dever de desenvolver sua equipe. Acredito que através de ferramentas de Coaching, Psicologia Positiva e trazendo toda a resiliência e neuroplasticidade que cada indivíduo tem em sua trajetória, o líder pode apoiar e inspirar sua equipe. Seja um líder inspirador através da sua história.

A fusão da liderança *coach* com a Psicologia Positiva emerge como uma abordagem poderosa e inovadora, centrada na promoção do bem-estar, no engajamento e na realização profissional, culminando em um ambiente de trabalho em que a excelência não é apenas perseguida, mas vivenciada diariamente por todos.

A liderança, em sua essência, é a arte de influenciar e inspirar outros a alcançarem objetivos comuns. No entanto, a forma como essa influência é exercida pode ter um profundo impacto no bem-estar e na produtividade dos indivíduos e, por extensão, no sucesso da organização.

A liderança *coach* é caracterizada pelo foco no desenvolvimento contínuo dos membros da equipe, encorajando a autorreflexão, a autodescoberta e o estabelecimento de metas desafiadoras, mas alcançáveis. Ela se baseia na crença de que o potencial humano é vasto e muitas vezes subutilizado. Por sua vez, a Psicologia Positiva, um ramo relativamente novo da Psicologia, se concentra no estudo das condições e processos que contribuem para a prosperidade ou o florescimento dos indivíduos e empresas.

Desejo que minhas palavras tenham contribuído de alguma forma para seu desenvolvimento pessoal e profissional. Gratidão a todos pela permissão por poder compartilhar minha história, à minha família e a Deus por me guiar em todos os momentos da minha vida.

DECISÕES E GRATIDÕES:
entre desafios e risadas, uma história motivadora

Silvana Fumura

Mais de 25 anos de experiência em transformação digital e processos em Procurement e Supply Chain atuando como C-Level em empresas globais comandando regionalmente diversos países e criando as melhores estratégias com foco em resultado e pessoas. Fez uma migração de carreira atuando como executiva de Tecnologia em venda de valor de soluções em nuvem nos últimos anos. Como palestrante tem levado temas de tecnologia, sua experiência de sucesso e a importância das mulheres no mercado de trabalho. Como empresária está no ramo de *"honest market"* e é investidora de diversas formas. É uma das fundadoras da Associação Ser Mulher em Tech, onde atua como presidente. MBA Executivo em Gestão Empresarial (FGV) e bacharel em Ciências da Computação (Universidade Paulista) e Women Leadership Program – Massachusetts Institute of Technology.

Crédito foto: Alessandro Couto

LINKEDIN

"Nunca dependa de ninguém ao ponto de ter que pedir dinheiro para comprar um pão ou suas calcinhas." – Tamotsu Yamaguchi (in memoriam) para sua neta Silvana Fumura

Alguns me intitularam como New Yorker, mas nasci na cidade da garoa no inverno de 1976, descendente de japoneses (sansei, terceira geração), fui criada com minha mãe, meu avô, minha avó e duas tias. Minha mãe se separou grávida em 1976, quando nem existia o divórcio ainda (sofreu violência doméstica e discriminação por ser uma mulher separada). Sendo assim, tive um pai com baixa moral e ausente, e assim como minha mãe, ele tentou abusar de mim na parte financeira quando comecei minha carreira, após ter ajudado com quase nada durante toda a minha vida.

Raízes Fortes

Desde nova, aprendi a olhar somente para frente e ver que uma coisa ruim traz muitas coisas boas, entre elas a força interna. Essa ausência me deu vários pais substitutos. Costumo dizer que se meu pai podia dar um copo de amor, eu ganhei da vida cinco caixas d'água cheias de amor, conhecimento, intelectualidade, honestidade, sorrisos, abraços, proteção e muito mais. Por isso, hoje, tenho imensa gratidão por esse pai biológico que me permitiu ter muito mais.

Silvana Fumura

Fui infiltrada fortemente na cultura japonesa aprendendo taikô (tambores japoneses), dança tradicional, teatro. Participei sempre de eventos da imigração japonesa, apreciando o que meus ancestrais criaram no passado. Minha vida em Procurement vem de histórico familiar, pois meu bisavô era já SVP de Compras no Japão em uma multinacional e assim foi de geração em geração e era meu sonho... risos... Brincadeiras à parte, óbvio que minha história não começou assim. Sou neta de imigrantes japoneses que vieram ao Brasil na década de 1930, para trabalhar na agricultura brasileira na plantação de algodão com grandes promessas de uma nova vida após a 1.ª guerra mundial. Se fôssemos pensar em carreiras por DNA, eu provavelmente teria seguido como fotógrafa ou bancária.

Minha mãe, formada em Contabilidade, tímida, bancária escriturária em RH, fazia muitas horas extras, mas ela era muito presente também. Mulher forte, à frente do seu tempo, sozinha e com uma filha para criar, mas com uma família incrível de suporte. Foi ela que me direcionou em toda a vida, desde a datilografia à universidade, para eu me tornar bacharel em Ciências da Computação, pois sua orientação era que eu fizesse algo na área da tecnologia.

Meu avô materno foi uma grande inspiração para mim, ele sim foi meu pai de criação, trabalhou na lavoura, depois virou fotógrafo e empreendedor, ajudou muita gente durante sua vida, e se aposentou fazendo seu dinheiro trabalhar para ele no mercado financeiro, comprando e vendendo ações, hoje chamado de *trade*. Nunca fomos ricos, mas jamais nos faltou nada, apesar de vir de uma família de grande luta. Um dos maiores valores ensinados a mim foi sempre respeitar os mais seniores e escutá-los em suas sugestões, isso foi um direcionador importante durante minha carreira, isto é, saber ouvir.

Mulheres em Compras®

A Jornada em Procurement

Trabalhei logo de cara na McKinsey & Co., uma das maiores e renomadas empresas de consultoria estratégica do mundo, com 19 anos. Lá, em dois anos me tornei coordenadora de uma equipe de 32 pessoas, tive o primeiro *insight* sobre mim, eu não queria ser medíocre, eu queria ser uma das melhores no que eu fazia, então, busquei a melhor performance daquela área. Tive que aprender a ser líder com 21 anos, sem estar formada, pegando uma posição que muitos queriam e estavam lá trabalhando há mais de sete anos, com mais de 30 anos de idade.

Nessa empresa aprendi o que era competição corporativa e o que era diversidade e inclusão, sem eu perceber. Com esse afloramento de liderança muito jovem, fui convidada por um sócio a apoiá-lo na abertura de consultoria espanhola em São Paulo. Continuei na mesma posição de coordenação com 22 anos, fiz a minha primeira viagem corporativa internacional com jantares e festas de luxo impensáveis para mim naquela época. O que foi abrindo a minha mente para pensar grande, criando e aprimorando meus sonhos para um futuro de longo prazo. Mas como chegar lá? Me bateu um desespero na época e eu pensava, as pessoas que eu conheço que estão nessa área fazem a mesma coisa há anos, e eu já atingi o cargo máximo, como eu posso crescer mais? Isso começou a me angustiar e querer a minha primeira grande mudança profissional. Fiquei sem rumo e falei com uns amigos sobre essa minha vontade de crescer. Outro aprendizado importante, *networking*! Sim, fale para as pessoas certas e de confiança o que você quer e precisa, seu próximo passo irá aparecer.

E daí? Como é que eu fui parar em Procurement?

O Ney me disse:

— Um amigo meu abriu uma consultoria de *marketplace*, não sei o que é, mas ele é muito inteligente, e é ex-diretor da A. T. Kearney, posição que ocupava quando trabalhei lá, e para ele ter saído e ido arriscar nesse novo negócio tem boas oportunidades e ele perguntou se eu conhecia alguém. Quer que eu te indique?

Fui falar com a pessoa, que direcionou toda a minha carreira de Procurement/Supply Chain, o nome dele era Walter Gonçalves (*in memoriam*), muito simpático, de sorriso largo e me contou a história de Compras e Cadeia de Suprimentos (passado, presente e futuro), lembro-me dele desenhando na linha do tempo e mostrando o futuro dessa área para os próximos 10, 15 e 20 anos. Como era o nível de maturidade das indústrias brasileiras e da América Latina e a visão futurística de transformação associada aos processos tecnológicos. Terminada a entrevista eu estava encantada com o futuro profissional que minha carreira estaria iniciando ali, mas eu teria que deixar de ser coordenadora e iniciar como analista júnior, reduzir meu salário em uns 40%, e mais uma vez eu assumindo risco ou perdendo algo pensando em um futuro promissor. O negócio de *marketplace* não deu certo por falta de tecnologia na época, mas rapidamente Walter transformou o negócio para uma consultoria de *strategic sourcing*, aprendi rapidamente a metodologia e comecei a trabalhar com uma experiência incrível, que foi a unificação/consolidação de volumes do Banco do Estado de São Paulo (Banespa), que tinha sido adquirido pelo Santander.

O desenho que o Walter me mostrou foi o que norteou minha carreira e estratégia, portanto, só posso dizer que tendências bem estudadas realmente acontecem. Então o melhor é estarmos preparados para surfar a onda. Segui essa estratégia transformando em passos de carreira.

Quem é a Silvana hoje? Uma mulher com sonhos realizados, grande negociadora com uma visão Big Picture e muito estratégica. Chegando ao C-Level e comandando diversos países! Ah, e com uns dois ou três *burnouts,* uma paralisia facial, algumas gastrites no meio do caminho, três ou quatro pessoas que não gostam de mim (idem) e muitos aprendizados e aprimoramentos. Uma das minhas características é ir atrás dos meus sonhos e metas, e assim quando a empresa não atendia as minhas expectativas (promoções, reconhecimentos ou financeiramente) eu procurava outro lugar para atuar. Nunca fiquei esperando que a empresa me pagasse um curso ou uma pós ou qualquer coisa, se quisessem pagar bem, senão eu investia em mim.

Em contrapartida, eu escutava muito os seniores, e executava para que pudesse seguir para o nível seguinte:

– Você precisa aprender espanhol.

– Você precisa saber fazer um *storytelling* conciso para aprovar os projetos.

– Suas roupas estão muito modestas para uma futura gerente, não basta querer ser e ser boa, tem que parecer!

– Você é acelerada demais, na cultura desta empresa o passo é mais devagar.

– Você é ótima em comunicação, vai lá apresentar para nossos globais e traga um sim.

Como eu aprimorava? A primeira ação era lendo. E fazia cursos: datilografia, gestão de tempo, espanhol, MBA, oratória, expressão corporal para executivos, meditação, canto, avaliação de perfil executivo.

"Conhecimento é algo que ninguém pode tirar de você!"

Com tudo isso aprendi que um não para mim era uma mola propulsora para o próximo nível, mas eu estava sempre preparada para tal.

Negociações Desafiadoras

Nessa jornada preciso compartilhar alguns *cases*:

– **Leilão reverso em 2001:** acredito que foi um dos primeiros leilões reversos do Brasil! Troca do parque de impressoras e um ano de toner. Impressora preço ótimo e o preço do toner despencou, a nossa sala de comando parecia uma bolsa de valores nos tempos antigos, e o toner saiu por custo zero por um ano. Lembro-me do coração acelerado e da empolgação do time!

– **Cartel:** poucos negociadores passam por uma situação assim, você pode aceitar e fazer um *storytelling* para aprovar ou simplesmente buscar novas possibilidades e vender o projeto internamente. Com isso, os preços subiram inevitavelmente, mas consegui fazer um projeto criando novas zonas de horário de processamento, diminuição da roteirização de coleta de valores, um novo centro de processamento, resultando na melhora do horário de atendimento dos pagamentos pela internet (uma revolução na época), além de diminuir a utilização dos serviços e mudança do modelo de contratação. Orçamento do ano mantido e uma nova operação no ar, com novos produtos

– **Fast food:** Procurement só negocia... depende da *expertise*, avaliava riscos, operação, entrega. Procurement também é parceira com fornecedores. Tínhamos um prazo de quatro meses de entrega de uma campanha nos restaurantes em 500 lojas. Fiz umas contas rápidas de cabeça em relação à produção, pois para negociar eu conhecia a performance das máquinas de produção das embalagens, quantas embalagens por máquina por dia, etc. Os cálculos estavam totalmente errados. Foi uma loucura! Discussão com diretor que dizia que eu estava louca e aí é o momento de mostrar a seriedade e o tamanho do problema: "Meu caro, ou você escuta ou vai dar M!". Pedi uma reunião com o dono da empresa para mostrar os cálculos e realizar tudo a quatro mãos. Retiramos o *braile* de três produtos para evitar a troca das facas de corte das máquinas, evitar as paradas e cumprir o prazo da campanha que envolvia sorteios e tudo mais.

Mulheres em Compras®

O Papel Estratégico de Procurement

Procurement/Supply Chain, para mim, cada vez mais vem se mostrando essencial para as empresas e deixou de ser uma área de apoio para uma área estratégica finalmente. Em breve, minha visão é que a área será ainda mais valorizada com demonstração de resultados que impactam a receita e custos da empresa diretamente, como eu sempre disse. Além disso, é uma área que atua com todas as áreas da empresa, podendo expandir seu olhar para muitos ângulos. Sendo assim, as oportunidades de liderança e crescimento são enormes, podendo seguir por caminhos diversos, desde estabelecer uma operação até ser uma peça essencial na liderança global.

Um legado e um reconhecimento profissional não se constroem do dia para a noite, tem muito a ver com pessoas que cruzam o nosso caminho com excelentes e péssimos exemplos e em discordar de muitos durante a jornada. Um dos melhores exemplos de inteligência e estratégia foi de uma chefe mulher, até hoje não conheci uma pessoa como ela, admiro seus passos e abertura de caminhos, mas algumas características eram contra os meus valores e fui entendendo que eu queria ser uma líder de arrasar sim, mas não da maneira como ela fazia. Por outro lado, a ética, estratégia, perfeição, garra são admiráveis até hoje. Com ela chorei e passei um dos piores momentos da minha carreira, mas também foi quando tive as maiores oportunidades de crescimento profissional e aprendizados de vida.

O mais legal é que hoje, em 2024, posso dizer que por causa da minha mãe, pelos estudos indicados por ela, eu usei a tecnologia e me tornei uma assídua **Transformadora Digital** em todas as fases da era industrial que vivenciei até agora. Era transformar lista de fornecedores em portal de fornecedores, catálogo de fornecedores em B2B, gestão de contratos em planilhas para contratos *cloud*, gestão de benefícios e economias em relatórios em tempo real, negociações *offline* para *online*... Ficaria aqui páginas e páginas escrevendo sobre isso.

Silvana Fumura

Não estamos na era da tecnologia, estamos na era da constante transformação digital com passos cada vez mais rápidos de mudanças. Então não basta aprender a negociar com excelência, é preciso saber utilizar as ferramentas que estão disponíveis para a melhor obtenção de resultados, tanto de negociação como para rastreamentos e tudo sobre tempo real. Eu seguramente posso dizer hoje que você agarre os projetos de implementação/reorganização de processos que aparecem e são raros. "Ahhhh, mas já trabalho muito, ahhhh, mas já estou sobrecarregada." Porém é temporário e tudo isso só expande o conhecimento, o *networking* interno e externo, além de alavancar a exposição profissional e interagir com outras áreas da empresa. Nada paga uma experiência! Além disso, participar de eventos, estar na mídia social expondo o novo "currículo" do mundo moderno para que a IA possa te encontrar.

A carreira é feita por ciclos também, que acompanham a nossa vida pessoal, cada um tem a sua motivação, uns são família, outros *status*, outros segurança, etc. Por muito tempo minha ambição era o que o dinheiro poderia me proporcionar, e a vida que eu gostaria de ter, e principalmente como eu gostaria que fosse quando eu saísse do mercado. Sendo assim, a busca da minha ascensão profissional foi baseada em sonhos com estratégias e execuções durante a jornada. Outro propósito era reconhecimento dentro dos meus valores éticos, profissionais e de alta performance junto da minha equipe. O sucesso para mim é a combinação de fatores como: aquisição de conhecimento, autoconhecimento, autotransformação, comunicação e estratégia (onde estou e para onde quero ir com a utilização dos recursos que promovo para mim mesma), *networking* e aliados. É ser humilde e ter o suporte daqueles que são melhores que eu em assuntos para os quais não tenho tempo e não quero gerenciar. Ter mentores e *coachs* para nos ajudar a pensar em outras possibilidades e estratégias para nos fortalecer e aprimorar o nosso ser. Para deixar um legado de inspiração e exemplo para alguns ao redor.

Mulheres em Compras®

Atingi lindos patamares financeiros e culturais através da minha carreira e interagi com egos nunca imagináveis. Transformei processos, empresas, tecnologias e pessoas. Mas meu propósito é deixar um legado para minhas equipes, parceiros e todos os ecossistemas de que faço parte fundamentado nos meus valores: honestidade, comprometimento, alta performance, empatia, inclusão e desenvolvimento. Tive coragem de me posicionar onde muitas mulheres e muitos homens nunca se colocaram, tomando riscos importantes, inclusive a minha própria carreira, em nome do que era o certo para mim. Conectar pessoas e transformar vidas para sempre, ensinar o que já me foi ensinado e levar luz e esperança para aqueles que ainda precisam é meu propósito. Sempre com muita gratidão, principalmente à minha família e amigos!

Indico dois livros:

- *"A arte da guerra para mulheres"* – Chin-Ning Chu – se tornou um guia para mim para a sobrevivência no mundo corporativo (gostaria de ter lido quando era mais jovem).

- *"Comunicação Pacífica"* – Maher Musler – a mulher ainda é tida como dura e surtada quando se colocam, esta leitura ajuda no autoconhecimento e COMO se colocar em uma comunicação pacífica e assertiva sem medos.

Uma menina sonhadora que se tornou uma mulher realizadora

Susana Vicentin

Atua na área de Compras há mais de 15 anos, graduada em Engenharia de Produção, possui também um MBA em Gestão Industrial pela Fundação Getulio Vargas (FGV) e um diploma de Business pela Entrepreneur Education, na Austrália. Sua experiência internacional inclui vivências na Austrália, Colômbia e Estados Unidos, onde aprimorou seus conhecimentos linguísticos, culturais e técnicos. Atualmente é empreendedora e presta serviços como consultora para área de Compras e Suprimentos. Além disso, é coordenadora de relações institucionais do Conecta Sul e atua ativamente na organização dos Clubes de Compras das regionais de Santa Catarina e Paraná.

LINKEDIN

Apertei meus olhos para tentar enxergar o que vinha à frente, estava difícil. A chuva era tanta naquela tarde de verão, que desisti de tentar usar o guarda-chuva enquanto pedalava. As gotas geladas tocavam meu rosto quente, e eu só queria chegar em casa o mais rápido possível.

Eu fazia o curso de corte e costura no Senai, no programa de Jovem Aprendiz, e naquele dia tinha tido minha primeira aula de cronoanálise, eu estava muito animada. Depois de uns dez minutos pedalando, a chuva cessou e pude sentir uma brisa fresca que se intensificava com o fato de eu estar pedalando contra o vento. Senti meu corpo arrepiar e pensei: "Estou com 15 anos agora, onde será que estarei com 25?! E com 35?! Como será que a minha vida vai ter se transformado? Só espero não ter que continuar pedalando na chuva pelos próximos 20 anos".

Como cheguei em Compras

Sou nascida e criada em Jaraguá do Sul, cidade que faz parte do polo industrial norte-catarinense. Minha mãe é costureira e trabalhou a vida inteira na mesma fábrica, e meu pai é eletricista, trabalhava em média dez anos em cada lugar que passava.

Meus pais vieram de família simples, e tiveram que trabalhar na roça desde cedo. Quando digo cedo, é cedo mesmo, minha mãe conta que com sete anos já tirava leite e tinha sua minienxada para ajudar na plantação de aipim que meu avô tinha.

Por ter tido essa infância difícil, meus pais sempre exigiram de mim e de minha irmã que estudássemos muito, e por vezes uma nota 10 ainda não era suficiente.

Minha irmã e eu estudamos a vida inteira na escola estadual do bairro vizinho. E íamos para as aulas pedalando.

Pelo fato de a gente estudar em escola pública, e a aula de inglês lá não ser de qualidade, meus pais decidiram investir num curso numa escola de idiomas para que minha irmã e eu estivéssemos melhor preparadas para o mercado de trabalho. Então, quando fiz 13 anos comecei neste curso. Eu amava ir para a aula de inglês, nas páginas do livro tinha história de gente de tudo que é canto do mundo, e eu ficava imaginando se um dia eu iria conhecer com meus próprios olhos as culturas relatadas ali.

No ano seguinte à conclusão do meu processo de Jovem Aprendiz, eu comecei a trabalhar na mesma fábrica em que minha mãe era costureira, e meu trabalho lá era trazer insumos para as costureiras, para que elas não precisassem levantar da máquina. Eu trabalhava durante o dia, e à noite ia para a escola terminar o ensino médio. Naquela época eu já tinha que decidir qual seria a minha graduação.

Eu queria fazer Engenharia Elétrica, porque me inspirava no meu pai eletricista, mas o fato de eu estar trabalhando na indústria têxtil me deixava confusa, pois, naquele tempo, eu também acreditava que lá seria o lugar que eu trabalharia o resto da vida, então precisaria encontrar um curso de graduação que fosse mais abrangente e optei por Engenharia de Produção.

Com a nota que tirei no Enem eu teria conseguido entrar numa universidade pública, mas não tinha a menor condição de ir para outra cidade, pois eu teria que deixar de trabalhar e meus pais não conseguiriam me manter.

Na universidade que tinha perto de casa, eles só davam bolsa de 50% para o curso de Engenharia de Produção, então eu fui ali mesmo.

Um dia, após o almoço, minha mãe me disse:

– Viu que abriu recrutamento interno para o Outsourcing? Por que você não se inscreve?

– Eu vi, mãe, mas meu inglês é muito ruim. E vi que a vaga é para falar com os fornecedores da China. Não sei se consigo.

– Susi, eu me sacrifiquei aqui para te pagar o curso de inglês, vai lá e te inscreve, se não passar, pelo menos saberá que precisa estudar mais. E se passar, você sai daqui do chão de fábrica e vai ser alguém na vida!

Para participar de qualquer recrutamento interno, precisava de autorização da chefia atual. E fui falar com a minha coordenadora, toda tímida e desengonçada.

– Ai, Susi, você é engraçada, você não vai conseguir. Uma filha de costureira que fala inglês? Tu nem sabe falar.

– Como você sabe que eu não sei? Você vai me liberar ou não para participar da seleção?

– Libero sim, tenho certeza de que você não vai conseguir mesmo.

Depois de uma semana, meu nome estava nos murais, dizendo que eu tinha sido aprovada na primeira etapa, e que a próxima etapa era a entrevista. Um mês depois eu comecei no Outsourcing, e foi quando, sem saber, entrei para o mundo de Compras.

Primeiro fui assistente, e depois virei analista. Meu trabalho era apoiar o comprador no relacionamento com os fornecedores. Comprar uma peça de roupa é diferente de comprar um parafuso. Os corpos não têm padrão, e cada tecido trabalha de uma forma diferente, dependendo de qual processo ele passou nas fases anteriores à costura. A cadeia produtiva da indústria da moda é linda e complexa.

Hoje entendo que a primeira mulher forte que me incentivou foi a dona Beatriz, minha mãe, e sou muito grata por ter tido esse empurrão dela.

Quando senti que não pertencia, mudei

Depois de quase cinco anos nessa primeira empresa, minha antiga chefe foi ser gerente em outra organização da mesma cidade e me convidou para entrar no time. Inicialmente, eu não queria ir, tinha muito medo de entrar em outra empresa. Minha mãe, mais uma vez, me deu um empurrão:

— Susi, você está quase se formando na faculdade, tem experiência e conhecimento. Na minha época, a gente não tinha estudo, e era obrigada a ficar no mesmo lugar, porque senão corria o risco de ficar sem trabalho. Você não! Vai lá, negocia um bom salário e se eles não quiserem pagar, você continua onde está. Se eles aceitarem, vai e voa!

Depois de um ano e meio nessa empresa, eu estava no meio da minha pós-graduação em gestão industrial quando recebi a proposta de representar a minha área dentro do projeto de implantação de um novo ERP na empresa.

Decidi aceitar, e ali conheci ainda mais o mundo de *Supply*. Dentro de um projeto desse tamanho, aprendi o impacto que tem cada etapa na cadeia como um todo, e foi sensacional.

Eu sabia que o *go live* seria no ano seguinte, e que quando o projeto acabasse voltaria para as atividades que fazia antes do projeto como analista de qualidade e fornecimento, minha responsabilidade era aprovar e liberar os embarques com os fornecedores da Ásia. Minha mente tinha expandido, e eu morreria de tédio. Então decidi que iria fazer o que sempre sonhei: morar fora do Brasil.

Mulheres em Compras®

Aos 25 anos, desembarcava na Austrália, para uma aventura que nunca teve fim.

Inicialmente era para serem apenas seis meses, mas acabei ficando dois anos. Lá eu fui faxineira e garçonete (e sim, tomei vários banhos de chuva pedalando de volta para casa). Eu não conseguia entender na época, mas ser garçonete foi um laboratório extremamente necessário para a minha carreira na área de compras. Sempre fui muito tímida, e todas as vezes que ia atender uma mesa precisava me abrir, ouvir com atenção e sorrir. Com isso fui desenvolvendo minha escuta ativa, humildade e capacidade de comunicação.

Um dia, quando fui contar uma história dessas engraçadas do mundo corporativo, percebi que eu já estava esquecendo alguns termos, e parei para observar o quanto eu sentia falta daquela rotina. Decidi, então, que deveria voltar ao Brasil já que na Austrália não consegui nenhuma oportunidade na minha área, mas, antes, iria fazer um mochilão com o dinheiro que juntei trabalhando por lá.

Aprendi a dizer sim para as oportunidades da vida

"Todos os caminhos levam à morte. Perca-se." Jorge Luis Borges

Nesse mochilão, conheci 12 países, e o último que visitei foi a Colômbia. Me apaixonei pela cultura, comida e hospitalidade de lá. E como eu vinha de um período de muita descoberta e autodesenvolvimento, perguntei a um amigo se ele poderia me ensinar espanhol. Seria incrível voltar para o Brasil com inglês e espanhol fluentes.

– Susi, tem um curso de espanhol para estrangeiros na universidade aqui perto de casa, por que não vamos lá entender se é possível você participar? – comentou meu amigo.

E foi possível! Depois de uma prova de proficiência que exigia um nível intermediário, consegui me matricular e a volta ao Brasil foi postergada, mais uma vez.

O curso que fazia era de cinco horas semanais, e nas primeiras semanas já senti o tédio bater.

— Susi, você fala inglês fluente, por que não dá umas aulas de inglês para sair do tédio? – disse dona Maria, a senhora que alugava um quarto da sua casa para mim.

— Mas eu sei inglês para falar, não sei inglês para ensinar! – respondi desanimada.

— E tem diferença?! Anuncie no OLX, se aparecer alguém você testa e então decide se seu inglês é só para falar ou se é também para ensinar – retrucou dona Maria, com seu jeito prático de ver a vida (mais uma mulher forte, me dando um empurrão).

A primeira pessoa que respondeu ao meu anúncio foi um jovem que tinha morado em Piracicaba para fazer seu mestrado e acabara de retornar à Colômbia.

— Sabe, eu acho que você tem uma ótima didática para ser professora. Se quiser, eu te levo no instituto em que aprendi português, quem sabe você consegue algo lá.

Eu fui, o dono do instituto precisava de novos profissionais, em menos de dois meses, além do instituto, eu já estava dando aulas de português em mais duas universidades.

Ser professora me ajudou muito na dinâmica das negociações que eu precisaria para ser uma boa compradora.

Pedir ajuda é crescimento

"Vulnerabilidade não é ganhar nem perder. É ter a coragem de se expor, mesmo sem poder controlar o resultado."
Brené Brown

Depois de, finalmente, voltar ao Brasil, busquei minha recolocação, e encontrei uma oportunidade na área de Compras, dessa vez como compradora. Era a primeira vez que eu ia responder pelo *budget* da minha carteira. Meu gerente na época foi um grande mentor, e ter ao meu lado uma pessoa que estivesse disposta a me ensinar as técnicas de negociação foi essencial para eu me tornar a profissional que sou hoje. Contudo, isso só foi possível porque fui honesta comigo mesma e com as pessoas que trabalhavam comigo. Reconheci que tinha *gaps* técnicos que precisavam ser desenvolvidos na própria entrevista e corri atrás para desenvolvê-los.

Em 2020, em meio à pandemia, estava liderando meu primeiro time, formado por mulheres.

No ano seguinte, a pandemia parecia não ter fim, uma pressão se instalou em todas as reuniões de operações por conta dos fechamentos das fábricas, dos atrasos das importações, o mercado nacional ficou ainda mais sobrecarregado. E eu tentava segurar toda essa pressão para proteger meu time. Mas não consegui, e tive um *burnout*.

Iniciei um tratamento e fiquei afastada alguns dias do trabalho. Foi essencial para entender que eu não precisava carregar tudo nas costas, e dividir o peso com as pessoas que estavam ao meu lado não era fraqueza, mas sim, coragem. Quando retomei a rotina, as coisas ficaram mais leves, e na verdade a única coisa que faltou para evitar o *burnout* foi pedir ajuda.

Aceitar a impermanência é essencial

"Sorte é o que acontece quando a preparação encontra a oportunidade." Sêneca

Em 2022, tomei uma decisão audaciosa e decidi tentar me estabelecer no mercado de forma autônoma, usando minha experiência para contribuir em projetos pontuais dentro da área de suprimentos nas empresas.

Graças a essa decisão, eu passei a integrar o time que organiza um dos maiores eventos de inteligência e compras do Brasil, organizado pelo Conecta Sul, clube de compras aqui da região Sul, que foi iniciado lá em 2018 pela vontade de profissionais da nossa área de disseminar em todas as organizações a importância do comprador para o resultado das companhias.

Num desses encontros, conheci uma pessoa que me apresentou a oportunidade de ir ao Estados Unidos para trabalhar em um projeto numa empresa da Califórnia. Eu tive a sorte de essa oportunidade me encontrar preparada, e no ano passado vivi três intensos meses num projeto que me fez crescer muito como profissional e ser humano, e pude fazer isso usando o inglês que a filha da costureira estudou.

Aos 33 anos, me lembrei da minha versão de 15 anos, que imaginava onde eu estaria nas décadas seguintes, e sei que ainda tenho muito trabalho a fazer e muitos *gaps* a desenvolver, mas tenho certeza de que aquela menina está orgulhosa dessa trajetória. Ah, eu continuo andando de bicicleta e às vezes me permito tomar um banho de chuva.

Este livro é um projeto que visa fortalecer o crescimento feminino no mercado de trabalho, e a área de Compras ainda é majoritariamente masculina. Eu fui muito abençoada ao encontrar no meu caminho outras mulheres fortes, que contribuíram para o meu crescimento, e uns poucos homens que não viam meu gênero, mas sim minha competência. E desejo que essa história ajude a inspirar as colegas de profissão, e que todas possam encontrar acolhimento e oportunidade em sua jornada.

Trabalho: Superando os medos e apostando no poder da dedicação para uma vida profissional gratificante

Verena Pagano

Head de Indiretos – Procurement & Logistic. Graduada em Engenharia Civil pelo Universidade Presbiteriana Mackenzie e Administração de Empresas pela FGV-CEAG. Com MBA em Supply Chain Management pela BSP e especialização em Inovação – IGNITE pela Stanford University e especialização em Gestão de Contratos pela FIA. Mais de 20 anos de experiência em Procurement de Diretos e Indiretos. Com mais de 15 anos no mercado de Construção Civil, passando por grandes empresas do segmento imobiliário como Gafisa e Cyrela. Já no segmento de infraestrutura esteve por quase sete anos na Engeform Engenharia, acumulando a função de Head para Diretos e Indiretos. Nos últimos quatro anos migrou para o mercado industrial de Automação e Eletrificação ABB – Asea Brown Boveri. Painelista em cursos de especialização em Compras. Detentora do blog "Procurement de Salto" e produtora de conteúdos em Compras. Presidente da Vertical Indústria no FIN Future is Now.

LINKEDIN

Para aquelas que nasceram em meio a uma família cheia de amor e bastante dinâmica, o trabalho será apenas mais um caminho para disseminarem o que vocês aprenderam ao longo de sua criação.

Filha mais nova de um jovem casal batalhador nos anos 80 (com o pai calmo e paciente, de voz branda, descendente de espanhóis, e com uma mãe ativa, de personalidade forte e agitada, descendente de italianos), tive a oportunidade de crescer e ter uma infância rodeada de muitas crianças, muita diversão, mas também cheia de atividades e rotina puxada.

Lembro-me perfeitamente a correria que se tinha em minha casa, tanto meu pai quanto minha mãe trabalhavam muito (quando também não estavam estudando), e cada segundo era sagrado para gerenciar toda a dinâmica do dia a dia com duas crianças. Meu irmão é mais velho, mas com apenas dois anos de diferença.

Escola, esporte, aulas de inglês, aulas de computação, médicos. Ou seja, crescemos com as seguintes falas:

– "Vamos", "Corram", "Não se atrasem!", "Não dá tempo, senão..."

Minha mãe é psicóloga e psicopedagoga. Optou por ser professora primária de um colégio particular onde tivemos a sorte de estudar como bolsistas (se não fosse nesta condição, certamente cresceríamos em outra instituição de ensino).

O fato de tê-la por perto me trazia um imenso conforto e proteção, porém, uma responsabilidade enorme para manter um nível mínimo de performance escolar e não perder a tão sonhada bolsa escolar.

Graças a ela também, praticávamos esportes desde muito pequenos. Logo, a consciência corporal se tornou presente. E, não menos importante, a consciência de convívio coletivo e competitivo que o esporte traz por si só (por mais que eu odiasse competir, era parte do processo educativo esportivo).

Em paralelo e não diferente, a figura masculina representada pelo meu pai ficou marcada por uma pessoa que trabalhava e estudava muito em busca do seu "lugar ao sol" no mundo corporativo.

Sabe aquela primeira paixão da filha mulher? Então, meu pai foi exatamente isto para mim. Todos os dias saía elegante com seu terno, gravata e sua camisa social passada perfeitamente.

Engenheiro civil como primeira formação, teve uma educação rígida dos pais e começava a dar os primeiros "passos comerciais" aos nove anos de idade quando vendia coisas na feira para juntar um dinheirinho.

Marcado por uma personalidade extremamente correta (às vezes até "caxias" demais), meu pai sempre exigiu de nós uma postura correta, de doação e com a crença de que "apenas com muito esforço se atinge o sucesso".

Foi com esta dinâmica frenética, simples e relativamente puxada (cheia de responsabilidades) que ficou marcada minha primeira infância.

Aproximadamente até os sete anos de idade eu era considerada uma criança extremamente medrosa. Nasci assim, tinha medo de tudo, para não falar "pavor" de algumas coisas e situações. Experiências com o desconhecido ou vivências que gatilhavam o sentimento de aventura eram apavorantes para mim! Recusava-me imediatamente.

Como um simples exemplo, lembro que não podia ver um cachorro do outro lado da rua que saía correndo ou pulava em algum lugar mais alto para que ele não pudesse me alcançar. Viajar de avião ou brinquedos como montanha russa nunca foram "a minha praia". Aquele frio na barriga que algumas pessoas adoram me assustava.

Com meus pais sempre atentos, era nítido o esforço deles para mudar este meu perfil amedrontado, decidiram então adotar uma cachorro. E desta tentativa e vivência meu medo se transformou em um amor incondicional por esses seres maravilhosos.

Um medo a menos, e uma paixão a mais. Que transformação!

Mas, nem só de medo eram os meus dias. Pelo fato de ser muito baixinha, sempre era a primeira da fila para as atividades na escola.

O que significa que por diversas vezes tinha que ser a primeira a executar as atividades escolares sem referências anteriores de algum colega. E, de certa forma, hoje eu vejo que isso me ajudou a ser uma pessoa com iniciativa, mas naquela época era extremamente difícil aceitar essa posição.

Algumas mudanças nessa dinâmica ocorreram ao longo de minha infância e pré-adolescência que ficaram fortemente registradas em minha memória.

Junto com a mudança de casa, veio uma grande mudança de rotina no colégio.

Meus pais decidiram mudar de bairro e aquelas minhas primeiras grandes amizades ficaram para trás. Em paralelo, iniciei a fase do ginásio. O que significou uma separação do convívio com minha mãe. Ela dava aula no primário, que era no período vespertino; já no ginásio, com aulas pelas manhãs, não teria mais esta "proteção" de mãe. O que para alguns adolescentes poderia ser um alívio, no meu caso despertou um senso de responsabilidade ainda mais latente. E esta mudança ficou marcada por um "recomeçar", por um período de muita autocobrança.

No dia a dia escolar era nítida minha facilidade com disciplinas de exatas. Com o passar dos anos, chegando na época do colegial e próximo à fase de vestibular, eu deveria escolher qual carreira seguir. E, assim como é para vários adolescentes, não foi diferente para mim. Saber escolher a profissão certa aos 17 anos é extremamente desafiador.

Como podemos saber se escolheríamos o caminho certo? E se não gostássemos do curso? E se a faculdade não refletisse a rotina do trabalho?

Apenas sabia que tinha facilidade nas disciplinas de exatas. Mas também tinha uma paixão pelos cachorros e animais que poderia me direcionar à área de veterinária. Ao mesmo tempo, amava praticar esportes e cursar Educação Física poderia ser um caminho também. Três formações acadêmicas extremamente diferentes.

De cara pensei em como seria difícil administrar um trabalho vivenciando a dor de um animalzinho e logo percebi que veterinária não seria o meu destino, precisaria trabalhar muito meu psicológico para suportar isto.

Ao mesmo tempo, os esportes me consumiam e me traziam um prazer que certamente poderia fazer parte da minha vida como uma profissional da área. Porém, a minha relação com esporte era na execução e não no processo educativo para alunos. Logo, ser algum tipo de professora nessa área não traria minha felicidade.

Então, levando em conta a área em que eu tinha mais facilidade no colégio (exatas), e também o estímulo e referência profissional que meu pai transmitia, tudo fez com que então eu focasse em uma formação na qual pudesse ser ao menos metade do que ele representava para mim.

Mulheres em Compras®

Para minha sorte, escolhi uma universidade na qual o primeiro ano de Engenharia era com disciplinas gerais, e só a partir do segundo ano os alunos decidiriam sua especialização com matérias específicas da área.

Pois bem, mais uma mudança drástica de rotina para uma adolescente aconteceria. A saída do colégio de bairro para uma universidade nacional! E posso afirmar que foi na universidade o primeiro contato com o mundo real, com o "mundo lá fora".

Lá vivi experiências com pessoas de diversos tipos de cultura e de classe social. Esta diversidade me encantou! Tanto que despertou em mim um perfil até então desconhecido na época do colégio, um perfil de comunicação, de expansão, de interação com pessoas. Muito mais sociável e comunicativa.

Queria conhecer todos, escutar a história de vida de todos os colegas!

Mas este era um lado comportamental despertado naquele momento que não acompanhou minha decepção com a metodologia pedagógica da universidade que havia escolhido. E, mesmo após um ano de muito estudo, decidi sair daquele lugar.

Detalhe importante, quando falo "muito estudo", eram no mínimo 8 horas por dia, incluindo finais de semana. Aquela minha característica de dedicação e senso de responsabilidade falava ainda mais alto, tudo isso para mostrar aos meus pais e a mim mesma que eu era capaz de passar pelo tão temido 1º ano da Engenharia, sendo também uma moeda de troca pela minha decisão de recomeçar a etapa de vestibular.

Na nova faculdade não existia ainda a Engenharia de Produção e exatamente de uma forma bastante aleatória eu fui buscar o que havia de melhor na entidade em quesito curricular e de mercado, e foi nesta Engenharia que me inscrevi!

Por ironia do destino, a Engenharia mais reconhecida desta faculdade era a Engenharia Civil, a mesma formação do meu pai!

Verena Pagano

Ainda um detalhe muito interessante que vale destacar aqui e que explica muito sobre os projetos profissionais que faço hoje. Eu não tinha ideia da pequena quantidade de mulheres que cursavam Engenharia Civil naquela época. Quando entrei, éramos praticamente cinco colegas na sala!

O fato de ter muito mais homens do que mulheres na minha graduação nunca foi um fator limitante que pudesse me "amedrontar". Na verdade, isto se deu mais "fora" do que dentro de mim. Muito pelo contrário, eu vi como uma oportunidade para me diferenciar e mostrar o meu potencial.

Neste período ficou nítida uma transformação interna bastante importante em minha personalidade. O medo que persistia em minha infância se transformou em um perfil com muita curiosidade e esforço! Como exemplo prático, não foi uma, nem duas, nem três vezes que eu recebi um **não** como resposta para tentativas de estagiar em canteiros de obra.

Passei por diversas entrevistas e várias dinâmicas, às vezes sozinha, outras vezes em conjunto com outros candidatos e em alguns casos a negativa era dada na hora e na frente de todos com uma frase irônica:

— Ahh, você no canteiro de obra, não vai dar certo. Em uma das construtoras em que tentei vaga (e que já sabia da fama de não contratar mulheres para canteiro de obras) estava tão cansada de receber o não que quando me ligaram para me dar a negativa de estágio em canteiro de obras eu logo respondi:

— Eu já sabia que não seria chamada, a fama de vocês é de não contratar mulheres.

A pessoa do outro lado da linha ficou sem graça. Mas eu não desisti, rsrsrs!

Foi após todas essas negativas que eu decidi, ao invés de recuar, mudar o caminho, comecei a procurar vagas mais administrativas (fora do contexto de canteiros). Logo na primeira tentativa consegui uma oportunidade para trabalhar no departamento de compras da Caixa Econômica Federal. Eles estavam iniciando um projeto de construção de agências e eu trabalharia neste projeto por um ano, conhecendo a dinâmica de contratação de empreiteiras, materiais, licitações, pedidos de compra, contratos, etc... e como me portar em um ambiente de escritório.

Após este um ano, fui convidada por uma professora da faculdade para trabalhar em um centro de pesquisa e desenvolvimento de hidroelétricas. Era um trabalho com perfil mais acadêmico. Criavam-se hipóteses em um sistema de simulações de cenários para hidroelétricas desenvolvido por uma turma da área computacional.

O interessante de passar por áreas e dinâmicas diferentes é poder comparar para ter clareza do que você quer e o que você não quer para sua vida profissional. E, apesar de ser um trabalho muito bonito, a dinâmica de ficar horas e horas em frente a um computador, sem grandes interações com pessoas, não me agradou. Foi aí que um ex-colega de faculdade me indicou para uma oportunidade em compras para uma grande construtora da época. E, como já havia passado por este departamento na época de estágio, seria muito interessante retornar à função.

Nesse momento já havia concluído a Engenharia Civil e iniciado a formação em Administração de Empresa em uma excelente universidade.

Juntar uma formação de conhecimento bastante técnico com uma formação mais genérica que trazia disciplinas de humanas e finanças, agregou muito para que eu tivesse uma visão mais holística em minha nova função em compras.

Nesta construtora de setor imobiliário eu trabalhava muito, este mercado em 2008 estava "bombando". Aprendi muito também. Contratava diversas categorias, aprendi sobre culturas de negociação e pude desenvolver minha principal característica como função de compradora, a empatia.

Verena Pagano

Após mais de dois anos, fui convidada por uma empresa concorrente do mercado para atuar também com outras categorias de Compras. Vi uma excelente oportunidade para ampliar meus conhecimentos e fui! Já nesta nova grande empresa fiquei por cerca de quatro anos e viajava muito pelo nosso Brasil visitando obras e fornecedores.

Considero um dos momentos mais organizados a título de trabalho. E, por isto, pude fazer um MBA em *Supply Chain Management* em paralelo. Foi excelente para fazer *network* e me aprofundar na disciplina.

Na sequência e a convite de uma *headhunter*, assumi um desafio diferente dentro do mercado de Engenharia Civil. Saí do segmento imobiliário para o de infraestrutura.

Nessa empresa, posso dizer que se deu meu grande crescimento profissional! Sabe quando você se identifica com a posição que está exercendo e com a cultura e dinâmica da empresa? Quando você dá o sangue para aprender e se dedica de corpo e alma?! Então, lá tive este espaço e oportunidade.

Sempre muito atenta às tendências de mercado, esta empresa realizou uma análise junto a uma consultoria externa que identificou uma forte oportunidade para centralizar o departamento de Compras. Até então, os engenheiros de projetos tinham autonomia para realizarem as contratações.

Entrei nesta empresa para atuar nesse objetivo de centralização. E foi excelente, porque eu pude contribuir com modelos de Compras centralizados que já havia vivenciado nas empresas anteriores.

Nesse período percebi que não podia ficar atrasada nas inovações e tendências que surgiam de forma "voraz' no mercado e novamente a Verena dedicada e curiosa decidiu cursar especialização em Inovação pela *Stanford University*. Melhor decisão para minha vida pessoal, educacional e profissional!

Nesta empresa de Engenharia fiquei longos sete anos. Tive uma promoção nesta jornada e, além do departamento de Compras, cuidava do centro de distribuição, que era responsável por administrar os equipamentos e serviços de linha amarela (atividades consideradas por muitas construtoras "pesadas" para mulheres).

Paralelamente ao trabalho, sempre busquei participar de eventos, fóruns, discussões, grupos em *Supply Chain*, tornando-me assim uma profissional atenta e comunicativa com parceiros de profissão.

Estes eventos começaram a tomar espaço em meu cotidiano, tornando-se constantes. E isto virou rotina e um caminho para meu crescimento profissional.

Como uma boa inquieta e curiosa, próximo aos meus seis anos de aniversário de empresa, minha cabeça só pensava em como "recomeçar" meu trabalho para aprender mais e mais. Este pensamento começou a "pulsar" mais forte dentro de mim. Sempre que analisava meu histórico profissional reconhecia a concentração dos meus aprendizados focados muito no mercado de Engenharia Civil e em apenas empresas brasileiras. Faltava ampliar meu conhecimento em outros mercados e em multinacional para ficar uma profissional mais completa.

Em um ano este desejo se concretizou! Estava contratada para atuar na área de Compras em uma multinacional de automação e eletrificação que poderia me trazer a experiência que me faltava e tanto queria.

Então, duas semanas antes da temida pandemia eu iniciei minhas atividades neste novo cenário 100% diferente do que conhecia.

Não vou negar foi um período de extrema persistência, e aquele medo que sentia quando era criança voltou à tona. Será que havia feito a melhor escolha?

Verena Pagano

Em função do *lockdown,* não conheci a maioria dos meus colegas pessoalmente, e minha chefe (que ficava em outro país) pude visitar após três anos de empresa. Conhecer todos os processos e dinâmica de uma multinacional gigante sem um "olho no olho" para me ajudar e ainda me manter firme psicologicamente e profissionalmente me fez ver o quanto nós mulheres somos fortes quando precisamos.

Mas, se de um lado estava vivendo o desconhecido do outro, aumentava minha participação em *blogs*, *podcasts* e palestras.

Até que um dia, durante o convite para participar de um *podcast*, pensei:

– Quero novamente ousar, recomeçar. Conhecer o desconhecido! Sentar do outro lado da mesa para agora entrevistar profissionais que poderiam contribuir muito com outras mulheres e colegas de profissão.

E assim, em 2023 criei um blog chamado "*Procurement* de Salto", onde comecei entrevistando nove mulheres e um homem para ajudarem de alguma forma as demais **MULHERES EM COMPRAS**. Depois passei a fazer vídeos educativos com o tema da disciplina de Compras.

Ainda não defini um formato certo do que quero proporcionar com este blog. O que tenho certeza é que quero fomentar a força feminina nas posições de compra.

Hoje, no auge dos 40 anos, sei que trabalhar me obriga a reinventar constantemente em todos os aspectos da vida.

E aquele medo... ahhhh, aquele medo continua para algumas situações, mas a maturidade me ajuda a transformá-lo em oportunidades e superação. Apenas ouse, MULHER!

História da CEO da Editora Leader e idealizadora da Série Mulheres®

Andréia Roma

Eu posso Voar!

Como tudo começou

Nasci em São Paulo, sou uma paulista muito orgulhosa de ter nascido nesta terra de tantas oportunidades. Falar das minhas origens, de quando eu era criança, é necessário, porque tudo é parte da minha história de vida. Venho de uma família muito humilde, na infância eu não sabia o que era ter uma roupa, um tênis ou uma sandália novos. Eu e minha irmã usávamos o que outras pessoas nos davam, mas mesmo assim éramos agradecidas. Hoje somos nós que ajudamos outras pessoas, seja diretamente, com caridade, ou indiretamente, através do nosso empreendedorismo.

A profissão do meu pai, um pernambucano muito batalhador, era de pintor. Ele fazia de tudo para que não faltasse nada para nós e seguíamos a vida com escassez, sem luxo, aprendendo que a melhor escolha sempre é ter muita honestidade. Meu pai foi muito carinhoso comigo e com a minha irmã, guardo boas lembranças dos primeiros anos da minha vida. Atualmente ele é aposentado e posso dizer que é uma pessoa maravilhosa, muito importante para mim.

Mamãe, paulista como eu, não trabalhava, porque meu pai entendia que ela precisava estar em casa para cuidar da nossa educação. Então, fomos muito bem educadas por minha mãe, pois mesmo com pouca escolaridade ela nos ensinava bons

Andréia Roma

valores e o respeito ao próximo. Ela nos ensinou como nos portar à mesa, como agir corretamente na convivência com outras pessoas, em qualquer ambiente em que estivéssemos. Tudo isso era próprio dela, que tem uma história muito bonita. Ela foi adotada, depois de ser deixada na porta de um orfanato, junto com as duas irmãs e um irmão.

Separadas pela adoção, depois de 30 anos minha mãe encontrou minha primeira tia, após mais cinco anos, minha outra tia. Meu tio já é falecido, infelizmente, e jamais encontraram a minha avó. Minha mãe foi adotada por um casal que vivia no Interior, e que cuidou muito bem dela, graças a Deus, e ela se tornou uma mulher de fibra, exemplar. Mamãe teve a oportunidade de concluir somente o colegial, não prosseguiu com os estudos, pois se casou com papai muito jovem. E na simplicidade dela, com seu olhar amoroso e de bons valores, nos ensinava muito. Fomos crianças, eu e minha irmã, que tivemos uma mãe presente de verdade. Ela esteve sempre junto com a gente, na pré-escola, no primeiro dia de aula, ia nos buscar, cuidava muito bem de nós, nos orientava, ensinava como nos defender. São muitas passagens que ficaram marcadas nos nossos corações.

Escolha amar, sempre

Algumas pessoas, ao lerem este trecho de minha história, vão dizer que minha mãe talvez não devesse ter aberto mão dos estudos e de trabalhar fora. Na verdade, ela escolheu estar presente e com isso acompanhar nossa infância e todos os nossos passos. Eu digo sempre que ela escolheu amar. Entendo que hoje nós, executivas, não temos como abrir mão de nossas carreiras, porém, ao trazer esta história tenho a intenção de dizer para você que, mesmo com a correria do dia a dia, nunca deixe de registrar em sua agenda o tópico TEMPO PARA AMAR, envie um *invite* se preciso.

Minha mãe me ensinou o segredo de ser fiel às pessoas que amamos e cuidar com amor e dedicação. Apesar de ter sido abandonada um dia por sua mãe biológica, ela me ensinou que amar é um remédio que cura todas as dores da alma. Muitas vezes, quando iniciamos um trabalho, não nos dedicamos como poderíamos e isso ao longo dos anos se torna prejudicial. Reconheço que minha mãe foi a maior treinadora do tema "dedicação e atendimento ao cliente" que eu poderia ter em minha vida. E você, consegue se lembrar do que sua mãe ou seu pai lhe ensinou? Faça sempre essa reflexão e se fortaleça. Desafios vêm para mostrar o quanto você é forte.

Um livro muda tudo!

E como nasceu meu amor pelos livros, esse amor que me levou a empreender no mercado editorial? Bem, o primeiro livro que ganhei foi uma cartilha escolar. Eu adorava essas cartilhas porque podia pintá-las e tinha exercícios que eu gostava de fazer. Aí nasceu minha paixão pelos livros, que só aumentou pela vida afora. Isso colaborou muito na minha atuação como editora, porque não acredito em livros sem exercícios. Eu amava minhas cartilhas, eram distribuídas pelo governo. Elas eram o que eu tinha, eu ganhava de presente, cuidava delas com muito zelo e carinho, lembro-me até de ajudar minha mãe a encapá-las.

Achava sensacional poder ter aqueles livros e cartilhas, enfeitava com florezinhas, não tinha muito o que colocar, não tínhamos como comprar adesivos, então eu fazia com revistas e jornais velhos, tudo que achava eu recortava e colava, deixando tudo muito bonito. A atitude de colar e enfeitar os livros, cuidando com zelo, é o que trago para os dias de hoje. Minha lição aqui é convidar você a zelar e cuidar das oportunidades e parcerias, infelizmente ao longo dos anos nos decepcionamos com algumas, porém, desistir de encontrar parceiros certos para juntos fazer a diferença, jamais. Lembre-se de se levantar a cada tombo unicamente por você e não para que as pessoas que o feriram vejam. Estas pessoas passaram, e você seguiu. Viva o aqui e agora e esqueça o passado.

Andréia Roma

Sororidade inspirada por meu pai

Se eu pudesse resumir um pedaço da minha história sobre o tema Sororidade, descreveria com estes fatos.

Todos os dias de manhã meu pai saía de casa de bicicleta, praticamente atravessava a cidade para ir trabalhar, e assim economizava na condução para podermos ter um bom café da manhã, antes de irmos pra escola. Quando voltava sempre trazia um pacotinho de balas, de cereja ou de chocolate, lembro-me do formato e cheiro até hoje. Assim que ele chegava colocava as balas do saquinho na mesa, e pedia para eu e minha irmã sentarmos à mesa com ele; ali ele iniciava um ritual diário, olhando nos nossos olhos com carinho ele dividia as balas, e só depois deste momento é que poderíamos pegá-las.

Meu pai me ensinou sobre sororidade muito antes de ouvirmos sobre o tema. Ele com esta atitude me ensinava o valor de respeitar minha irmã, o valor de dividir, o valor de receber, o valor de agradecer. Recordo que a gente não brigava por isso, e ele e minha mãe nos ensinavam ali, mesmo sendo pessoas com tão pouca escolaridade, a compartilhar, a apoiar, respeitar. E isso eu faço sempre, seja como editora, como ser humano, eu compartilho muito. Eu dou muitas oportunidades para que outras pessoas possam publicar, possam escrever, possam se encontrar e identificar a sua história. E se valorizar, por isso eu foco muito no protagonismo da história, o que tenho certeza que fez diferença na minha vida.

Então finalizo aqui essa parte que fala da minha infância, dos meus pais, e de como eles me ensinaram a ser quem eu sou hoje.

Laboratório do sucesso

Iniciei minha vida profissional quando tinha 14 anos, como cuidadora de um casal de idosos. Trabalhar com eles me ensinou a ver e sentir o ser humano de outra forma, mais sensível, mais dependente. Eles já não estão mais conosco, mas nem imaginam o tamanho do legado que deixaram para mim. Foi uma grande lição para uma menina de 14 anos. Aos 15, entendi o significado de atender pessoas, fui trabalhar em uma banca de pastel e ali tive a chance de aprender grandes lições. Uma delas eu me recordo bem: meu patrão fritava todos os dias um pastel de carne e me fazia comer; quando eu terminava, ele dizia: "Como foi? Estava saboroso?" Na época eu não entendia o que ele queria, porém hoje sei que ele me ensinava que a experiência de experimentar é o maior laboratório do sucesso. Um cliente só volta para sentir novamente a experiência que seu produto pode proporcionar.

Aos 16, iniciei como recepcionista em uma papelaria, onde gostava muito de atender os clientes e fiz muitas amizades. Nesta experiência entendi que o *networking* traz para nossas vidas muitas oportunidades. Uma dica importante para você que deseja crescer é se relacionar, conhecer seus clientes, entender o que fazem e por que fazem. Todo cliente tem um propósito, descubra o propósito do seu cliente.

Aos 18, engravidei do meu primeiro namorado, e foi também meu primeiro aprendizado. Hoje eu agradeço a ele pela vida da minha filha, mas na época éramos jovens e tive uma experiência dolorosa. Eu tive a chance de ouvir o coração dela sozinha, foi um momento só meu e eu adorei. E naquele dia, como uma intuição divina, eu sabia que era uma menina, antes de o médico saber!

Quando ela nasceu, chamá-la de Larissa, que significa Alegria, realmente expressava o que eu estava sentindo. E me emociono ao dizer isso, porque ela tem me dado muitas alegrias. Segui criando minha filha sozinha e isso só me deu mais força para entender aonde queria chegar.

Lembro-me de que, quando entrei na sala de cirurgia para dar à luz a Larissa, visualizei que dali em diante eu seria empreendedora, que lutaria por mim e por minha filha. Comecei a estudar, e não parei mais, me considero uma autodidata em muitas áreas do conhecimento.

Suas escolhas decidem quem você será no futuro!

Próximo aos 24 anos me casei com o Alessandro e recebi mais um presente, meu segundo filho, chamado Boaz, e sua chegada reforçou ainda mais o que eu queria realizar em minha vida.

Na minha primeira formação em PNL e Coaching, recordo-me que o exercício na sala de aula era a ponte ao futuro. Ali eu reforçaria aonde queria chegar. E minha meta foi ter uma editora. Esse objetivo gritava dentro de mim, foi então que pedi demissão da empresa em que trabalhava. Algo me dizia "você está no caminho, vá em frente".

Foi o que fiz, porque eu tinha dois motivadores em minha vida, Larissa e Boaz.

Segui minha vida trabalhando, lendo muitos livros, pois sou uma apaixonada por livros, e participei de várias formações, buscando oportunidades, em minhas contas somo mais de 60 cursos. Confesso que investi muitos dias da minha vida para todas estas formações, ganhava pouco em empresas em que trabalhei, porém a oportunidade de estudar me manteve fiel em cada uma delas. Eu realmente fazia além do que era paga para fazer, pois eu acreditava em mim. Sou grata a todas as empresas pelas quais passei, são grandes motivadores para mim.

Quase desisti

Lembro-me que depois dos 30 anos fui convidada para estruturar a primeira editora, era um sonho e trabalhava dia e noite com a proposta de uma sociedade. Porém naquela época a empolgação foi tamanha e me esqueci do contrato, aí você já imagina. Depois desta decepção eu resolvi deixar o mundo editorial, quase desistindo do sonho de empreender, e disse a meu marido que iria procurar uma nova recolocação no mercado. Ele me disse: "Acredite, você vai conseguir".

Mulheres em Compras®

Foi quando tive a grande surpresa que mudaria totalmente minha vida.

Ele me disse para insistir com meus sonhos. E, se eu acreditasse na editora que queria construir, daríamos um jeito para realizar minha meta. Sem me consultar, ele foi até a empresa em que trabalhava há seis anos e pediu para ser demitido. Com a indenização dele fundei a Editora Leader. Assim, nasceu a Editora Leader, por meio de alguém que renunciou ao seu trabalho para realizar o meu sonho. Meu marido me inspira até hoje.

Sou e serei eternamente grata a ele.

Meu maior legado

Falar de filhos, de família, para mim é o maior legado do mundo, é você respeitar as pessoas que você ama. Falar do momento de mãe solteira é difícil. Não fiz nada diferente de outras jovens que também engravidam e não têm o apoio de seu parceiro. Não fui forçada a engravidar, aconteceu e aí vieram as consequências. Uma delas foi que meu pai não aceitava, até pela criação que teve, tinha uma importância muito grande para ele que eu só tivesse filhos após o casamento. Ele deixou de falar comigo, não me abraçava mais, foi muito penoso lidar com isso, porque ele sempre foi muito próximo. Na realidade, ele se importava, mas estava muito magoado. Hoje eu sei disso, mas na época não.

Então eu tinha de conviver com o conflito de ter sido abandonada e de meu pai se afastar de mim. Minha mãe me apoiou e me dava carinho e força. Fiquei em casa grávida, isolada, como se estivesse em quarentena. É assim que descrevo hoje aquela situação. Como não tinha com quem conversar, eu falava com minha bebê, cantava para ela. Por isso digo que ela realmente foi a minha alegria. Falar dela e da minha gravidez é falar de todas as mães solteiras, mas principalmente dizer às jovens para que se cuidem e evitem passar por uma situação tão dolorosa.

Hoje tomo isso como um grande aprendizado. E digo que o maior desafio de ser mãe, com certeza, é estar sozinha, apesar de ter aquela bebê maravilhosa dentro de mim. Então, eu entendi que precisava realmente fazer a diferença, não só pela minha filha, mas por mim primeiro. Naquele momento eu assumi o protagonismo da minha vida. Pensei que eu queria mais da vida, queria mais de tudo que pudesse obter.

Minha maior lembrança é de quando entrei no hospital, naquele corredor frio, olhei na janelinha da porta do centro cirúrgico e quem estava ali era minha mãe. Com seu olhar ela me dizia que eu ia conseguir, e isso realmente me motiva até hoje. Então, todas as vezes que me sinto triste, eu olho na "janelinha do tempo", e vejo o rostinho da minha mãe dizendo que vou conseguir. Isso pra mim faz toda a diferença.

Quando decidi ter um emprego, até pela maturidade de querer sustentar minha filha, tive uma grande oportunidade, aos 19 anos, de trabalhar num jornal, com a venda de assinaturas. E me saí muito bem. Era no centro da cidade de São Paulo, foi uma ótima experiência.

Depois fui para uma empresa de treinamentos, que nem existe mais, mas na época tive a chance de fazer alguns e aprendi muito. Eram treinamentos de negociação, motivação, liderança, conheci também um pouco da Programação Neurolinguística (PNL), e várias outras ferramentas. E mergulhei nesse mercado, gostava muito de ler, até pela falta de oportunidade que tive, então agarrei com as duas mãos e segurei com muita determinação.

Logo depois, comecei a vender livros e revistas numa empresa que não existe mais. Lá eu aprendi bastante, as pessoas que conheci ali foram bem importantes na minha vida e entendi que para vender eu tinha de ler ainda mais. Ler bastante, o tempo inteiro. Gosto muito de ler, eu lia muitos livros sobre motivação, vendas, de liderança, de negociação, livros de Eduardo Botelho,

Mulheres em Compras®

Reinaldo Polito, vários escritores, nacionais e internacionais, muitas pessoas que aprendi a admirar.

Contar sobre esse período é dizer o quanto essa oportunidade me ensinou a ser uma pessoa melhor, e a transformar desafios na "janelinha", onde o retrato é da minha mãe, dizendo que vou conseguir.

Pronta para Voar!

Selo Editorial Série Mulheres®

A Editora Leader é um espaço especial criado para que homens e mulheres possam publicar. Em todos os projetos da Leader dedicado às mulheres, uma das coisas que coloco é um espaço para as origens das autoras, como fiz aqui neste capítulo, porque, mesmo que seja doloroso falar sobre aquele momento, aquela situação difícil, isso faz com que você entenda a sua evolução, o quanto você caminhou, o quanto você já venceu. E faz com que veja alguém inspirador, como eu vi na janelinha do hospital, o rostinho da minha mãe. Então, qual é o rosto que você vê? Quando você se lembra dos seus desafios na infância, das situações difíceis, qual é o rosto que você vê? Acho que essa é a maior motivação, quando você consegue descrever isso, quando você trouxer isso pra sua vida consegue inspirar outras pessoas a caminhar. Percorrer o corredor daquele hospital foi um dos mais longos trajetos da minha vida, mas foi o mais importante, porque me ensinou a ser quem eu sou.

Me ensinou a compartilhar mais, me mostrou caminhos que nenhuma faculdade, nenhum curso vai me ensinar. Realmente ali eu assumi que podia fazer aquilo, e eu fiz.

Hoje minha filha tem 22 anos, está no segundo semestre de Medicina, e eu fico muito feliz. Contudo, hoje trabalho com legados, assim como os médicos, que fazem o bem para tantas pessoas! Hoje vejo minha filha caminhando para isso.

Andréia Roma

Então acho que o Selo Série Mulheres® da Editora Leader e grande parte de suas publicações têm um pouco de cada mulher, independentemente do que ela escolheu para sua vida. Digo que é uma conexão com as mulheres. Não é só quem eu quero ser, é quem eu sou. É quem eu assumi ser, é a protagonista da minha história. Com uma infância triste ou feliz, eu quero que realmente essas histórias inspirem muitas pessoas. Essa é a minha história, que reúne várias mulheres e diversas temáticas no mercado, trazendo o olhar feminino, trazendo o olhar dessas mulheres através do protagonismo de suas histórias, começando pelas origens e falando de onde elas vieram e quem elas são.

Eu me orgulho muito da Série Mulheres®, um projeto que lançamos com abrangência nacional e internacional, com ineditismo registrado em 170 países, aliás o único no Brasil, porque todos os livros são patenteados, tivemos esse cuidado para que nenhuma outra editora, além da Leader, pudesse lançar as temáticas, por exemplo, Mulheres do RH, Mulheres no Seguro, Mulheres do Marketing, Mulheres do Varejo, Mulheres na Tecnologia, Mulheres Antes e Depois dos 50, Mulheres na Indústria do Casamento, Mulheres na Aviação, Mulheres no Direito, Mulheres que Transformam, enfim, hoje já estamos na construção de quase 50 temáticas que vamos lançar até 2030. São histórias de mulheres que realmente decidiram, que, através de suas escolhas, suas trajetórias, suas boas práticas empolgam as leitoras e os leitores, porque o Selo Editorial Série Mulheres® é para homens e mulheres lerem. Então trazemos com carinho a história de cada mulher, mostrando a força feminina, não como uma briga por igualdade, nada disso, mas sim com um olhar humanizado, com um olhar em que as mulheres assumem o protagonismo de suas histórias. Elas entendem os seus valores, as suas crenças e assumem a sua identidade, mostrando quem elas são, dentro do que elas fazem, do que elas

Mulheres em Compras®

escolheram para fazer. Mulheres fortes, eu diria. São mulheres escolhidas a dedo para participar da Série. Nós precisamos entender que para tocar uma alma humana você tem que ser outra alma humana.

Então a Série Mulheres® é uma grande oportunidade para o mercado feminino mostrar sua história, mostrar mais do que o empoderamento, mostrar o quanto você pode inspirar outras mulheres. E detalhe: numa história difícil, triste, quanto você pode levantar o ânimo dessas mulheres, para que elas tenham uma chance, para que possam caminhar.

Um dos livros que vamos lançar é Mulheres – Um grito de socorro, que já está registrado também, e vem trazendo esse olhar de muitas Marias, que são fortes e deram a volta por cima em suas vidas. A Série Mulheres® é isso, é um compilado de mulheres que inspiram outras mulheres e homens. Muitas não são famosas, mas são "celebridades" dentro do que elas fazem. Nosso propósito é trazer um novo olhar para as brasileiras que colaboram para o desenvolvimento econômico do nosso país, com verdadeira responsabilidade social e ambiental.

A Editora Leader me transformou numa empreendedora de sucesso, e eu a transformei numa empresa com vários diferenciais.

Eu acredito que **"Um livro muda tudo"**, que se tornou o nosso *slogan*. E pergunto sempre, através da Leader: qual é a sua história? Qual é o poder que tem a sua história?

Termino por aqui, espero que minha história a prepare para voar, e convido você a contar a sua história na Editora Leader, no Selo Editorial Série Mulheres®.

Cordel

Este livro tem poder,
O poder de transformar,
Cria oportunidades,
Pra muita mulher falar,
Sobre suas experiências,
Este livro vai contar!

Este livro bem ensina,
Sobre respeito e equidade,
Defende o nosso espaço,
Buscando mais igualdade,
Que tal ser inspiração,
Pra muitas na sociedade?

Não estamos contra os homens,
Não é uma competição,
Só queremos ter espaço,
Não é uma imposição,
Unindo homem e mulher,
É mútua inspiração!

Pra você que é mulher,
Não importa a profissão,
Reconheça o seu valor,
Dê sua contribuição,
Isso pode bem mudar,
O futuro da nação!

Por espaço igualitário,
Não é só nossa questão,
Queremos o seu respeito,
Temos também opinião,
Atenção você mulher,
Preste muita atenção!

A mensagem do cordel,
É fazer cê refletir,
Que essa série pra mulher,
Vai fazer cê decidir,
Se juntar a essa luta,
Não espere, pode vir!

Recebemos como presente este cordel, criado por **Caroline Silva**, coautora do livro "*Mulheres Compliance na Prática – volume I*", para abrilhantar as obras da Série Mulheres.

Benefícios que sua empresa ganha ao apoiar o Selo Editorial Série Mulheres®.

Ao apoiar livros que fazem parte do Selo Editorial Série Mulheres, uma empresa pode obter vários benefícios, incluindo:

– **Fortalecimento da imagem de marca:** ao associar sua marca a iniciativas que promovem a equidade de gênero e a inclusão, a empresa demonstra seu compromisso com valores sociais e a responsabilidade corporativa. Isso pode melhorar a percepção do público em relação à empresa e fortalecer sua imagem de marca.

– **Diferenciação competitiva:** ao apoiar um projeto editorial exclusivo como o Selo Editorial Série Mulheres, a empresa se destaca de seus concorrentes, demonstrando seu compromisso em amplificar vozes femininas e promover a diversidade. Isso pode ajudar a empresa a se posicionar como líder e referência em sua indústria.

– **Acesso a um público engajado:** o Selo Editorial Série Mulheres já possui uma base de leitores e seguidores engajados que valoriza histórias e casos de mulheres. Ao patrocinar esses livros, a empresa tem a oportunidade de se conectar com esse público e aumentar seu alcance, ganhando visibilidade entre os apoiadores do projeto.

– **Impacto social positivo:** o patrocínio de livros que promovem a equidade de gênero e contam histórias inspiradoras de mulheres permite que a empresa faça parte de um movimento de mudança social positivo. Isso pode gerar um senso de propósito e orgulho entre os colaboradores e criar um impacto tangível na sociedade.

– ***Networking* e parcerias:** o envolvimento com o Selo Editorial Série Mulheres pode abrir portas para colaborações e parcerias com outras organizações e líderes que também apoiam a equidade de gênero. Isso pode criar oportunidades de *networking* valiosas e potencializar os esforços da empresa em direção à sustentabilidade e responsabilidade social.

É importante ressaltar que os benefícios podem variar de acordo com a estratégia e o público-alvo da empresa. Cada organização deve avaliar como o patrocínio desses livros se alinha aos seus valores, objetivos e necessidades específicas.

REGISTRO
DIREITO AUTORAL

CBL
Câmara
Brasileira
do Livro

clique para acessar
a versão online

CERTIFICADO DE REGISTRO DE DIREITO AUTORAL

A Câmara Brasileira do Livro certifica que a obra intelectual descrita abaixo, encontra-se registrada nos termos e normas legais da Lei nº 9.610/1998 dos Direitos Autorais do Brasil. Conforme determinação legal, a obra aqui registrada não pode ser plagiada, utilizada, reproduzida ou divulgada sem a autorização de seu(s) autor(es).

Responsável pela Solicitação:
Editora Leader

Participante(s):
Andréia Roma (Coordenador) | Cilene Bim (Coordenador)

Título:
Mulheres em compras : edição poder de uma história 1

Data do Registro:
27/06/2024 10:10:51

Hash da transação:
0xe390ce3450f9bc63cc3842afc12d7b7967b3307a9333c4846c29da4c99ca0298

Hash do documento:
99864f3402c97c5cdf96dac2b062e35b679f285070833d1dfbbccda24007db80

Compartilhe nas redes sociais
f y ✉ in

FAÇA PARTE DESTA HISTÓRIA
INSCREVA-SE

INICIAMOS UMA AÇÃO CHAMADA

MINHA EMPRESA ESTÁ COMPROMETIDA COM A CAUSA!

Nesta iniciativa escolhemos de cinco a dez empresas para apoiar esta causa.

SABIA QUE SUA EMPRESA PODE SER PATROCINADORA DA SÉRIE MULHERES, UMA COLEÇÃO INÉDITA DE LIVROS DIRECIONADO A VÁRIAS ÁREAS E PROFISSÕES?

Uma organização que investe na diversidade, equidade e inclusão olha para o futuro e pratica no agora.

Para mais informações de como ser um patrocinador de um dos livros da Série Mulheres escreva para: **contato@editoraleader.com.br**

ou

Acesse o link e preencha sua ficha de inscrição

Nota da Coordenação Jurídica do Selo Editorial Série Mulheres® da Editora Leader

A Coordenação Jurídica da Série Mulheres®, dentro do Selo Editorial da Editora Leader, considera fundamental destacar um ponto crucial relacionado à originalidade e ao respeito pelas criações intelectuais deste selo editorial. Qualquer livro com um tema semelhante à Série Mulheres®, que apresente notável semelhança com nosso projeto, pode ser caracterizado como plágio, de acordo com as leis de direitos autorais vigentes.

A Editora Leader, por meio do Selo Editorial Série Mulheres®, se orgulha do pioneirismo e do árduo trabalho investido em cada uma de suas obras. Nossas escritoras convidadas dedicam tempo e esforço significativos para dar vida a histórias, lições, aprendizados, cases e metodologias únicas que ressoam e alcançam diversos públicos.

Portanto, solicitamos respeitosamente a todas as mulheres convidadas para participar de projetos diferentes da Série Mulheres® que examinem cuidadosamente a originalidade de suas criações antes de aceitar escrever para projetos semelhantes.

É de extrema importância preservar a integridade das obras e apoiar os valores de respeito e valorização que a Editora Leader tem defendido no mercado por meio de seu pioneirismo. Para manter nosso propósito, contamos com a total colaboração de todas as nossas coautoras convidadas.

Além disso, é relevante destacar que a palavra "Mulheres" fora do contexto de livros é de domínio público. No entanto, o que estamos enfatizando aqui é a responsabilidade de registrar o tema "Mulheres" com uma área específica, dessa forma, o nome "Mulheres" deixa de ser público.

Evitar o plágio e a cópia de projetos já existentes não apenas protege os direitos autorais, mas também promove a inovação e a diversidade no mundo das histórias e da literatura, em um selo editorial que dá voz à mulher, registrando suas histórias na literatura.

Agradecemos a compreensão de todas e todos, no compromisso de manter a ética e a integridade em nossa indústria criativa. Fiquem atentas.

Atenciosamente,

Adriana Nascimento e toda a Equipe da Editora Leader
Coordenação Jurídica do Selo Editorial Série Mulheres

ANDRÉIA ROMA
CEO DA EDITORA LEADER

REGISTRE seu legado

A Editora Leader é a única editora comportamental do meio editorial e nasceu com o propósito de inovar nesse ramo de atividade. Durante anos pesquisamos o mercado e diversos segmentos e nos decidimos pela área comportamental através desses estudos. Acreditamos que com nossa experiência podemos fazer da leitura algo relevante com uma linguagem simples e prática, de forma que nossos leitores possam ter um salto de desenvolvimento por meio dos ensinamentos práticos e teóricos que uma obra pode oferecer.

Atuando com muito sucesso no mercado editorial, estamos nos consolidando cada vez mais graças ao foco em ser a editora que mais favorece a publicação de novos escritores, sendo reconhecida também como referência na elaboração de projetos Educacionais e Corporativos. A Leader foi agraciada mais de três vezes em menos de três anos pelo RankBrasil – Recordes Brasileiros, com prêmios literários. Já realizamos o sonho de numerosos escritores de todo o Brasil, dando todo o suporte para publicação de suas obras. Mas não nos limitamos às fronteiras brasileiras e por isso também contamos com autores em Portugal, Canadá, Estados Unidos e divulgações de livros em mais de 60 países.

Publicamos todos os gêneros literários. O nosso compromisso é apoiar todos os novos escritores, sem distinção, a realizar o sonho de publicar seu livro, dando-lhes o apoio necessário para se destacarem não somente como grandes escritores, mas para que seus livros se tornem um dia verdadeiros *best-sellers*.

A Editora Leader abre as portas para autores que queiram divulgar a sua marca e conteúdo por meio de livros...

EMPODERE-SE
Escolha a categoria que deseja

■ Autor de sua obra

Para quem deseja publicar a sua obra, buscando uma colocação no mercado editorial, desde que tenha expertise sobre o assunto abordado e que seja aprovado pela equipe editorial da Editora Leader.

■ Autor Acadêmico

Ótima opção para quem deseja publicar seu trabalho acadêmico. A Editora Leader faz toda a estruturação do texto, adequando o material ao livro, visando sempre seu público e objetivos.

■ Coautor Convidado

Você pode ser um coautor em uma de nossas obras, nos mais variados segmentos do mercado profissional, e ter o reconhecimento na sua área de atuação, fazendo parte de uma equipe de profissionais que escrevem sobre suas experiências e eternizam suas histórias. A Leader convida-o a compartilhar seu conhecimento com um público-alvo direcionado, além de lançá-lo como coautor em uma obra de circulação nacional.

■ Transforme sua apostila em livro

Se você tem uma apostila que utiliza para cursos, palestras ou aulas, tem em suas mãos praticamente o original de um livro. A equipe da Editora Leader faz toda a preparação de texto, adequando o que já é um sucesso para o mercado editorial, com uma linguagem prática e acessível. Seu público será multiplicado.

■ Biografia Empresarial

Sua empresa faz história e a Editora Leader publica.

A Biografia Empresarial é um diferencial importante para fortalecer o relacionamento com o mercado. Oferecer ao cliente/leitor a história da empresa é uma maneira ímpar de evidenciar os valores da companhia e divulgar a marca.

■ Grupo de Coautores

Já pensou em reunir um grupo de coautores dentro do seu segmento e convidá-los a dividir suas experiências e deixar seu legado em um livro? A Editora Leader oferece todo o suporte e direciona o trabalho para que o livro seja lançado e alcance o público certo, tornando-se sucesso no mercado editorial. Você pode ser o organizador da obra. Apresente sua ideia.

A Editora Leader transforma seu conteúdo e sua autoridade em livros.

OPORTUNIDADE
Seu legado começa aqui!

A Editora Leader, decidida a mudar o mercado e quebrar crenças no meio editorial, abre suas portas para os novos autores brasileiros, em concordância com sua missão, que é a descoberta de talentos no mercado.

NOSSA MISSÃO

Comprometimento com o resultado, excelência na prestação de serviços, ética, respeito e a busca constante da melhoria das relações humanas com o mundo corporativo e educacional. Oferecemos aos nossos autores a garantia de serviços com qualidade, compromisso e confiabilidade.

Publique com a Leader

- **PLANEJAMENTO** e estruturação de cada projeto, criando uma **ESTRATÉGIA** de **MARKETING** para cada segmento;

- **MENTORIA EDITORIAL** para todos os autores, com dicas e estratégias para construir seu livro do Zero. Pesquisamos o propósito e a resposta que o autor quer levar ao leitor final, estruturando essa comunicação na escrita e orientando sobre os melhores caminhos para isso. Somente na **LEADER** a **MENTORIA EDITORIAL** é realizada diretamente com a editora chefe, pois o foco é ser acessível e dirimir todas as dúvidas do autor com quem faz na prática!

- **SUPORTE PARA O AUTOR** em sessões de videoconferência com **METODOLOGIA DIFERENCIADA** da **EDITORA LEADER**;

- **DISTRIBUIÇÃO** em todo o Brasil — parceria com as melhores livrarias;

- **PROFISSIONAIS QUALIFICADOS** e comprometidos com o autor;

- **SEGMENTOS:** Coaching | Constelação | Liderança | Gestão de Pessoas | Empreendedorismo | Direito | Psicologia Positiva | Marketing | Biografia | Psicologia | entre outros.

www.editoraleader.com.br

Entre em contato e vamos conversar

Nossos canais:

Site: www.editoraleader.com.br

E-mail: contato@editoraleader.com.br

@editoraleader

O seu projeto pode ser o próximo.

EDITORA LEADER